Theodor Lipps

Grundzüge der Logik

Theodor Lipps

Grundzüge der Logik

ISBN/EAN: 9783744691109

Hergestellt in Europa, USA, Kanada, Australien, Japan

Cover: Foto ©Thomas Meinert / pixelio.de

Weitere Bücher finden Sie auf **www.hansebooks.com**

Grundzüge der Logik.

Von

Theodor Lipps,
Professor der Philosophie in Breslau.

Hamburg und **Leipzig,**
Verlag von Leopold Voss.
1893.

Inhalt.

			Seite
Vorwort			VII

Abschnitt I. Einleitung.

Kapitel	I.	Die Aufgabe	1
„	II.	Das Erkennen und sein Ausgangspunkt	2
„	III.	Anfang und Arten der Erkenntnis	4
„	IV.	Stufengang der materialen Erkenntnis	8

Abschnitt II. Das Urteil.

Kapitel	V.	Allgemeine Bestimmung des Urteils	16
„	VI.	Elemente des Urteils	20
„	VII.	Sprachlicher Ausdruck des Urteils	23
„	VIII.	Funktionen des Satzes	26

Abschnitt III. Stufen des Urteils.

Kapitel	IX.	Qualität der Urteile	30
„	X.	Quantität der Urteile	35
„	XI.	Urteilssubjekte	41

Abschnitt IV. Die Vollständigkeit der Urteile und die Relation.

Kapitel	XII.	Das kategorische Urteil	49
„	XIII.	Unvollständige Urteile	51
„	XIV.	Vollständige Urteile	57
„	XV.	Mehrfache und erweiterte Relation	61
„	XVI.	Das hypothetische Urteil	64
„	XVII.	Das einteilende — „disjunktive" — Urteil	68

Abschnitt V. Die objektiven Urteile.

Kapitel	XVIII.	Die Kategorien der objektiven Urteile	71
„	XIX.	Namenurteile	75
„	XX.	Der Kausalbegriff	79
„	XXI.	Modifikationen des Ursachbegriffs	84

Abschnitt VI. Subjektive Urteile.

Kapitel	XXII.	Wesen des subjektiven Urteils	93
„	XXIII.	Kategorien der subjektiven Urteile	96
„	XXIV.	Reale Einheit und Identität	106
„	XXV.	Zahl und Zahlenurteile	114
„	XXVI.	Maſs und Grad	120

Inhalt.

Abschnitt VII. Der Begriff.

			Seite
Kapitel	XXVII.	Wesen des Begriffs	124
„	XXVIII.	Arten, Inhalt und Umfang	128
„	XXIX.	Begriffsverhältnisse und Wert der Begriffe	135

Abschnitt VIII. Die Erfahrung und die Gesetzmäfsigkeiten des Denkens.

Kapitel	XXX.	Urteilsgründe	139
„	XXXI.	Denkgesetze	146
„	XXXII.	Die Erfahrung und das Kausalgesetz	152
„	XXXIII.	Gesetz der Kontinuität	164

Abschnitt IX. Induktion und Deduktion.

Kapitel	XXXIV.	Die Induktion	170
„	XXXV.	Unmittelbare Schlüsse	179
„	XXXVI.	Mittelbare deduktive Schlüsse	186

Abschnitt X. Der Syllogismus.

Kapitel	XXXVII.	Wesen des Syllogismus	188
„	XXXVIII.	Herkömmliches	192
„	XXXIX.	Formen und Wert des Syllogismus	196

Abschnitt XI. Hypothetische und Einteilungsschlüsse.

Kapitel	XL.	Hypothetische Schlüsse	202
„	XLI.	Einteilungsschlüsse	211

Abschnitt XII. Wissen, Wahrscheinlichkeit, Glaube.

Kapitel	XLII.	Thatsächlichkeit und Notwendigkeit	217
„	XLIII.	Möglichkeit und Wahrscheinlichkeit	219
„	XLIV.	Welterkenntnis und Weltbetrachtung	226

Verbesserungen.

S. 10 Zeile 24 statt „objektive" lies: subjektive.
S. 25 Zeile 20 und 22 statt „Gesetzmäfsigkeit" lies: Abhängigkeitsbeziehung.

Vorwort.

Das kleine Buch, das ich hiermit veröffentliche, ist ursprünglich hervorgegangen aus der Absicht, den Hörern meiner logischen Vorlesungen einen kurzen Leitfaden der Logik an die Hand zu geben. Über diese Absicht bin ich schliefslich insofern hinausgegangen, als ich überall eine etwas gröfsere Ausführlichkeit habe walten lassen, als für jenen Zweck unbedingt erforderlich gewesen wäre. Das Buch möchte jetzt überhaupt solchen nützen, die in den Elementen der Logik sich zu orientieren, d. h. über die Grundfragen derselben nachzudenken beginnen. Aneignung logischer Lehren, ohne solches eigene Nachdenken, ist ja die wertloseste Sache von der Welt. Zugleich möchte es doch auch die Beachtung solcher sich verdienen, für welche die Logik oder Erkenntnislehre zum wissenschaftlichen Arbeitsgebiet geworden ist.

Durch die bezeichnete Erweiterung ist die ursprüngliche Anlage des Buches nicht verändert worden. Ich behandle, wie man sieht, in kurzen Absätzen, die in Kapiteln und Abschnitten, wie ich hoffe, genügend übersichtlich zusammengeordnet sind, jedesmal einen einzigen Begriff oder Gedanken. Ich gebe in diesen Absätzen die wichtigsten herkömmlichen Bestimmungen und das, was mir sonst zu den Grundzügen oder grundlegenden Elementen der Logik zu gehören schien. Die Beispiele, die ich anführe, sind wenig zahlreich und so trivial, wie es dem Zweck der Logik, die nur über logische, nicht aber allerlei sonstige Dinge belehren will, entspricht. Auf historische Exkurse und polemische Erörterungen verzichte ich überhaupt. Nur soweit das sachliche Interesse die Erwähnung und ausdrückliche Zurückweisung anderer Anschauungen zu erfordern schien, sind dieselben erörtert, doch ohne Nennung von Namen.

Auf die grundlegenden Elemente beschränkt sich das Buch. Dabei war es doppelt notwendig, daſs vor allem die eigentlichen Grundbegriffe der Logik und mit ihnen zugleich die das Denken, also den Gegenstand der Logik, in letzter Linie beherrschenden allgemeinen Begriffe oder „Kategorien" geprüft und auf ihren eigentlichen Sinn untersucht wurden. Sollte auf diesem Wege ein Verständnis des Denkens gewonnen werden, so war zugleich alles daran gelegen, daſs das Denken zunächst nach Möglichkeit losgelöst von den umhüllenden und verhüllenden sprachlichen Formen betrachtet wurde. Lernt man ja doch auch nicht den Bau des menschlichen Körpers aus der Betrachtung des bekleideten Körpers kennen; vielmehr weiſs jedermann, daſs umgekehrt die Formen und Faltungen der Gewandung erst aus der Kenntnis des Körpers verständlich werden können. Nur indem ich den beiden hier bezeichneten Verpflichtungen mich nicht entzog, konnte ich hoffen, zu einer Grundlegung der Logik zu gelangen, die möglichst wenig der Gefahr ausgesetzt war, statt mit logischen Thatsachen, mit Fiktionen und leeren Worten zu operieren, Tautologien an die Stelle der Gesetzmäſsigkeiten des Denkens zu setzen, wesentliche Unterschiede der Formen des Denkens, des Urteilens und Schlieſsens zu verkennen und dafür solche, die nicht bestehen, zu dekretieren. Das Bedürfnis einer Reform der Logik ist weithin anerkannt und viele schon haben daran gearbeitet. Auch dies Buch möchte dazu, innerhalb der bescheidenen Grenzen, die es sich gesteckt hat, mit beitragen.

Die in dem Buche gewählte Terminologie wird bei manchem Anstoſs erregen. Ich möchte aber darüber am wenigsten mit irgend jemand mich entzweien. Ich gebe sie gerne demjenigen preis, der eine bessere kennt und widerspruchslos durchzuführen weiſs. Daſs der Gegensatz des „Objektiven" und „Subjektiven" überall wiederkehrt, ist durch die Natur der Sache bedingt. Das „Objektive" ist eben das Logische.

Wie man schlieſslich über das Ganze, vor allem da, wo es eigene Wege geht, urteilen mag, Eines bitte ich überall vorauszusetzen, daſs nämlich jedes Wort des Buches wohl bedacht ist. Das Buch gründet darauf den Anspruch, in der gleichen Weise gelesen und gegebenenfalls beurteilt zu werden.

Breslau, Ostern 1893.   D. V.

Abschnitt I. Einleitung.

Kapitel I. Die Aufgabe.

1. Logik. Die Logik ist die Lehre von den Formen und Gesetzen des Denkens. Ausdrücklich zu sagen, sie sei die Wissenschaft von den **normativen** Gesetzen des Denkens, oder die Lehre, wie **richtig** gedacht werde, ist nicht erforderlich, da wir immer richtig denken in dem Mafse, als wir denken. Ganz unzutreffend wäre es, wenn durch die Bezeichnung der Logik als einer Normwissenschaft ein Gegensatz zwischen ihr und den Wissenschaften von Thatsachen angedeutet werden sollte. Die Frage, was man thun solle, ist immer zurückführbar auf die Frage, was man thun müsse, wenn ein bestimmtes Ziel erreicht werden solle; und diese Frage wiederum ist gleichbedeutend mit der Frage, **wie das Ziel thatsächlich erreicht** werde.

2. Logik als Erkenntnislehre. Denken kann vorläufig (vgl. 9.) bezeichnet werden als die Thätigkeit des Geistes, durch die aus dem im Bewufstsein Gegebenen Erkenntnis wird. Das Erkennen ist nicht etwas jenseits des Denkens Liegendes, sondern dasjenige, in dem das Denken sich vollendet; es giebt keine Faktoren, Bedingungen, Voraussetzungen der Erkenntnis, aufser der Gesetzmäfsigkeit des Denkens und den auch vom Denken schon vorausgesetzten Gegenständen des Bewufstseins. Es giebt demnach kein Verständnis der Erkenntnis, das nicht Verständnis des Denkens wäre; keine Erkenntnislehre, die nicht in der ihre Aufgabe vollkommen erfüllenden Logik enthalten wäre.

3. Logik und Psychologie. Die Logik ist eine psychologische Disziplin, so gewifs das Erkennen nur in der Psyche vorkommt und das Denken, das in ihm sich vollendet, ein psychisches Geschehen ist. Dafs für die Psychologie im Unterschiede von der Logik der Gegensatz von Erkenntnis und Irrtum nicht in Betracht komme, kann nicht heifsen, dafs die Psychologie diese beiden voneinander verschiedenen psychischen Thatbestände als gleich ausgebe, sondern nur, dafs sie beide in gleicher Weise verständlich zu machen habe. Dafs aber die Psychologie in der Logik aufgehe, ist ja natürlich niemandes Meinung. Eben dafs die Logik eine Sonderdisziplin der Psychologie ist, unterscheidet beide genügend deutlich voneinander.

4. Logik und Grammatik. Der Satz, Denken sei Sprechen, ist der paradoxe Ausdruck für die hohe Bedeutung, welche das Sprechen für das Denken besitzt. Er kann nicht sagen wollen, dafs das Denken als solches an das — äufserliche oder innerliche — Sprechen gebunden sei (vgl. 45). Wie es aber damit sich verhalten mag, in keinem Falle darf die Logik von irgend welcher unbewiesenen Voraussetzung über die Art und Enge der Beziehungen beider ausgehen. Vielmehr gehört es zu ihren Aufgaben, zu zeigen, wie es mit dieser Beziehung bestellt sei, wie weit also Sprachliches und Gedankliches, grammatische und logische Elemente und Formen sich entsprechen. Diese Aufgabe kann sie aber nur so erfüllen, dafs sie zunächst untersucht, was das Denken an sich betrachtet sei, um dann nach dem Ergebnis den logischen Wert der sprachlichen Elemente und Formen zu beurteilen. Die Art einer grammatisierenden Logik, aus sprachlichen Formen die logischen ohne weiteres vermeintlich herauszulesen oder gar beide einfach zu identifizieren, hat mit Wissenschaft nichts gemein.

Kapitel II. Das Erkennen und sein Ausgangspunkt.

5. Der Ausgangspunkt. Material des Denkens und Erkennens sind die Bewufstseinsobjekte, nicht irgend welche, sondern die Bewufstseinsobjekte überhaupt. Ihr Dasein und ihre Beschaffenheit, ohne Entscheid darüber, wie sie da sind, ob von mir ins Dasein gerufen oder von mir unabhängig existierend, ob Gegenstände der Phantasie oder der Wahrnehmung, des Traumes oder der Wirklichkeit, das blofse neutrale, jeden Nebengedanken ausschliefsende Vorhandensein so oder so beschaffener Objekte also, ist das absolut Gewisse und Zweifellose. Nicht gewifs im Sinne der erkannten (logischen) Gewifsheit, da von Erkenntnis hier noch keine Rede ist, und nicht zweifellos im Sinne der Fähigkeit dem Zweifel standzuhalten, da das Gebiet des Zweifels erst beginnt, wenn über Objekte geurteilt wird. Die Gewifsheit, von der hier die Rede ist, ist gar nichts anderes, als eben das Dasein der Objekte fürs Bewufstsein. Wie die logische Gewifsheit, so setzt auch jeder Zweifel dies Dasein schon voraus oder schliefst es in sich. Das Dasein und die Beschaffenheit der Bewufstseinsobjekte, so sagen wir darum besser, ist das absolut „Thatsächliche".

6. Erfahrung. In diesem Dasein von Bewufstseinsobjekten und ihrem so Sein, wie sie sind, besteht die „Erfahrung", auf die sich alles Erkennen aufbaut. Erfahrung in diesem allgemeinsten Sinne ist jedes Bewufstsein von etwas. Beschränkt man den Begriff der Erfahrung auf die Wahrnehmung, so ist es unrichtig zu sagen, dafs alle Erkenntnis auf Erfahrung beruhe, oder von ihr ausgehe.

7. Erkenntnis. Erkenntnis ist objektiv notwendige Ordnung von Objekten des Bewufstseins, Einordnung derselben in einen objektiv notwendigen Zusammenhang. Objektiv ist die Notwendigkeit, die an den Objekten selbst haftet, oder in der lediglich die Objekte das Nötigende sind. Ihr steht entgegen die subjektive Willkür des Vorstellens und Ordnens und jeder Fortgang von Vorstellung zu Vorstellung oder jede Verbindung von Vorstellungen, die durch unsere Anteilnahme an den vorgestellten Objekten bedingt ist.

8. Wahrheit, Wissen u. s. w. Die Erkenntnis oder die objektiv notwendige Ordnung von Gegenständen des Bewufstseins ist gleichbedeutend mit Wahrheit oder objektiver Gewifsheit (einer Sache); das Bewufstsein derselben gleichbedeutend mit Wahrheitsbewufstsein oder unserer subjektiven Gewifsheit (von einer Sache). Die objektiv notwendige Ordnung ist unaufhebbar; da von unserem Bewufstsein der objektiven Notwendigkeit nicht durchaus das Gleiche gilt, so schliefst dasselbe nicht ohne weiteres wirkliche objektive Notwendigkeit oder wirkliche Erkenntnis in sich, vielmehr ist dazu erforderlich, dafs es sich erst als unaufhebbar erweise. Das Bewufstsein der objektiven

Notwendigkeit ist in diesem Falle Wissen, andernfalls blofses Meinen.

9. Denken. Da nach der gegebenen Bestimmung des Wesens der Erkenntnis zur Erkenntnis nur diejenige psychische Thätigkeit hinführen kann, die sich durch die in den vorgestellten Objekten liegende Nötigung leiten läfst, so kann das Denken jetzt genauer bezeichnet werden als objektiv bedingtes Vorstellen. Das „Objektive" oder die Objektivität, d. h. das Bedingtsein durch die Objekte, ist das Kennzeichen alles Logischen im Gegensatz zu dem lediglich Psychologischen.

10. Denken als Ergänzen. Die Aufgabe des Denkens erschöpfte sich im Ordnen der unmittelbar gegebenen und vom Denken vorgefundenen Gegenstände des Bewufstseins, wenn diese sich in einen den Gesetzen des Denkens genügenden, und in sich widerspruchslosen objektiv notwendigen Zusammenhang einordnen liefsen. Dies ist indessen nicht der Fall. Vielmehr gerät das Denken, solange es nur die unmittelbar gegebenen Gegenstände des Bewufstseins zu Gegenständen hat, überall mit sich selbst in Widerspruch. Dieser Widerspruch ist nur lösbar, indem Objekte, die nicht unmittelbar gegeben waren, ergänzend hinzugefügt werden. Das Denken ist nicht nur ein Ordnen des Gegebenen, sondern ein Hinzudenken, ein Hinausgehen über das unmittelbar Thatsächliche zu dem, was um dieses Thatsächlichen willen gedacht werden mufs. Die Erkenntnis besteht im Aufbau einer Welt der objektiv notwendigen Ordnung — nicht aus dem unmittelbar Gegebenen, sondern viel eher für das unmittelbar Gegebene und auf Grund der Forderungen desselben. Es ist die gedankliche Schöpfung einer Welt, in die das unmittelbar Gegebene mit dem Bewufstsein der objektiven Notwendigkeit eingeordnet werden kann.

Kapitel III. Anfang und Arten der Erkenntnis.

11. Welt und Ich. Die Welt des unmittelbar Gegebenen scheidet sich für unser unmittelbares Bewufstsein hinsichtlich ihrer Beschaffenheit in zwei Welten, in die Welt der Objekte im engeren Sinne und in das Ich oder Subjekt; jene zusammengesetzt, räumlich geordnet und ausgedehnt, das Ich trotz der mannigfachen in ihm unterscheidbaren Bestimmungen schlechthin eines, raum- und ortlos. Die sinnlichen Empfindungen liefern die konstituierenden Elemente für jene, die Gefühle der Lust, der Unlust, des Strebens, kurz die Gegenstände des unmittelbaren Selbstgefühles geben diesem seinen Inhalt. — Auch hier unterscheiden wir noch nicht zwischen der Welt der wirklichen und der Welt der lediglich vorgestellten oder erträumten Objekte. Und wenn wir vom Ich reden, so meinen wir nur das Ich, dessen wir unmittelbar inne werden, das wir in unserer Freude, unserem Schmerz, unserem Stolz, vor allem unserem Wollen und Widerstreben unmittelbar fühlen, nicht das körperliche Ich oder das reale vorstellende Subjekt.

12. Unmittelbares Bewufstsein der Subjektivität und Objektivität. Dies Ich nun bildet zugleich den Mittelpunkt, auf den alle anderweitigen Bewufstseinsobjekte im unmittelbaren Bewufstsein bezogen erscheinen. Diese Beziehung ist doppelter Art. Ich erlebe es das eine Mal, dafs mir das Dasein von Bewufstseinsobjekten, ihr Kommen und Gehen, ihre Verbindung und Trennung, ihr unveränderter Bestand und ihre Veränderung als eine unmittelbare Verwirklichung meines Wollens erscheint; ich fühle mich in meinem Vorstellen aktiv, frei, thätig. In diesem Erlebnis besteht das unmittelbare Bewufstsein der Zugehörigkeit von Objekten zu mir, des Gebundenseins an mich, der Abhängigkeit von mir, kurz das unmittelbare „Subjektivitätsbewufstsein". Ich erlebe es ein andermal, dafs Bewufstseinsobjekte meinem Vorstellungsbelieben entgegentreten, ich fühle mich durch sie in meinem Vorstellen gehemmt, gebunden, genötigt, unfrei oder passiv. In diesem Erlebnis besteht das unmittelbare Bewufstsein der Unabhängigkeit von mir, der Selbständigkeit mir gegenüber, kurz das unmittelbare „Bewufstsein der Objektivität". — Wir haben hier beide Arten des Bewufstseins mit verschiedenen Namen bezeichnet. Es sei ausdrücklich bemerkt, dafs damit, ohne jeden Anspruch der Erklärung oder Deutung, nur das für jedermann in jedem Augenblick unmittelbar Erlebbare bezeichnet sein soll.

13. Bedeutung desselben für die Erkenntnis. Jenes Doppelerlebnis und die darin liegende Scheidung von Gegenständen des Bewufstseins ist noch nicht fertige Erkenntnis, aber alle

Erkenntnis beruht darauf. Insbesondere ist das unmittelbare Objektivitätsbewufstsein oder Bewufstsein des Genötigtseins durch Objekte noch nicht das endgültige Bewufstsein der objektiven Notwendigkeit, in dem alles Erkennen besteht; aber alle Erkenntnis gründet sich doch schliefslich auf dies Bewufstsein und seinen Gegensatz zum unmittelbaren Bewufstsein der blofsen Subjektivität. Andererseits hat jede Art des Bewufstseins der Zugehörigkeit zu mir jenes unmittelbare Bewufstsein der Subjektivität zur Basis und Voraussetzung.

14. Doppelte Art desselben. Objektive und subjektive Wirklichkeit. Es sind aber hinsichtlich des Objektivitäts- wie hinsichtlich des Subjektivitätsbewufstseins zwei Möglichkeiten zu unterscheiden. Das eine Mal ist ein Objekt oder ein — zeiträumlicher — Zusammenhang von Objekten als Ganzes der Gegenstand des einen oder anderen Bewufstseins, das Dasein dieses Ganzen mit allen seinen Bestimmungen erscheint von mir abhängig oder unabhängig, durch mich bedingt oder mir gegenüber selbständig. Ein andermal ist lediglich die Beziehung zwischen Objekten oder Elementen eines Objektes, ihr Zusammen, das Hinzutreten oder sich Verbinden des einen mit dem anderen dasjenige, was mir im einen oder anderen Lichte sich darstellt. Wir bezeichnen jenes Objektivitäts- oder Subjektivitätsbewufstsein als materiales, dieses als formales. Das materiale Objektivitätsbewufstsein ist gleichbedeutend mit dem unmittelbaren Bewufstsein der objektiven Wirklichkeit, das materiale Subjektivitätsbewufstsein ebenso mit dem unmittelbaren Bewufstsein der subjektiven Wirklichkeit eines Gegenstandes. Alle Gegenstände unseres Bewufstseins sind als solche subjektiv wirklich, aber nicht alle stellen sich uns ursprünglich als solche dar. Eben indem sie sich als solche darstellen, werden sie auch erst für uns überhaupt zu Gegenständen des Bewufstseins.

15. Formale Erkenntnis. Dem Gegensatz des formalen und materialen Objektivitätsbewufstseins entspricht ein Gegensatz in der Art unserer Erkenntnis, den wir durch die gleichen Attribute bezeichnen wollen. Wir unterscheiden demgemäfs formale und materiale Erkenntnis. Formale Erkenntnis ist endgültiges rein formales Objektivitätsbewufstsein, d. h. sie ist das Bewufstsein einem Gegenstande des Bewufstseins als solchem, völlig abgesehen davon, ob er als objektiv wirklich sich darstelle oder nicht, einen anderen in der Vorstellung zuordnen zu müssen. Formale Erkenntnis ist danach gleichbedeutend mit Bewufstsein der unbedingten Vorstellungsnotwendigkeit. Es gehört dahin beispielsweise alle geometrische Erkenntnis. Die Einsicht, zwei Seiten eines Dreiecks seien zusammen gröfser als die dritte, besteht im Bewufstsein, ein Dreieck schlechthin nur in solcher Weise vorstellen zu können. Nicht nur das wirkliche, sondern ebensowohl jedes beliebige Phantasiedreieck nötigt mich, eben dies und kein anderes Verhältnis der Seiten mit vorzustellen. Mag die Vorstellung des Dreiecks und damit zugleich die Vorstellung seiner Seiten und ihres wechselseitigen Verhältnisses mir noch so sehr als Akt meiner Willkür erscheinen, in der Mitvorstellung des Verhältnisses der Seiten, wenn ich einmal das Dreieck vorstelle, weiß ich mich absolut gebunden.

16. Materiale Erkenntnis. Dagegen besteht das Eigentümliche der materialen Erkenntnis darin, das Bewufstsein der objektiven Wirklichkeit ihrer Gegenstände in sich zu schliefsen oder vorauszusetzen. Sie besteht im Bewufstsein, eine Ordnung (Zuordnung, Beziehung) sei objektiv notwendig, nicht schlechtweg, sondern sofern die Gegenstände der Erkenntnis als objektiv wirklich gedacht werden. Dahin gehört jede Erkenntnis vom eigenen seelischen Dasein — jede Icherkenntnis — und jede Erkenntnis von der Welt der Dinge. Die Erkenntnis, alle Menschen seien sterblich, oder die Notwendigkeit, alle Menschen als sterblich zu denken, schliefst nicht die Unmöglichkeit in sich, Menschen anders als sterblich, also als unsterblich vorzustellen — diese Unmöglichkeit besteht nicht — wohl aber die Unmöglichkeit, wirkliche Menschen so vorzustellen, d. h. Menschen als unsterblich vorzustellen, ohne dafs sie eben damit dem Bewufstsein sich als unwirkliche darstellen. Die in der Erfahrung gewonnene Vorstellung sterblicher Menschen schliefst für mich eine objektive Nötigung in sich. Der Versuch, Menschen unsterblich vorzustellen, stellt sich mir darum dar als ein Akt der Willkür, gegen den jene erfahrungsgemäfse Vorstellungsverbindung Widerspruch erhebt. In dem Bewufstsein dieses Widerspruches besteht das Bewufstsein der Unwirklichkeit dieser als unsterblich vorgestellten Menschen.

17. Die Terminologie. Die gewählten Namen — „formale" und „materiale" Erkenntnis — rechtfertigen sich aus dem Umstande, daſs die erstere Art der Erkenntnis lediglich Antwort giebt auf die Frage, wie Objekte vorgestellt werden müssen, während die materiale zugleich über die Objekte selbst oder das Material des Erkennens eine Entscheidung trifft, z. B. daſs nur sterbliche Menschen für uns objektiv wirklich sind. Beide Arten der Erkenntnis könnten aber auch unterschieden werden als ideelle, Vorstellungs-, unmittelbare Anschauungserkenntnis einerseits und als reale, Wirklichkeits- oder transzendente Erkenntnis andererseits. Daſs die erstere sich gegen den Entscheid über die objektive Wirklichkeit ihrer Gegenstände gleichgültig verhält, giebt ihr den Charakter einer „neutralen" Erkenntnis. Die letztere verdient den Namen der Erfahrungs- oder empirischen Erkenntnis, wenn wir den Begriff der Erfahrung auf Wahrnehmung und Erinnerung einschränken; jedes Bewuſstsein der objektiven Wirklichkeit hat Wahrnehmung oder Erinnerung zur Voraussetzung. Gegenüber dieser empirischen Erkenntnis oder Erkenntnis „a posteriori" kann dann wiederum die formale Erkenntnis Erkenntnis a priori oder von der Erfahrung unabhängige Erkenntnis heiſsen. Vgl. hierüber Kapitel XXX. Mit dem Gegensatz der formalen und materialen Erkenntnis stimmt endlich im wesentlichen überein Hume's Gegensatz der Erkenntnis der Beziehungen zwischen Vorstellungen, und der Erkenntnis der Beziehungen zwischen Thatsachen.

Kapitel IV. Stufengang der materialen Erkenntnis.

18. Allgemeines. Es erübrigt noch, ehe wir zur Betrachtung der einzelnen logischen Thatsachen übergehen, eine Andeutung des Stufenganges der materialen Erkenntnis. Der Prozeſs der Erkenntnis überhaupt besteht in der successiven Gewinnung eines immer vollständigeren, allseitigeren und lückenloseren objektiv notwendigen Zusammenhanges. In der Natur der materialen Erkenntnis liegt es, zugleich in einer immer vollständigeren Scheidung der Welt des Ich und der vom Ich unabhängigen Welt zu bestehen. Diese Scheidung geschieht in verschiedenen Stufen, entsprechend den Stufen, die im Bewuſstsein der objektiven Wirklichkeit unterschieden werden können. Zugleich ergeben sich Stufen der subjektiven Wirklichkeit, die von der bisher sogenannten subjektiven Wirklichkeit verschieden sind.

19. Primitive materiale Erkenntnis. Element oder erster Anfang der materialen Erkenntnis ist das einfache Bewufstsein der objektiven Wirklichkeit, wie es sich etwa darstellt in dem einfachen Akt der völlig unbestimmten Erinnerung, die nur darin besteht, dafs ein Objekt sich aufdrängt, oder für mich als etwas dem freien Vorstellungsbelieben Fremdes da ist, ohne zunächst in irgend welchen Zusammenhang eingeordnet zu sein, ohne dafs ich auch nur weiß, ob ich es als ein ehemaliges Phantasiegebilde oder als Traum oder als erlebte Wirklichkeit zu betrachten habe. Sofern das Objekt durch die Art seines Auftretens von dem, was als lediglich subjektiv wirklich erscheint, sich scheidet, fehlt auch hier schon das Moment der „Ordnung" nicht völlig; nur ist diese Ordnung die allerunbestimmteste.

20. Anfang bewufster Denkthätigkeit. Mag nun aber auch ein Objekt der Erinnerung so, wie hier vorausgesetzt wurde, für einen Augenblick isoliert oder zusammenhangslos gegeben sein, so war doch dies Objekt ehemals mit anderen Objekten im Bewufstsein zusammen und hat sich mit ihnen verknüpfen können. Diese Verknüpfung oder diese „Association" wird jetzt wirken. Ihre Wirksamkeit ist dasjenige, was wir als Suchen nach einem Zusammenhang bezeichnen, was als Frage, was das Objekt sei, woher es stamme, wohin es gehöre, seinen Ausdruck findet. In diesem Suchen besteht ein erster Anfang der bewufsten „Thätigkeit" des Denkens.

21. Anfang der Icherkenntnis. Das Resultat dieses Denkens kann ein doppeltes sein. Jenachdem geht die Erkenntnis von hier aus nach zwei verschiedenen Richtungen. Jenes Denken ist zunächst „Besinnen". Bleibt dasselbe nicht erfolglos, so vervollständigt sich die Erinnerung. Angenommen, sie vervollständige sich zunächst so, dafs ich weifs, das Objekt sei irgend einmal als Gegenstand meines freien Vorstellens oder meiner Phantasie dagewesen, dann ist bereits an die Stelle des blofsen Bewufstseins der objektiven Wirklichkeit überhaupt, eine, wenn auch zuerst noch unbestimmte Icherkenntnis getreten. Was von meinem gegenwärtigen Ich unabhängig erscheint und insofern objektive Wirklichkeit besitzt, erscheint in meiner Erinnerung an das vergangene Ich gebunden und insofern doch wiederum subjektiv wirklich. Die in Rede stehende Icherkenntnis ist das Bewufstsein der subjektiven Wirklichkeit zweiter Stufe. — Die unvollständige Erinnerung kann sich dann weiter und weiter vervollständigen und zu einer bestimmteren Icherkenntnis werden. Das Objekt ordnet sich dann ein in einen mehr oder weniger umfassenden Zusammenhang der subjektiven Wirklichkeit zweiter Stufe.

22. Das transzendente Ich. Dieser Zusammenhang bleibt aber ein unvollständiger und verwickelt das Denken in Widersprüche mit sich selbst, wenn nicht Elemente ergänzend hinzugedacht und in den Zusammenhang eingefügt werden, die in meiner Erinnerung nicht vorkommen, also nach Aussage derselben nicht da waren. Die schon bezeichnete Notwendigkeit das in der unmittelbaren Erfahrung Gegebene zu ergänzen, tritt hier in ihr Recht. Mein Vorstellungsverlauf kann von mir nicht widerspruchslos gedacht werden, es sei denn, dafs ein einheitlicher Zusammenhang von Bedingungen hinzugedacht werde, die in der unmittelbaren Erfahrung nicht gegeben waren. Sofern dieser einheitliche Zusammenhang von Bedingungen „meinem" Vorstellen, also dem Ich, dem dies Vorstellen zugehört, zu Grunde gelegt wird, bezeichnen wir ihn gleichfalls als Ich, nämlich als das der unmittelbaren Erfahrung transzendente oder reale Ich. Die Zugehörigkeit zu diesem realen Ich ist die objektive Wirklichkeit dritter und letzter Stufe. Das reale Ich hat mancherlei Namen, als: vorstellendes Wesen, Geist, Seele, Persönlichkeit, Individuum. Über die Beziehung dieses realen Ich zum Körper ist hier einstweilen nichts vorausgesetzt (vgl. 29). Wie das reale Ich nicht unmittelbar gegeben, sondern dem unmittelbar Gegebenen als Bedingung seiner Denkbarkeit hinzugedacht ist, so ist auch die Zugehörigkeit zu ihm nicht mehr eine unmittelbar erlebte oder in der Erinnerung unmittelbar gegebene, sondern eine lediglich gedachte. Beides ist Gegenstand einer transzendenten Erkenntnis.

23. Die objektiv wirkliche Aufsenwelt. Das reale Ich selbst gehört für unser Bewufstsein der objektiv wirklichen und zwar einer unserer Erfahrung transzendenten Welt an. Zu ihr führt auf anderem Wege diejenige Erinnerung, deren Objekte nicht nur, wie jedes Erinnerungsobjekt überhaupt, unserem jetzigen Vorstellungsbelieben als ein Fremdes entgegentreten, sondern auch von dem Ich, das uns die Erinnerung vergegenwärtigt, unabhängig erscheinen. In noch ursprünglicherer Weise führt uns dazu die sinnliche Wahrnehmung, deren Objekte von vornherein von unserem Vorstellungsbelieben überhaupt unabhängig erscheinen. Die Wahrnehmung und jene — wir wollen kurz sagen „objektive" — Erinnerung konstituieren die objektiv wirkliche Aufsenwelt. Sie ist zunächst eine Welt der objektiven Wirklichkeit zweiter Stufe, worunter wir eben diejenige verstehen, die von unserem Vorstellungsbelieben überhaupt unabhängig erscheint.

24. Die transzendente Aufsenwelt. Auch diese Unabhängigkeit ist noch eine im Bewufstsein unmittelbar erlebte Unabhängigkeit von Objekten des Bewufstseins; sie ist noch, allgemein gesagt, eine Art, wie Objekte des Bewufstseins im Bewufstsein auftreten. Dabei bleibt es indessen nicht. Eben die Loslösung vom Ich, die in dieser Unabhängigkeit enthalten liegt, nötigt uns, die fraglichen Objekte auch für sich, d. h. losgelöst vom Ich in einen Zusammenhang zu ordnen. Und dies gelingt wiederum nicht ohne Ergänzung. Die Objekte der Wahrnehmung und der „objektiven" Erinnerung können als für sich bestehend nicht gedacht werden, wenn wir nicht Lücken zwischen ihnen denkend ausfüllen, also von dem, was im Bewufstsein nicht war, dennoch anerkennen, es sei gewesen. Wir schaffen so einen dem Bewufstsein transzendenten Zusammenhang der objektiven Wirklichkeit. Diese transzendente Welt liegt für unser Bewufstsein jenen unmittelbar gegebenen Objekten des Bewufstseins zu Grunde.

25. Doppeltes Dasein der Welt. Hier bleibt aber noch ein Widerspruch. Die Unabhängigkeit der Objekte der Wahrnehmung vom Ich besteht, und sie besteht auch nicht. Dafs sie da sind und so sind, wie sie sind, erscheint nicht als mein Werk. Andererseits kann ich doch willkürlich das wahrgenommene Objekt zum Verschwinden bringen, indem ich die Augen schliefse, und es wieder ins Dasein rufen, indem ich sie öffne. Ich kann ebenso dem Objekt der Erinnerung die Aufmerksamkeit zuwenden und sie wiederum von ihm abwenden und dadurch bewirken, dafs es jetzt da ist, jetzt nicht. Das Objekt, das dem transzendenten

Weltzusammenhang angehört, erscheint auf Grund solcher Erfahrungen zugleich dem Zusammenhang der subjektiven Wirklichkeit und damit zugleich dem Zusammenhang des transzendenten Ich angehörig. Es ist auf Grund jenes Zusammenhanges und hat doch wiederum den Grund seines Daseins in diesem Zusammenhang. Dieser Widerspruch nötigt uns, die Objekte der Wahrnehmung und der objektiven Erinnerung doppelt daseiend zu denken, einmal als Bestandteile jenes, dann als Elemente dieses Zusammenhanges. Sofern sie dem Zusammenhang der transzendenten Welt· angehören, sind sie etwas „für sich" oder „an sich"; sofern sie dem Zusammenhang des vorstellenden Subjektes angehören, nennen wir sie unsere Wahrnehmungen oder Vorstellungen, oder Ergebnisse der wahrnehmenden bezw. vorstellenden Thätigkeit jenes Subjekts. Das für sich bestehende Objekt ist, solange der transzendente Weltzusammenhang es zu denken nötigt, die Wahrnehmung oder Erinnerung dagegen hat zwar das für sich bestehende Objekt zur Bedingung, kommt aber erst durch jene Thätigkeit zustande. Damit ist erst die höchste Stufe der objektiven Wirklichkeit erreicht. Es giebt für uns jetzt nicht mehr bloß Objekte, die im Bewußtsein als ein dem Ich Fremdes erscheinen, sondern eben diesen Objekten legen wir, weil sie in diesem Lichte erscheinen, davon verschiedene und vom vorstellenden Subjekt in unserem Denken geschiedene Objekte zu Grunde. Die objektive Wirklichkeit dieser Objekte ist nicht mehr eine unmittelbar erlebte, sondern, wie die des realen Subjekts, eine gedachte oder auf Grund der über das Gegebene hinausgehenden Thätigkeit des Denkens erkannte. — Immerhin beruht auch diese Erkenntnis schließlich auf dem unmittelbaren Objektivitätsbewußtsein.

26. **Äußere und innere Erfahrung.** Indem die Wahrnehmungsobjekte und ebenso die Objekte der „objektiven" Erinnerung einerseits in der transzendenten Welt ihren Grund haben, andererseits dem Zusammenhang des vorstellenden Subjektes angehören, sind sie Gegenstand einer doppelten Betrachtungsweise, die man nicht eben glücklich als äußere und innere Erfahrung bezeichnet. In Wahrheit giebt es keine doppelte Erfahrung, sondern nur eine Betrachtung derselben Objekte nach zwei Seiten, eine Einordnung in zwei einander entgegengesetzte

Zusammenhänge. Die eine Einordnung ist die physikalische, die andere die psychologische; jene ordnet in den **physischen**, diese in den **psychischen** Zusammenhang.

27. Physisch und Psychisch. Danach ist auch der Gegensatz des Physischen und Psychischen kein Gegensatz der Objekte der Erfahrung, sondern ein Gegensatz der **Betrachtungsweisen.** Dafs Physisches und Psychisches sich unterscheiden, wie Unbewufstes und Bewufstes, ist eine leere Wendung. Wie die psychologische, so geht die physikalische Betrachtung aus von dem im Bewufstsein unmittelbar Gegebenen. Derselbe Ton ist ein physisches und ein psychisches Phänomen. Er ist jenes für die physikalische Betrachtung, d. h. diejenige, die ihn hineinstellt in den physischen Zusammenhang, oder den Zusammenhang der objektiv wirklichen (transzendenten) Aufsenwelt, er ist ein psychisches Phänomen für die psychologische Betrachtung, d. h. diejenige, die ihn einordnet in den Zusammenhang des vorstellenden Wesens. Beide **finden** sie den Zusammenhang nicht in der Erfahrung **vor**, sondern **schaffen** ihn **denkend.** Beide sind sie getrieben von demselben Interesse, nämlich dem Interesse, das dem Bewufstsein Gegebene, sein Dasein und seine Veränderungen verständlich, d. h. ohne Widerspruch denkbar zu machen, nur die eine, sofern es als ein objektiv Wirkliches, die andere, sofern es als ein subjektiv Wirkliches sich darstellt. — Der Gegensatz des Physischen und des Psychischen und damit der Gegensatz der Natur- und Geisteswissenschaft führt sich schliefslich zurück auf den Gegensatz des unmittelbaren Bewufstseins der objektiven und der subjektiven Wirklichkeit.

28. Welt der Dinge an sich. Indem das Gegebene einerseits in den Zusammenhang des realen Ich, andererseits in den Zusammenhang der transzendenten Aufsenwelt eingeordnet wird, kann es geschehen, dafs solches, das zunächst, d. h. fürs unmittelbare Bewufstsein als ein objektiv Wirkliches erschien, dieses Anspruches verlustig geht. Dies gilt beispielsweise von den Traumobjekten, die ursprünglich gleich objektiv wirklich erscheinen wie die Wahrnehmungen, weil sie in gleicher Weise vom Vorstellungsbelieben unabhängig erscheinen. Anderseits erhebt sich die Frage, wie weit die **Beschaffenheit** des Gegebenen aus dem einen oder anderen Zusammenhang begreiflich werde. Das Ergebnis ist, dafs der ursprüngliche Standpunkt, für den die transzendenten Objekte ebenso beschaffen sind, wie sie der Wahrnehmung erscheinen, unhaltbar wird. Die sinnlichen Qualitäten werden zu etwas lediglich **subjektiv Wirklichem**. Auch zum Glauben an die objektive Wirklichkeit der **Raumbestimmungen** fehlt aber weiterhin jeder Grund. Was übrig bleibt, ist die ihrer Beschaffenheit nach völlig unbekannte Welt der „Dinge an sich", deren Gesetzmäfsigkeit nur, inhaltlich in die Sprache des vorstellenden Wesens übersetzt, von uns erkannt werden kann. Sie ist, für sich betrachtet, ebenso wie das reale Ich, eine rein durchs Denken geschaffene Welt, ein reines Noumenon.

29. Der Körper. Es giebt indessen einen Punkt, wo die Scheidung des Ich und der Aufsenwelt nicht gelingt, nämlich unseren Körper. Er erscheint fürs unmittelbare Bewufstsein hinsichtlich seines Daseins und seiner Beschaffenheit vom Ich unabhängig, und die Erkenntnis kann nicht umhin, ihn in den Zusammenhang der transzendenten Aufsenwelt einzuordnen. Zugleich erscheint er doch wiederum, nicht nur hinsichtlich seines Daseins als Objekt der Wahrnehmung, sondern hinsichtlich seiner objektiv wirklichen Beschaffenheit vom Ich oder unserem Wollen in unmittelbarer Weise abhängig. Die Erfahrung dieses einzigartigen Gebundenseins des Körpers an das Ich ist es, die einzig und allein den Körper für mich zu **meinem Körper** macht und machen kann. Was ihn dazu macht, ist danach im Prinzip dasselbe, was ursprünglich macht, dafs mir vorgestellte Objekte als meine Vorstellungen und damit überhaupt erst als Vorstellungen erscheinen. — Andererseits zeigt die Erkenntnis, dafs das subjektiv Wirkliche als solches in seinem Dasein und seiner Beschaffenheit an den Körper oder Teile desselben gebunden ist. Genau soweit diese Bindung als eine unmittelbare sich erweist, oder erwiesen werden kann, gehört der Körper, nicht der unseren Sinnen erscheinende, aber das an sich unbekannte Reale, das ihm zu Grunde liegt, mit zum realen Ich oder dem geistigen Wesen. Das reale Ich ist ja nichts Anderes, als eben das, woran das subjektiv Wirkliche als solches im Denken gebunden werden mufs. Nicht eine Beschaffenheit des realen Ich, durch die es von der Aufsenwelt qualitativ unterschieden wäre, ist mit diesem Namen „reales Ich" oder „Geist" bezeichnet — weder

hier noch dort haben wir ja von einer solchen Beschaffenheit
irgend welche Kenntnis — sondern nur diese Beziehung zu
Bewufstseinsinhalten oder diese Thatsache, dafs es um der Bewufstseinsinhalte willen gedacht werden mufs.

30. Die eine Welt. Es genügt aber schon jede Abhängigkeitsbeziehung des subjektiv Wirklichen von irgend welchen Elementen der transzendenten Aufsenwelt, um das reale Ich und
diese transzendente Aufsenwelt, bei aller Scheidung, doch auch
wiederum als eine transzendente Welt erscheinen zu lassen. Die
Erkenntnis fordert in jedem Falle diesen einen Weltzusammenhang. Er ist es, der in allem Gegebenen sich offenbart. Er
offenbart sich aber in doppelter Weise. Die Welt der sinnlichen
Wahrnehmung ist eine mittelbare, weil durch unseren Körper
(unsere Sinne) vermittelte Offenbarung der an sich unbekannten
Welt aufser uns, die Welt unseres Bewufstseins überhaupt oder
unser bewufstes geistiges Leben ist eine unmittelbare Offenbarung des Punktes der transzendenten Welt, den wir als unser
reales Ich oder unser geistiges Wesen bezeichnen. Zugleich ist
unser Bewufstseinsleben die einzige unmittelbare Offenbarung
der wirklichen Welt, von der wir wissen, oder die wir überhaupt,
nach unseren Erfahrungen, zu denken vermögen. Angenommen,
wir fragen, was wir zu fragen freilich unterlassen können, worin
die unmittelbare Offenbarungsweise der wirklichen Welt oder des
transzendenten Grundes aller Dinge im übrigen bestehe, oder wie
das Ganze dieser Welt sich uns darstellen würde, wenn wir seiner
ebenso unmittelbar inne würden, wie unserer selbst, oder wenn
wir es ebenso, wie uns, „von innen", ohne Vermittelung der Sinne
betrachten könnten, dann ist darauf, so weit unser Wissen reicht,
nur eine positive Antwort möglich, nämlich die, dafs sich dieser
transzendente Grund aller Dinge in einer Welt des Bewufstseins
offenbare, also gleichfalls reales Ich oder Geist sei, nur allum-
fassender und absoluter Geist; ein Geist, sofern jene Welt eine
Welt sei, und ein persönlicher Geist, da ein Geist ohne Persönlichkeit für uns dasselbe wäre wie ein Ton, der nicht klingt,
d. h. ein Wort, mit dem uns die Erfahrung nicht erlaubte, irgend
einen Sinn zu verbinden.

31. Erkenntnistheoretischer Standpunkt. In der vorstehenden
Andeutung des Stufenganges der Erkenntnis ist ein bestimmter

erkenntnistheoretischer Standpunkt ausgesprochen. Er steht einer **subjektivistischen** Theorie der Erkenntnis, die alles ursprünglich als Gegenstand unseres Bewufstseins, als unsere Vorstellung, als Inhalt des Geistes, gegeben sein läfst, ebenso entgegen wie der **objektivistischen**, die das Bewufstsein einer transzendenten Welt als ursprüngliche Thatsache behauptet. In Wahrheit ist beides gleich ursprünglich und gleich wenig ursprünglich, das Ich und das Nichtich, das Subjekt und die objektiv wirkliche Welt der Dinge. Gleich ursprünglich ist das unmittelbare Subjektivitäts- und Objektivitätsbewufstsein und gleich wenig ursprünglich, d. h. in gleicher Weise durch das Denken und auf Grund der Gesetzmäfsigkeit des Denkens gewonnen, das Bewufstsein des wahrnehmenden, vorstellenden, denkenden, in diesem Wahrnehmen, Vorstellen, Denken „thätigen" Ich, und das Bewufstsein der von ihm geschiedenen transzendenten Welt. Nicht ein Übergang vom Subjekt zur Welt aufser ihm, oder umgekehrt, ist die Erkenntnis, sondern eine in verschiedenen Stufen immer vollständiger sich vollziehende **Scheidung** der beiden. Den Punkt der Scheidung bezeichnet das Ich in seinen verschiedenen Stufen, zuletzt das Ich des unmittelbaren Selbstgefühls. Der Vollzug der Scheidung ist Aufgabe des die Erfahrungen ordnenden Denkens. Der der Erfahrung und der Arbeit des Denkens vorauseilende Zweifel, ob nicht am Ende eine objektiv wirkliche Aufsenwelt gar nicht bestehe, hat kein wissenschaftliches Recht. Nicht das ist die Frage, ob man solchen Zweifel hegen könne, sondern unter welchen Voraussetzungen das Gegebene uns nach Möglichkeit verständlich werde.

Abschnitt II. Das Urteil.

Kapitel V. Allgemeine Bestimmung des Urteils.

32. Das Urteil. Das Urteil ist der einzelne Akt der wirklichen oder vermeintlichen Erkenntnis, also jedes, gleichgültig ob stichhaltige oder nicht stichhaltige Objektivitätsbewufstsein oder Bewufstsein, im Vorstellen durch die vorgestellten Objekte genötigt zu sein. In dieser Bestimmung sind auch die unvollständigen Erkenntnisakte, also die unvollständigen Urteile mit eingeschlossen. Wir denken nun im Folgenden zunächst an die vollständigen Urteile. Unter dieser Voraussetzung müssen wir das Urteil genauer bezeichnen als das **Bewufstsein der objektiven Notwendigkeit eines Zusammen oder einer Ordnung (Zuordnung, Beziehung) von Gegenständen des Bewufstseins**. Diese Definition steht in Übereinstimmung mit Voraussetzungen, die in der Logik prinzipiell jederzeit festgehalten worden sind, vor allem der Voraussetzung, dafs Urteil nur heifsen dürfe, was entweder **wahr** oder **falsch** sei. Unsere Definition ergiebt sich daraus, wenn man bedenkt, dafs Wahrheit mit wirklicher Erkenntnis gleichbedeutend ist, und nur die vermeintliche Erkenntnis oder der unberechtigte Anspruch auf Wahrheit vom Vorwurf des Irrtums betroffen werden kann.

33. Formales und materiales Urteil. Die Theorie des Urteils mufs aber gleich von vornherein das **formale** und **materiale Urteil** unterscheiden. Jenes ist der einzelne Akt der formalen, dieses der einzelne Akt der materialen — wirklichen oder vermeintlichen — Erkenntnis. Daraus ergiebt sich von selbst (vgl. 15 ff.) der zwischen beiden bestehende fundamentale, und wie vorgreifend bemerkt werden mufs, die ganze Logik beherrschende Gegensatz. Beim formalen Urteil ist die objektive Notwendigkeit **unbedingte Vorstellungsnotwendigkeit**, beim materialen die Notwendigkeit, einem als objektiv wirklich gedachten Gegenstand des Bewufstseins, sofern er so gedacht wird, einen anderen, ebendamit gleichfalls als objektiv wirklich gedachten, zuzuordnen.

34. Die objektive Notwendigkeit im formalen Urteil. Auch diese Erklärung bedarf noch einer näheren Bestimmung. Eine Handlung ist für mich notwendig, wenn ich sie nicht unterlassen kann. In diesem Sinne ist jene „objektive Notwendigkeit" nicht zu nehmen. Sei unter einem non-P, hier wie im Folgenden immer, ein Bewufstseinsobjekt verstanden, das einem S nicht zugeordnet werden kann, ohne dafs die gleichzeitige und gleichartige Zuordnung eines P zu eben diesem S dadurch aufgehoben wird. Dann sagt die „objektive Notwendigkeit" der Zuordnung eines P zu S, deren ich mir im formalen Urteile S ist P bewufst werde, **nicht**, dafs es unmöglich sei S vorzustellen und auf die gleichzeitige

Mitvorstellung des P zu verzichten, sondern dafs es unmöglich sei, P in der Vorstellung durch ein non-P zu ersetzen, also statt der Vorstellungsverbindung S P eine im übrigen gleichartige Vorstellungsverbindung S non-P zu vollziehen. So sagt das formale Urteil, Grün liege qualitativ zwischen Blau und Gelb, nicht dafs es mir unmöglich sei, Grün für sich, d. h. ohne Beziehung auf Blau und Gelb vorzustellen, wohl aber dafs ich dem Grün in der Reihe der stetig ineinander übergehenden spektralen Farben keinen anderen Ort zuzuweisen im stande sei.

35. Im materialen Urteil. Ebenso ist die objektive Notwendigkeit, deren ich mir im materialen Urteile S P bewufst werde, nicht gleichbedeutend mit der Unmöglichkeit S für sich, sei es vorzustellen, sei es als objektiv wirklich zu betrachten, wohl aber mit der Unmöglichkeit, dem S statt des P ein non-P zuzuordnen, ohne dafs sich S ebendadurch für mich in ein objektiv unwirkliches verwandelt, d. h. ohne dafs mir das Bewufstsein entsteht, diese Vorstellungsverbindung S non-P sei ein Akt meiner Willkür, durch den ich mich mit der in der Vorstellung des S liegenden (objektiven) Nötigung, mit ihm ein P zu verbinden, in Widerspruch setze. Wer weifs, Kants „Prolegomena" liegen zeitlich zwischen der ersten und zweiten Auflage der „Kritik", kann die Prolegomena vorstellen und als etwas objektiv Wirkliches ansehen, ohne zugleich an die zeitliche Beziehung zu den beiden Auflagen der Kritik zu denken, er kann ihnen aufserdem in seiner Vorstellung jede beliebige zeitliche Stellung zu denselben anweisen, sie etwa den beiden Auflagen in Gedanken folgen lassen, aber er kann dies nicht thun, ohne zugleich das Bewufstsein der Unwirklichkeit dieser Vorstellungsverbindung zu haben, oder das Bewufstsein des Widerspruches zwischen ihr und der Vorstellungsverbindung, die ihm durch die Erfahrung aufgenötigt ist.

36. Notwendigkeit des Denkens. Denken ist, wie oben gesagt, objektiv bedingtes Vorstellen. Notwendigkeit des Denkens oder kurz logische Notwendigkeit ist objektive Notwendigkeit des Vorstellens. Danach hat auch die Notwendigkeit des Denkens eine andere Bedeutung in der formalen als in der materialen Erkenntnis. Sie ist dort Notwendigkeit des Vorstellens im Sinne der Unmöglichkeit, das Vorgestellte überhaupt durch ein anderes zu ersetzen, hier Notwendigkeit des Vorstellens im Sinne der Unmöglichkeit, es durch ein anderes zu ersetzen, wenn nicht zugleich das Bewufstsein der objektiven Wirklichkeit des Vorgestellten in sein Gegenteil umschlagen soll.

37. Objektive Gültigkeit. Der einzelne Akt der wirklichen Erkenntnis ist das objektiv gültige Urteil. Objektiv gültig ist ein Urteil, wenn das Bewufstsein der objektiven Notwendigkeit gegen alle mögliche Erfahrung und objektiv notwendige Verknüpfung von Erfahrungsobjekten ohne Widerspruch standhält. Die objektiv gültigen Urteile entstehen, die Erkenntnis also entsteht im Kampf und der Wechselwirkung der zunächst subjektiv gültigen Urteile. Subjektiv gültig ist jedes Urteil, sofern es vollzogen wird. Es ist danach überflüssig, von subjektiver Gültigkeit überhaupt zu sprechen.

38. Allgemeingültigkeit. Aus der objektiven Gültigkeit folgt die Allgemeingültigkeit, oder Gültigkeit für alle, unter der Voraussetzung der Gleichartigkeit des Denkens in allen denkenden Wesen. Diese Voraussetzung aber müssen wir machen, da wir die Vorstellung von denkenden Wesen aufser uns gar nicht anders gewinnen können, als so, dafs wir unsere eigene geistige Organisation auf fremde Wesen nach Mafsgabe dessen, was an ihnen Gegenstand unserer unmittelbaren Erfahrung ist, übertragen. Der Anspruch der Allgemeingültigkeit eines Urteils besteht in der Überzeugung, dafs, vermöge jener Gleichartigkeit aller, alle zum gleichen Urteile gelangen müssen, wofern sie dieselben Erfahrungen machen und denkend ordnen.

39. Urteil im weiteren Sinne. Das Urteil, von dem wir hier reden, ist das logische oder Erkenntnisurteil. Wir können es auch bezeichnen als Entscheid darüber, was überhaupt oder unter irgend welchen Voraussetzungen ist. Erweitern wir den Begriff des Urteils, so wird das Urteil zum Entscheid überhaupt. Es stehen dann den logischen Urteilen die Werturteile, den Erkenntnisurteilen die Gefühls-(Willens-)urteile, den Akten der Entscheidung über das, was ist, die Entscheidungen über das, was vorgestellte Objekte für mich bedeuten, gegenüber. Die vornehmsten unter diesen letzteren sind die ästhetischen und ethischen Urteile. Auch sie repräsentieren eine Ordnung oder Beziehung, aber nicht eine Beziehung der Objekte zu einander, der gegenüber

2*

ich mich passiv weifs, oder die ich lediglich „anerkenne", sondern eine Beziehung, die eben in der bewufsten Anteilnahme an den Objekten besteht. Auch für die ästhetischen und ethischen Urteile besteht das Ideal der objektiven Gültigkeit, und auch diese objektive Gültigkeit besteht im Standhalten gegen alle mögliche Erfahrung. Nur ist unter der Erfahrung hier nicht das blofse Dasein von Bewufstseinsobjekten, sondern wiederum meine Anteilnahme an ihnen zu verstehen. Mit diesen Urteilen haben wir im Folgenden zunächst nicht zu thun.

Kapitel VI. Elemente des Urteils.

40. Subjekt und Prädikat. Die Elemente des (vollständigen) Urteils sind Subjekt und Prädikat. Unter dem Subjekt des Urteils kann nur verstanden werden das im Urteilsakte Vorausgesetzte, Gegebene, der Prädizierung zu Grunde Liegende, also dasjenige, dem mit dem Bewufstsein der objektiven Notwendigkeit zugeordnet wird, oder unter dessen Voraussetzung etwas gedacht werden mufs; unter dem Prädikat nur dasjenige, was jenem zugeordnet oder unter Voraussetzung desselben gedacht werden mufs. Mit dem grammatischen oder Satzsubjekt und -Prädikat stimmt, wie gleich hier bemerkt werden mag, das Subjekt und Prädikat des Urteils bald überein, bald nicht. Im letzteren Falle hat die deutsche Sprache in der Betonung ein Mittel, das Urteilsprädikat zu kennzeichnen. Wir erkennen in Sätzen das Subjekt und Prädikat der zugehörigen Urteile am sichersten, wenn wir uns die Frage vergegenwärtigen, auf welche der Satz die Antwort giebt. Das in der vollständig und unzweideutig gestellten Frage Gegebene ist das Subjekt, das in ihr Geforderte ist das Prädikat. Derselbe Satz kann danach verschiedenen Urteilen, also verschiedenen Subjekten und Prädikaten zum Ausdruck dienen. Keinem Gegenstand des Bewufstseins oder Bestandteil eines solchen, Raum- und Zeitbestimmungen nicht ausgeschlossen, kann von vornherein und allgemein die Fähigkeit, Subjekt oder Prädikat eines Urteils zu sein oder dazu zu gehören, abgesprochen werden. In jedem Urteil gehört von dem gesamten, in das Urteil eingehenden Vorstellungsinhalt zum Subjekt, was nicht zum Prädikat gehört und umgekehrt. Jeder Bestandteil des Urteilsinhalts ist ja notwendig im Urteil vorausgesetzt oder gegeben, also Bestandteil des Subjektes, oder aber er wird mit dem Bewufstsein der objektiven Notwendigkeit hinzugefügt, ist also Bestandteil des Prädikates. Subjekt und Prädikat sind danach die einzigen Inhaltselemente des Urteils.

41. Verhältnis beider in der Vorstellung. Der Gegensatz des Subjektes und Prädikates schliefst nicht notwendig die Möglichkeit in sich, sie in der Vorstellung zu sondern. Das Urteil: Entzündetes Pulver explodiert, besteht nicht im Bewufstsein, zur Vorstellung des entzündeten Pulvers müsse die selbständige und für sich vollziehbare Vorstellung der Explosion (überhaupt) — die es gar nicht giebt — hinzugefügt werden, sondern im Bewufstsein, die Explosion eben dieses Pulvers müsse mit vorgestellt werden, wenn Pulver als entzündet gedacht wird. Subjekt und Prädikat bilden demnach hier, und so in den meisten Fällen, ein einheitliches Vorstellungsgewebe. Dennoch hebt sich aus diesem Gewebe das Prädikat und damit auch das Subjekt für unser Bewufstsein bestimmt heraus. Nicht abgesehen vom Urteilen, sondern eben durch den Akt des Urteilens. Notwendig ist jene Vorstellungsverbindung — explodierendes Pulver — nur, wenn ihr Gegenteil — nicht explodierendes, also in Ruhe bleibendes Pulver — unmöglich ist. Das volle Bewufstsein der Notwendigkeit jener Vorstellungsverbindung schliefst demnach das Bewufstsein des mifslingenden Versuches, jene Vorstellungsverbindung in diese zu verwandeln, in sich. Genau dasjenige nun, was bei dieser Verwandlung durch ein anderes ersetzt würde, ist das Prädikat. Das Prädikat dieses Urteils und so das Prädikat jedes Urteils S ist P hebt sich für mein Bewufstsein heraus, indem ich mir seiner als desjenigen bewufst werde, was — innerhalb des Urteils oder unter Voraussetzung seines Subjektes — nicht durch ein anderes ersetzt werden kann. Es hebt sich heraus durch diese nur ihm geltende gedankliche Beziehung. Was von dieser gedanklichen Beziehung nicht betroffen wird, ist das Subjekt, und stellt sich mir eben dadurch als Subjekt im Gegensatz zum Prädikate dar.

42. Vorgestellte Beziehungen beider. Dies Verwobensein des Subjektes und Prädikates, oder diese Unmöglichkeit, beide in der Vorstellung zu sondern, mufs nun immer stattfinden, wenn überhaupt in dem, was den Gegenstand des Urteils bildet, oder kurz, dem „Urteilsinhalt", eine Beziehung oder Verbindung von Subjekt und Prädikat mit vorgestellt wird. Die Beziehung oder Verbindung — etwa die räumliche oder zeitliche — gehört ja notwendig beiden zugleich an. Sie repräsentiert, wenn man will, eine „Ineinssetzung" oder „Immanenz" derselben. Umgekehrt muſs dann natürlich da, wo jene Verwebung nicht statthat, jede vorgestellte Beziehung oder Verbindung zwischen Subjekt und Prädikat fehlen. Es ist aber im Obigen schon angedeutet, daſs es solche Urteile geben kann. Wer etwa meint, die Zweckmässigkeit der Welt erfordere das Dasein Gottes, giebt damit lediglich zu erkennen, daſs er um der Zweckmäſsigkeit der Welt willen Gott denken müsse. Von einer **Beziehung** oder **Verbindung**, die zwischen Gott und der Zweckmäſsigkeit der Welt mit vorgestellt würde, ist **in diesem Urteil** nichts enthalten. Gewiſs liegt in jenem „Erfordern" eine Beziehung, aber das ist die **logische** Beziehung, d. h. die allgemeine Beziehung der **Zugehörigkeit** des Prädikatsinhaltes zum Subjektsinhalt, wodurch diese eben zum Subjekt und Prädikat eines Urteils **werden**. Danach sind irgend welche dem Urteilsinhalt oder den Urteilsgegenständen angehörige Beziehungen zwischen dem Subjekt und Prädikat zum Urteil nicht notwendig erforderlich, geschweige daſs sie etwa unter dem Namen der „Copula" als selbständiges Urteilselement neben Subjekt und Prädikat gestellt werden dürften. Doch darf andererseits nicht geleugnet werden, daſs zur vollständigen **Bestimmtheit** des Urteils das Bewuſstsein der — zeitlichen oder raumzeitlichen — Beziehung zwischen dem Subjekts- und Prädikatsgegenstand oder das Bewuſstsein, in welcher **Weise** diese jenem zuzuordnen sei, mit hinzugehört.

43. Logische Beziehung = Copula. Dagegen ist jene **logische** Beziehung für jedes Urteil, in dem überhaupt der Gegensatz von Subjekt und Prädikat stattfindet, erforderlich. Im Bewuſstsein derselben besteht eben der Akt des Urteilens. Sie allein kann als die vom Subjekts- und Prädikatsinhalt verschiedene oder zu ihnen hinzutretende logische „Copula" bezeichnet werden.

44. Potentielle in aktuellen Urteilen. Bezeichnen wir als potentielle Urteile solche Zusammenhänge von vorgestellten Objekten, die in einem Urteile zum Bewuſstsein kommen **können**,

so können Urteile beliebig viele anderweitige potentielle Urteile
in sich schliefsen. Solche blofs potentiellen Urteile sind Erkenntnisse, obgleich nicht Akte des Erkennens. Das Urteil, Dieser
Obstbaum trägt rote Blüten, kann ich nicht fällen, ohne zu
wissen, dafs dieser Baum ein Obstbaum ist, und dafs die von
ihm getragenen Blüten rot sind. Nicht ein objektiv notwendiger
Vorstellungszusammenhang, sondern ein Komplex oder eine Verkettung von solchen liegt in jenem Urteil vor. Und wie es hier
sich verhält, so pflegt es sich zu verhalten (vgl. 121). Es entsteht aus solchen Komplexen von objektiv notwendigen Vorstellungszusammenhängen oder Verkettungen möglicher Urteile
jedesmal dieses oder jenes aktuelle Urteil, jenachdem ich in
meinem Bewufstsein von diesem oder jenem Teil des Komplexes
ausgehe und zu diesem oder jenem mit ihm verbundenen Elemente des Komplexes übergehe und dabei das Bewufstsein habe,
unter Voraussetzung jenes Teiles des Komplexes dies Element
denken oder ihm zuordnen zu müssen. Das aktuelle Urteil findet
in der grammatischen Form der Prädikation, die blofs potentiellen
Urteile finden in verschiedenen anderen Formen — den attributiven Formen, den Casus mit oder ohne Präpositionen — ihren
sprachlichen Ausdruck.

Kapitel VII. Sprachlicher Ausdruck des Urteils.

45. Wortlose Urteile. Der sprachliche Ausdruck gehört nicht
zum Wesen des Urteils. Das Kind, das sich erinnert, dafs auf
die Annäherung der Hand an die Flamme eine Schmerzempfindung folgte, oder das auf Grund des ehemaligen Erlebnisses vor
der neuen Annäherung wiederum Schmerz fürchtet, fällt ein
Urteil, auch wenn ihm noch keinerlei Worte zum Ausdruck desselben zu Gebote stehen. Es weifs etwas; es vollzieht einen Akt
der Erkenntnis. Was es in seinem Bewufstsein trägt, ist wahr,
oder — falls es etwa auch vor der Annäherung einer blofs gemalten Flamme an die Hand Schmerz erwartet — falsch oder
irrtümlich. — Da es Begriffe nicht giebt ohne Begriffsworte, so
ist das Urteil als solches auch durch das Dasein von Begriffen
nicht bedingt.

46. Die Aussage. Noch weniger ist das Urteil ein Satz
oder eine „Aussage". Das Urteil findet nur allerdings im Aus-

sagesatz seinen vollendetsten sprachlichen Ausdruck. Dies hindert wiederum nicht, dafs unter bestimmten Umständen ein einziges Wort, selbst ein Schrei, eine Geberde, dieselbe Bedeutung für das Urteil hat, wie der korrekteste Satz. Andererseits können Aussagen — nicht etwa nur sinnlose, sondern auch sinnvolle —, allerlei Vorstellungsvorgänge, die nicht Urteile sind, zum Ausdruck bringen. Der Wunsch, Entschlufs, Befehl ist kein Urteil, in welche Form auch er sich kleiden mag. Zu den Wünschen gehört die Frage: sie ist der Wunsch zu einem Urteil zu kommen. Ist der Aussagesatz Ausdruck eines Urteils, so heben die einzelnen Worte und sprachlichen Formen die verschiedenen Inhaltsbestandteile des Urteils, die sie bezeichnen, in gewisser Weise heraus und fixieren sie im Bewufstsein. Treffen sprachliches Subjekt und Prädikat und Subjekt und Prädikat des Urteils überein, so geschieht dies insbesondere hinsichtlich dieser Urteilselemente. Aber auch hier geschieht die Heraussonderung nur „in gewisser Weise", nämlich mehr oder weniger unbestimmt. Das Wort „rot" des Satzes: Diese Rose ist rot, bezeichnet nicht das eigenartige und über die mannigfach hin- und hergehende Oberfläche der Rose gebreitete, sondern irgend ein irgend einer Fläche angehöriges Rot. Jenes aber, und nicht dieses ist — vgl. 41 — das Prädikat des Urteils. Welches Rot vorgestellt, und in welcher Weise es vorgestellt werden solle, sagt nicht das Satzprädikat, sondern der ganze Satz. Das Prädikat des Urteils wird nicht durch das Satzprädikat abgegrenzt, sondern einzig und allein durch den Akt des Urteilens (41), zu dem der Satz als Ganzes auffordert.

47. Das Urteil als Bedingung der Aussage. Umgekehrt ist das Urteil Bedingung der Möglichkeit des sprachlichen Ausdrucks. Jedes Bewufstsein, dafs einem von mir vorgestellten Objekte dieses oder jenes sprachliche Zeichen zugehöre, ist ein Urteil. Nicht minder jedes Bewufstsein, dafs einem sprachlichen Zeichen Objekte von dieser oder jener bestimmten Art zugehören. Die Möglichkeit solcher Urteile aber ist es, die allein die sinnvolle Wortverbindung von der sinnlosen unterscheidet. Es leuchtet ein, dafs es ein Widerspruch wäre, die Möglichkeit des Urteils vom sprachlichen Ausdruck und wiederum den sprachlichen Ausdruck von der Möglichkeit des Urteils bedingt sein zu lassen.

48. Inkongruenz von Urteil und Aussage. Mit dem oben Gesagten — 46 — ist die Inkongruenz von Urteil und Aussage nicht erschöpft. Der sprachliche Ausdruck des Urteils mufs jederzeit ein mehr oder weniger unbestimmter und unvollständiger sein. Die Mannigfaltigkeit der sprachlichen Zeichen und Formen kann nun einmal der Mannigfaltigkeit des Vorgestellten, die Mannigfaltigkeit ihrer Wendungen der Mannigfaltigkeit möglicher Modifikationen eines Gedankens nicht gleich kommen. Die einzelnen Zeichen sind im allgemeinen nicht Zeichen für Gegenstände, sondern für Arten von solchen. Andererseits hat der sprachliche Ausdruck neben den logischen auch allerlei aufser- und unlogischen Anforderungen zu genügen, nicht nur den Anforderungen der Bequemlichkeit, sondern vor allem den Anforderungen des begleitenden Gefühls, schliefslich nicht zum mindesten dem ästhetischen Bedürfnis der Vermenschlichung. Unsere Sprache ist überall vom Anthropomorphismus durchtränkt und insofern durch und durch unlogisch.

49. Das Urteil und die Begriffe. Sofern Worte Begriffe repräsentieren, ist es unvermeidlich, dafs in dem zum sprachlichen Ausdruck gelangenden Urteile sekundärer Weise auch Begriffe in Beziehung zu einander gesetzt werden. Darum sind doch Urteile nicht als solche Beziehungen von Begriffen. Wenn ich versichere, eine bestimmte Rose sei rot, so will ich damit aller Wahrscheinlichkeit nach weder sagen, dafs der Begriff Rose in diesem Falle durch das Merkmal rot zu „determinieren", noch dafs diese Rose dem Begriff des Roten zu „subsumieren" sei, sondern meine Meinung ist, dafs dem bestimmten vorgestellten Objekt die bestimmte Farbe als Eigenschaft zukomme. Das aber, was ich in dem Satze meine, oder der Bewufstseinsakt, den ich vollziehe, indem ich ihn ausspreche, macht den Inhalt des Urteils. Dies schliefst nicht aus, dafs ich ein andermal allerdings eine solche Beziehung von Begriffen, in unserem Falle etwa die Notwendigkeit der Subsumtion der Rose unter den Begriff des Roten, zu erkennen geben will. Dann ist doch in diesem Begriffsurteil jenes Sachurteil bereits vorausgesetzt. Die Rose kann für mein Bewufstsein nur dem Begriff des Roten sich subsumieren, weil ihr die Eigenschaft rot zukommt, nicht umgekehrt; so wie Mineralien in eine bestimmte Abteilung der mineralogischen

Sammlung gehören, weil sie bestimmte Eigenschaften haben, und ich sie der Abteilung einordnen kann, weil ich ihr die Eigenschaften zuerkannt habe, nicht umgekehrt.

50. Hinweisende Sätze. Abgesehen von jener überall unvermeidlichen Unbestimmtheit des sprachlichen Ausdrucks können Urteile sprachlich vollständiger oder weniger vollständig zur Darstellung gelangen. Hier sind besonders zu erwähnen die Urteile, die nur in einem Wort oder Ausruf — Feuer! Die Kraniche des Ibykus! Der Elende! — anderseits diejenigen, die in Sätzen mit hinweisendem sprachlichem Subjekt oder Prädikat — Dies, oder: Hier ist eine Rose; Die (gesuchte) Rose ist hier — zum Ausdruck kommen. Was den Sinn solcher Worte oder Wortverbindungen ausmacht, wo insbesondere jedesmal das Subjekt und Prädikat des damit gemeinten Urteils gesucht werden muſs, läſst sich in beiden Fällen nicht nach der bloſsen äuſseren Form entscheiden. Sage ich einem Kinde: Dies ist eine Rose, so will ich ihm wahrscheinlich mitteilen, wie diese Blume heiſse, sage ich demjenigen, der sich ein Geräusch nicht zu deuten weiſs: Das ist Sturm, so will ich ihn sachlich belehren. Das Rot ist in jenem Falle Prädikat eines Namenurteils. Es wäre Subjekt eines solchen, wenn ich durch den Hinweis auf die Rose die Frage des Kindes, was denn „Rot" sei, beantworten wollte. So ergiebt sich überall der Sinn solcher Urteile erst aus dem jedesmaligen gedanklichen Zusammenhang.

Kapitel VIII. Funktionen des Satzes.

51. Der Satz im Bewuſstsein des Urteilenden. Die logische Bedeutung des Satzes erschöpft sich nicht in jener Heraushebung und Fixierung der Urteilsbestandteile und ihres Zusammenhanges für das Bewuſstsein des Urteilenden. Er ist zweitens Mittel der Urteilskundgebung, sofern er mit der Absicht verbunden sein kann, in einem Hörer das Bewuſstsein zu erwecken, es sei ein bestimmtes Urteil vom Urteilenden gefällt worden. Er wird drittens zum Mittel der Urteilsmitteilung, wenn er in dem Urteilenden mit der Absicht verbunden ist, dasselbe Urteil im Hörer zu erzeugen. Der Satz kann endlich für den Urteilenden selbst Bewuſstseinsrepräsentant des Urteils sein: Das Urteil findet sich im Bewufstsein des Urteilenden nur in Gestalt des „Satzurteils".

52. Möglichkeit des Satzurteils. Die Möglichkeit solcher Satzurteile beruht auf dem psychologischen Gesetz, dafs die Wechselwirkung psychischer Elemente der Art nach dieselbe bleibt, mögen die Elemente als vollständig bewufste oder als nur teilweise bewufste, ja völlig unbewufste — latente oder potentielle — gegeben sein. Diesem Gesetz entsprechend ist auch die psychische Wirkung oder Beziehung der Subjektsvorstellung auf die Prädikatsvorstellung, die darin besteht, dafs jene diese fordert oder zu ihrem Vollzuge nötigt, nicht an das bewufste Vorhandensein dieser Vorstellungen gebunden. Es bleibt aber, wenn die Vorstellungen nicht zum Bewufstsein gelangen, nicht nur die zwischen ihnen bestehende Notwendigkeitsbeziehung an sich in Kraft, sondern sie kann auch für das Bewufstsein bestehen bleiben. Es genügt dazu, dafs an die Subjekts- und ebenso an die Prädikatsvorstellung andere, bewufste Vorstellungen geknüpft sind, die vermöge dieser Verknüpfungen zugleich (mittelbar) aneinander gebunden erscheinen und Träger des Notwendigkeitsbewufstseins werden können. Diesen Dienst leisten den unbewufsten Subjekts- und Prädikatsvorstellungen des Urteils die sie bezeichnenden Worte. Dadurch entsteht das Satzurteil.

53. Satzurteil und Sinnurteil. An sich betrachtet besteht das Satzurteil lediglich im Bewufstsein der Wahrheit oder Richtigkeit des Satzes, d. h. in dem Bewufstsein der objektiven Notwendigkeit bestimmte Worte in bestimmter grammatischer Form, insbesondere mit einem bestimmten Satzsubjekt ein bestimmtes Satzprädikat zu verbinden. Aber nicht die Worte sind dabei das Nötigende, sondern die mit den Worten verbundenen, obgleich dem Bewufstsein sich entziehenden, also latenten oder nur potentiell vorhandenen Bedeutungsvorstellungen. Und wir sind genötigt, ihnen andere Worte zuzuordnen, nicht weil sie diese Worte sind, sondern weil an ihnen andere, mit jenen ersteren notwendig verknüpfte Bedeutungsvorstellungen haften. Die Notwendigkeit der Verknüpfung ist an sich Notwendigkeit der Verknüpfung der Bedeutungsvorstellungen. Dieselbe kann uns aber, weil die Bedeutungsvorstellungen unbewufst bleiben, nur als Notwendigkeit die Worte zu verknüpfen zum Bewufstsein kommen. Das

Satzurteil ist danach nicht ein eigenes Urteil, sondern der Bewufstseinsrepräsentant des Sinnurteiles. Es braucht nicht wiederholt zu werden, dafs das Satzurteil im allgemeinen nur der sehr inadäquate Bewufstseinsrepräsentant des Sinnurteiles sein kann.

54. Urteile mit abstrakten Elementen. Auch solche Urteile können durch Satzurteile im Bewufstsein repräsentiert sein, die als solche, d. h. als Sinnurteile im Bewufstsein gar nicht vollziehbar sind. Hier sind zwei Fälle zu unterscheiden. Im einen Falle ist das Urteil unvollziehbar, weil irgend welche in dasselbe eingehenden Objekte zwar als Bestandteile von Bewufstseinsinhalten, aber nicht gesondert oder für sich im Bewufstsein vorkommen können. Solche Objekte gewinnen durch ihre Festknüpfung an die Teile des Satzes die für das selbständige Urteil erforderliche Verselbständigung. Sofern in dieser durch Worte geschehenden Verselbständigung das Wesen der „Abstraktion" besteht, können die in Rede stehenden Urteile als Urteile mit abstrakten Elementen bezeichnet werden. Die Objekte sind Namenobjekte — begriffliche Objekte —, aber durch Ergänzung im Bewufstsein realisierbar, insofern doch „reell". Beispiele solcher Urteile sind die allgemeinen: S — nicht dies oder jenes bestimmte S, sondern S überhaupt — ist P, oder das im engeren Sinne abstrakte: Gerechtigkeit ist eine Tugend.

55. Urteile mit imaginären Elementen. Die andere Möglichkeit besteht darin, dafs Urteile als Sinnurteile unvollziehbar sind, weil imaginäre Objekte in sie eingehen, d. h. solche, die in keiner Weise im Bewufstsein vorkommen können. Solchen unvorstellbaren Objekten müssen im Bewufstsein die Teile des Satzes, die Worte oder Symbole als Stellvertreter dienen. Auch hier ist das, was die Worte oder Symbole aneinander bindet, lediglich die Bedeutung. Die Bedeutung eines Wortes oder Symbols kann in jedem Falle als eine durch das Wort oder Symbol an das Bewufstsein gestellte Forderung bezeichnet werden. Es besteht dann das Besondere der Symbole für imaginäre Objekte darin, dafs die von ihnen gestellte Forderung unerfüllbar ist, nicht nur für sich, sondern schlechthin. Solche Symbole können nichtsdestoweniger einen Erkenntniswert haben, sofern jene Forderungen doch nicht allgemein, sondern nur in diesem Falle unerfüllbar sind, sofern also eine unter anderen Bedingungen erfüllbare

Forderung durch die Symbole über die Grenzen ihrer Erfüllbarkeit hinaus gestellt wird. So überträgt das Symbol $-a$ oder das speziell als imaginär bezeichnete $\sqrt{-1}$, die Forderung der Subtraktion bezw. Wurzelausziehung auf Bedingungen, unter denen nichts zu subtrahieren ist und eine Wurzel nicht besteht. Es sind in solchen Symbolen sich vollziehende Urteile möglich, sofern sich zeigen läfst, dafs die Notwendigkeitsbeziehungen, die diesseits dieser Grenze, also als Notwendigkeitsbeziehungen möglicher Bewufstseinsobjekte bestehen, auch jenseits derselben, d. h. als Notwendigkeitsbeziehungen zwischen den Inhalten der unerfüllbaren Forderungen bestehen bleiben. Die imaginären Urteile sind an sich Notwendigkeitsbeziehungen zwischen Inhalten solcher Forderungen, so sehr sie fürs Bewufstsein niemals etwas anderes sein können als Notwendigkeitsbeziehungen zwischen Symbolen.

56. Der Satz und der Hörer. Entsprechend dem oben über die Bedeutung des Satzes für den Urteilenden Gesagten ist der Satz für den Hörer erstens Zeichen, aus dem er erkennt, dafs in einem Bewufstsein — dem einzigen Ort, wo Urteile vorkommen können —, ein Urteil vollzogen werde oder vollzogen worden sei. Diese Erkenntnis ist gleichfalls ein Urteil, aber ein von dem ausgesprochenen durchaus verschiedenes; es ist ein Urteil über das Dasein dieses Urteils. Hiervon ist wohl zu unterscheiden die Beurteilung des Satzes. Zu ihr gelangt der Hörer, wenn er auf Grund eigener Erfahrung oder Denkthätigkeit ein Urteil über den Inhalt des gehörten Satzes fällt und sich der Übereinstimmung oder Nichtübereinstimmung dieses seines Urteiles mit dem gehörten Satze bewufst wird. Endlich kann der gehörte Satz in dem Hörer unmittelbar das entsprechende Urteil erwecken. Nur in diesem Falle kann von einem mitgeteilten Urteile im eigentlichen Sinne die Rede sein.

57. Mitgeteilte Urteile. Die Möglichkeit der Mitteilung von Urteilen im eben angegebenen eigentlichen Sinne des Wortes beruht auf Associationen zwischen gehörten Sätzen und von uns selbst auf Grund eigener Erfahrung oder eigenen Nachdenkens vollzogenen Urteilen. Solche Associationen müssen für uns bestehen, da wir nur dadurch, dafs sie sich knüpfen, überhaupt dazu kommen können, Sätze als Zeichen für Urteile anzusehen, also sie zu verstehen. Aus den Associationen zwischen bestimmten Sätzen und bestimmten von uns selbst vollzogenen Urteilen ist aber schliefslich für uns eine Association zwischen Sätzen und eigenen Urteilen überhaupt, d. h. eine Association zwischen der Form des behauptenden Satzes und unserer **Urteilsfunktion** geworden. Diese Association macht, dafs in der Folge ein gehörter Satz ohne weiteres das Bewufstsein der objektiven Notwendigkeit der dem Satz entsprechenden Vorstellungsverbindung hervorruft. Es bedarf entgegengesetzter Erfahrungen, d. h. solcher Erfahrungen, in denen an gehörte und verstandene Sätze sich **widersprechende** eigene Urteile knüpften, wenn in einem gegebenen Falle jene Notwendigkeit, die den gehörten Sätzen entsprechenden Urteile zu vollziehen, aufgehoben oder in ihr Gegenteil verkehrt werden soll. Mit anderen Worten: der **Glaube** an das Gehörte ist das Ursprünglichere und zunächst Unvermeidliche, weil für ihn zunächst die Voraussetzungen in der Erfahrung gegeben sind; das Mifstrauen entsteht erst nachträglich aus entgegengesetzten Erfahrungen, im übrigen freilich auf dieselbe Weise.

Abschnitt III. Stufen des Urteils.

Kapitel IX. Qualität der Urteile.

58. Einteilung. Unter dem Urteil war bisher zunächst das positive Urteil, S ist P, verstanden. Ihm steht entgegen das negative, S ist nicht P. Setzen wir hier wiederum die Vollständigkeit des Urteils voraus, so kann nach dem über das positive Urteil Gesagten das negative Urteil nur bestehen im Bewufstsein der **objektiven Unmöglichkeit** einer Ordnung (Zuordnung, Beziehung). Diese objektive Unmöglichkeit ist beim formalen Urteil absolute **Vorstellungsunmöglichkeit**, z. B. Unmöglichkeit, ein Dreieck vorzustellen, dessen Winkelsumme $< 2R$ wäre, beim materialen die Unmöglichkeit einer Vorstellungsverbindung, wenn nicht das Bewufstsein der objektiven **Unwirklichkeit** des daraus sich ergebenden Vorstellungsganzen entstehen soll. — Von beiden Arten wird auch wohl als eine dritte das „limitierende Urteil: S ist ein non-P, unterschieden.

59. Vorstufen des Urteils. Unter der „Vollständigkeit" des Urteils war hier diejenige Vollständigkeit verstanden, die im vollständigen Vorhandensein der Urteilselemente, Subjekt und Prädikat, besteht. Ein Urteil kann aber auch „unvollständig" sein, sofern es **unfertig** ist, d. h. kein volles Bewufstsein der objektiven Notwendigkeit bezw. Unmöglichkeit in sich schliefst. Ein unfertiges Urteil ist kein eigentliches Urteil, so gewifs es die Vorstufe eines Urteils sein kann. Dahin gehören die **Fragen**, ob S P sei, bei denen ein objektiver Anlafs S als P zu denken, oder eine objektive Nötigung, die doch nicht Notwendigkeit ist, nie fehlen wird. An die Fragen schliefsen sich die verschiedenen Stufen der **Vermutung**, S sei P oder nicht P. In jedem dieser Fälle von unfertigen Urteilen steht der Nötigung, S als P oder als nicht P zu denken, die entgegengesetzte Möglichkeit gegenüber. Das Schwanken zwischen beiden ist der **Zweifel**.

60. Das positive Urteil als negatives. Im Gegensatz dazu ist das fertige oder eigentliche (logische) Urteil das — nicht überhaupt, aber für mich zweifellose, das — nicht überhaupt, aber für mich feststehende oder subjektiv gültige, also dasjenige, das die entgegengesetzte Vorstellungsverbindung **ausschliefst** oder als **unmöglich** erscheinen läfst. Dem positiven Urteil, S ist P, steht aber entgegen die Zuordnung irgend eines non-P zu dem S. Und das Bewufstsein der Unmöglichkeit einer solchen Zuordnung ist das negative Urteil, S ist nicht ein non-P. Das fertige positive Urteil, S ist P, schliefst also dies negative Urteil, oder sofern es viele non-P geben kann, alle **möglichen negativen Urteile**, S ist nicht dies, nicht jenes non-P u. s. w., implicite in sich. Dafs ich diese negativen Urteile jederzeit mit Bewufstsein vollziehe, ist nicht erforderlich. Es genügt im allgemeinen für die Sicherheit des positiven Urteilens, dafs dem Bewufstsein, ich sei zu einer Vorstellungsverbindung objektiv genötigt, thatsächlich keine widersprechende Vorstellungsverbindung entgegentritt. Je mehr mir aber an der Sicherheit eines Urteils gelegen ist, um so sicherer mufs ich auch solche widersprechende Vorstellungsverbindungen ausdrücklich ausschliefsen, also die zum positiven Urteile gehörigen negativen Urteile bewufst vollziehen. —

Jedes positive Urteil, so müssen wir sagen, hat negative zur Kehrseite; und das positive Urteil kann nicht mit vollständigem Bewufstsein dessen, was in ihm liegt, vollzogen werden, ohne dafs solche negative Urteile mitvollzogen werden.

61. Negative Urteile als positive. Umgekehrt ist jedes negative Urteil die Kehrseite eines positiven. Die Unmöglichkeit, mit S ein P zu verbinden, setzt die Notwendigkeit voraus, S so zu denken, dafs dadurch P ausgeschlossen ist. Das Bewufstsein dieser Notwendigkeit aber ist ein positives Urteil. Wiederum braucht doch das negative Urteil von diesem positiven nicht im Bewufstsein begleitet zu sein. Es genügt für die Sicherheit des negativen Urteils im allgemeinen das Bewufstsein, dafs die Verbindung S P mit den Forderungen der vorgestellten Objekte in Widerstreit gerät. Dabei ist es für das negative Urteil als solches gleichgültig, worin diese Forderungen bestehen, d. h. welches non-P von S gefordert wird und das Bewufstsein des Widerspruches verschuldet. Es liegt also in dem negativen Urteil auch implicite nicht ein bestimmtes, sondern nur ein unbestimmtes positives Urteil, S ist irgend ein beliebiges non-P, notwendig eingeschlossen. Nur dies unbestimmte positive Urteil gehört mit zum vollständigen und vollständig bewufsten Vollzug des negativen Urteils. Sofern das negative Urteil nur ein unbestimmtes positives Urteil in sich schliefst, das Ziel des Erkennens aber im Dasein bestimmter positiver Urteile besteht, gehört das negative Urteil einer niedrigeren Stufe des Urteilens an. Es hat ohne hinzukommende bestimmte positive Urteile nur den Wert einer Vorstufe des positiven. Dies spricht sich auch darin aus, dafs — wovon später — viele Urteile erst, wenn sie negativ gewendet werden, als vollständige Urteile sich darstellen.

62. Limitierendes Urteil. Das sogenannte limitierende Urteil, S ist ein non-P, ist kein besonderes Urteil neben dem negativen: S ist nicht P. Es ist aber nicht bedeutungslos, dafs das negative Urteil in dieser positiven Form ausgesprochen werden kann, insofern darin die Thatsache, dafs das negative Urteil jederzeit ein unbestimmtes positives Urteil in sich schliefst, unmittelbar zum Ausdruck kommt. Ebenso ist das negativ limitierende Urteil, S ist nicht ein non-P, nicht ein besonderes Urteil neben dem positiven: S ist P. In ihm kommt aber in gleicher Weise die

Thatsache zur Darstellung, dafs das positive Urteil negative Urteile in sich trägt.

63. Bejahung und Verneinung. Nach dem Gesagten ist Position und Negation oder Bejahung und Verneinung die Bewufstwerdung verschiedener Seiten desselben psychischen Thatbestandes. Dieser Thatbestand ist als solcher, wie selbstverständlich, ein positiver. Er besteht, so können wir allgemein sagen, in einer solchen Beziehung von Objekten, die eine bestimmte Art des Vorstellungsverlaufes objektiv notwendig macht. Dieser Vorstellungsverlauf ist immer Hinwendung zu bestimmten Objekten; ebendamit zugleich aber auch notwendig Abwendung von anderen. Er erscheint als das eine oder andere je nach der Betrachtungsweise; so wie eine Ortsveränderung als Annäherung oder Entfernung erscheint, je nach dem Gegenstande, auf den wir sie in Gedanken beziehen.

64. Bejahung und Verneinung von Urteilen. Urteile sind bejahende oder verneinende, aber nicht mögliche Gegenstände der Bejahung oder Verneinung. Die Bejahung oder das Bewufstsein der Wahrheit eines — bejahenden oder verneinenden — Urteils ist nur ein anderes Wort für den Vollzug eben dieses Urteils. Ebenso ist die Verneinung des — bejahenden oder verneinenden — Urteils oder das Bewufstsein seiner Unwahrheit nur ein anderes Wort für den Vollzug des gegenteiligen — d. h. des entsprechenden verneinenden oder bejahenden — Urteils. Auch fremde Urteile können wir nicht bejahen oder verneinen. Was wir bejahen oder verneinen ist immer nur die Vorstellungsverbindung, die ihren Inhalt ausmacht. Fassen wir das Bejahen und Verneinen zusammen im Begriff des Beurteilens, so können Urteile zwar Gegenstände, d. h. Subjekte und Prädikate von Urteilen sein, z. B. Urteilen, die ihr Dasein bejahen oder verneinen, aber nicht Gegenstände der Beurteilung.

65. Qualität der Satzurteile. Von Sinnurteilen war hier ausschliefslich die Rede. In Satzurteilen geht der Gegensatz des positiven und negativen Urteils verloren. Das Satzurteil: S ist P, besteht ebenso, wie das Satzurteil: S ist nicht P, im Bewufstsein der Richtigkeit, d. h. der objektiven Notwendigkeit einer Wortverbindung. Beide Satzurteile sind also als solche in gleicher Weise positive Urteile, nur Urteile mit verschiedenem Inhalt.

So ist überhaupt in Satzurteilen das Urteil selbst jederzeit gleicher Art und nur der Inhalt, die Worte und Wortverbindungen verschieden. Dies hindert nicht, daſs doch auch das, wie gesagt, jederzeit positive Satzurteil negative Urteile implicite in sich enthält, nämlich solche, die im Bewuſstsein bestehen, daſs gewisse andere Wortverbindungen nicht vollzogen werden können, ohne daſs das Bewuſstsein der Richtigkeit des Satzes in das Bewuſstsein seiner Unrichtigkeit, oder des Widerspruches mit dem, was objektiv gefordert ist, umschlägt.

66. Beurteilung von Sätzen. Das Satzurteil kann auch bezeichnet werden als Bejahung des vom Urteilenden selbst, sei es ausgesprochenen, sei es nur vorgestellten Satzes; jene in ihm enthaltenen negativen Urteile sind Verneinungen von Sätzen. So gewiſs es also keinen Sinn hat Urteile beurteilen zu wollen, so gewiſs können wir Sätze beurteilen. Wir können es eben darum, weil Sätze an sich nicht Urteile sind. Insbesondere beurteilen wir jederzeit bejahend und verneinend gehörte Sätze. Wie der Bejahung oder dem Bewuſstsein der Richtigkeit des Satzes — vgl. 53 — so liegt auch der Verneinung oder dem Bewuſstsein seiner Falschheit die objektiv notwendige Beziehung zwischen Bedeutungsvorstellungen, also ein Sinnurteil, als das eigentlich Wirksame zu Grunde. Jenes Bewuſstsein ergiebt sich unter Voraussetzung der Übereinstimmung der durch den Satz geforderten Vorstellungsverbindung mit meinem eigenen Sinnurteil, dieses besteht im Bewuſstsein des Widerspruchs zwischen beiden. Daſs mein eigenes Urteil oder auch nur die vom Satz geforderte Vorstellungsverbindung mir zum Bewuſstsein komme, ist auch hierbei nicht erforderlich.

67. Urteile mit negativen Subjekten. Das negative Urteil besteht nach oben Gesagtem darin, daſs uns von einer an sich jederzeit positiven Beziehung zwischen Gegenständen nur die negative Seite zum Bewuſstsein kommt. Was dabei für unser Bewuſstsein nur negativ bestimmt ist, ist nicht das Subjekt, sondern das Prädikat. Negative Urteile, so könnten wir auch sagen, sind Urteile mit nur negativ bestimmtem Prädikate. Im gleichen Sinne können aber auch Urteilssubjekte nur negativ bestimmt sein: Was nicht S ist, oder: non-S ist P, oder: ist nicht P. Das Ziel des Erkennens, so meinten wir oben, sei die positive Erkenntnis. In der Zugehörigkeit negativer Urteile zum fertigen und vollständig bewufsten positiven Urteile besteht zunächst die Bedeutung der negativen Urteile. Ebenso aber gehört zur positiven Erkenntnis das Bewufstsein, welche Voraussetzung S gegeben sein müsse, wenn ein P gegeben oder ausgeschlossen sein solle, oder was dasselbe sagt, welche Voraussetzung S nicht aufgehoben werden könne, ohne dafs P aufgehoben bezw. gegeben sei. Und dieses Bewufstsein liegt eben in den Urteilen: Was nicht S ist, ist nicht P, bezw. ist P, enthalten. Auch diese Urteile haben danach ihre besondere Bedeutung für die Erkenntnis. Die Logik darf nicht unterlassen, sie, ebenso wie die negativen Urteile, besonders hervorzuheben. Zugleich darf sie aber doch auch andererseits nicht vergessen, dafs alle diese vier „Qualitäten" von Urteilen nur die Bewufstwerdung an sich jederzeit positiver psychischer Thatbestände oder positiver Beziehungen zwischen Objekten repräsentieren, also nur verschiedene Seiten sind einer und derselben Art des Urteils. Alle nicht durchaus positiven Urteile bezeichnen zugleich, für sich betrachtet, im Vergleich zu den positiven niederere Stufen. Nur das positive Urteil ist für sich ein volles Urteil.

68. „Modi" des Urteils. Die bezeichnete besondere Bedeutung der vier hinsichtlich ihrer „Qualität" unterschiedenen Arten des Urteils rechtfertigt es, wenn wir ihnen besondere Namen geben oder in anderem Zusammenhange bereits übliche unterscheidende Bezeichnungen auf sie übertragen. Wir bezeichnen die Urteile: S ist P, S ist nicht P, Was nicht S ist, ist P, Was nicht S ist, ist nicht P, der Reihe nach als Modus ponendo ponens, ponendo tollens, tollendo ponens und tollendo tollens des Urteils. Die Vereinigung der beiden mittleren ergiebt das Urteil: Etwas ist entweder S oder P, also das „disjunktive", oder genauer: das einteilende Urteil oder Urteil der Division. — Der Zweck dieser Namengebungen wird aus dem Zusammenhang mit anderen Fällen, in denen wir die gleichen Namen anzuwenden haben werden, sich ergeben.

Kapitel X. Quantität der Urteile.

69. Einteilung. Hinsichtlich der „Quantität" pflegen unterschieden zu werden Einzelurteile: Dies S ist P; allgemeine Urteile: Alle S sind P; und besondere Urteile: Einige S sind P. Versteht

man unter der Urteilsquantität, wie üblich, den Umfang, in dem das Subjekt des Urteils von der Prädizierung betroffen wird, so ist diese Einteilung unstichhaltig. Die logische Tradition hebt sie selbst wieder auf, indem sie den allgemeinen Urteilen die einzelnen gelegentlich auch wiederum als Spezialfall **unterordnet**, und in dem „besonderen" Urteil sowohl die Möglichkeit, daſs die „einigen S" nur einer seien — Irgend ein S ist P —, als die andere, daſs sie alle seien, eingeschlossen sein läſst.

70. Unterschied der Gattungen. In Wahrheit ist der Unterschied der bezeichneten Gattungen ein solcher hinsichtlich des **Subjektsinhaltes**. In jedem Urteil gilt das Prädikat von dem **ganzen** Umfang des Subjektes: Wenn das Subjekt gedacht wird, so muſs das Prädikat gedacht werden, nicht gelegentlich, sondern schlechtweg. Subjekt ist aber im Einzelurteil — Dies bestimmte einzelne S ist P — in Wahrheit nicht S, sondern ein von allen anderen S unterschiedenes S, im besonderen Urteil nicht S, sondern ein mS, d. h. S unter Voraussetzung einer nicht mitgedachten näheren Bestimmung m, und nur im allgemeinen Urteil das S an und für sich, also gleichgültig, wie es näher bestimmt werden mag. Ist im besonderen Urteil die nähere Bestimmung des S, unter deren Voraussetzung S als P gedacht werden müſste, nur verschwiegen, also im Bewuſstsein des Urteilenden vorhanden, so ist das besondere Urteil zwar hinsichtlich seiner Form vom allgemeinen — bezw. einzelnen — Urteil verschieden, in Wahrheit aber ein allgemeines bezw. einzelnes Urteil.

71. Empirisch und qualitativ bestimmte Subjekte. Jede der drei Gattungen zerfällt wiederum in zwei wesentlich verschiedene. Der Unterschied beruht auf dem Gegensatz der empirischen und der qualitativen Bestimmtheit der Subjekte. Empirisch bestimmt ist ein Gegenstand des Bewuſstseins, sofern er einer bestimmten Stelle im Zusammenhang der objektiv wirklichen Welt oder einem bestimmten Ausschnitt aus demselben zugehörig gedacht wird. Er ist qualitativ bestimmt, wenn er seiner Beschaffenheit nach bestimmt ist. Dabei ist zu bemerken, daſs zu der qualitativen Bestimmtheit eines Gegenstandes auch das Bewuſstsein gehört, in welchen, d. h. wie beschaffenen räumlichen und zeitlichen Beziehungen, zu welchen, d. h. wie beschaffenen anderweitigen Objekten er stehe.

72. Empirisch und qualitativ bedingte Urteile. Der Unterschied der Urteile, der sich aus dieser Unterscheidung ergiebt, ist der Unterschied der empirisch und der nur qualitativ bedingten Urteile. Ein Urteil ist empirisch bedingt, wenn sein Subjekt empirisch bestimmt ist und ihm lediglich als diesem empirisch bestimmten, d. h. einer bestimmten Stelle oder einem bestimmten Ausschnitt aus dem Zusammenhang der objektiven Wirklichkeit angehörigen Gegenstand das Prädikat zuerkannt wird. Es ist ein lediglich qualitativ bedingtes, also empirisch unbedingtes Urteil, wenn seinem Subjekt das Prädikat zuerkannt wird, weil es dies qualitativ bestimmte Subjekt, oder weil der Subjektsgegenstand dieser bestimmt beschaffene ist.

73. Singulares Urteil. Das Einzelurteil ist ein empirisch bedingtes Einzelurteil, oder kurz ein „singulares", wenn das Subjekt ein empirisch eindeutig bestimmter Gegenstand oder Thatbestand ist, und das Prädikat diesem Subjekt ausschliefslich unter Voraussetzung und auf Grund dieser empirisch eindeutigen Bestimmung zugeschrieben wird. Dabei ist unter der empirisch eindeutigen Bestimmung die Bestimmung verstanden, die das mehrmalige Vorkommen des Subjektsgegenstandes ausschliefst. Zu den empirisch bedingten Einzelurteilen gehören alle historischen oder erzählenden (berichtenden) Einzelurteile, also jedes Bewufstsein, dafs ein bestimmtes einzelnes Faktum damals und dort stattfand.

74. Individuales Urteil. Das singulare wird zum qualitativ bedingten Einzelurteil oder kurz zum „individualen" Urteil, wenn oder soweit es in dem Bewufstsein besteht, das Prädikat komme dem Subjekt zu, nicht als dem damals und dort oder jetzt und hier in der Erfahrung angetroffenen, sondern als dem an sich, eventuell auch hinsichtlich seiner raumzeitlichen Umgebung so oder so beschaffenen. Ist das Prädikat in solcher Weise ausschliefslich an die qualitative Bestimmtheit des Subjekts gebunden, dann mufs es dem Subjekte zugeordnet werden, wo immer dasselbe vorkommt und die gleiche Beschaffenheit zeigt. Das individuale Urteil ist also jederzeit zugleich der Möglichkeit oder dem Werte nach ein allgemeines, und zwar „generelles"

Urteil (s. 76). Es gehören hierhin alle aus generellen Urteilen (Gesetzen) abgeleiteten Einzelurteile. Sie bestehen jederzeit in dem Bewufstsein, dafs in einem einzelnen Falle ein P stattfinde, weil die Voraussetzungen S, unter denen dem generellen Urteile zufolge P immer stattfindet, erfüllt seien. In der Natur des generellen Urteiles liegt es aber, dafs jene Voraussetzungen (S) ausschliefslich qualitativ bestimmt sind. — Es gehören ebendahin alle „kausalen" und „Inhärenzurteile", S ist Ursache des P, S hat die Eigenschaft P, oder ist „Träger" derselben, soweit nämlich S **wirklich Ursache des P**, d. h. die vollständige Ursache desselben ist, bezw. soweit S im vollen Sinne des Wortes Träger, d. h. der ganze Träger (oder der ganze Realgrund) des P ist. Soweit dies der Fall ist, gilt notwendig auch hier zugleich jedesmal das generelle Urteil, dafs S immer mit P verbunden sei (vgl. Kapitel XX, XXI).

75. Universales Urteil. Ein allgemeines Urteil, Alle S sind P, ist ein **empirisch** bedingtes allgemeines Urteil oder, mit einem Worte, ein „universales" Urteil, wenn sein Subjekt einen abgeschlossenen Ausschnitt aus der objektiven Wirklichkeit oder unserer Erfahrung vom objektiv Wirklichen bezeichnet und das Prädikat diesem Subjekt zuerkannt wird nur unter Voraussetzung dieser empirischen Bestimmung. Z. B.: Alle Möbel in diesem Raume sind aus Eichenholz.

76. Generelle Urteile. Dagegen heifsen generelle Urteile solche, deren Subjekt eine nur qualitativ bestimmte **Gattung** bezeichnet, in denen also das Prädikat einer Gattung als solcher zuerkannt wird, gleichgültig, wieweit oder wo in der Erfahrung sich die Beispiele derselben finden mögen. Ein Beispiel bildet das Urteil, alle Menschen seien sterblich. Der adäquatere Ausdruck wäre: „Der Mensch" (überhaupt) oder „die Gattung Mensch" ist sterblich. Das universale Urteil ist seinem Ursprung nach jederzeit die Zusammenfassung einer abgegrenzten Anzahl von einzelnen Fällen, in denen nach Aussage der Erfahrung P statt hatte. Dagegen geht das generelle Urteil über die Erfahrung hinaus, und erstreckt sich auf alle möglichen Fälle einer bestimmten Art. Das generelle Urteil ist das Vorstellungs- oder Thatsachen-Gesetz.

77. Partikulare Urteile. Der gleiche Gegensatz besteht

endlich hinsichtlich der „besonderen" Urteile, Einige S sind P. Sie sind empirisch bedingte und sollen hier speziell als „partikulare" Urteile bezeichnet werden, wenn das S, sei es schon an sich, sei es unter Voraussetzung der näheren Bestimmung m, durch welche die Gültigkeit des Prädikates bedingt ist, als ein empirisch bestimmtes sich darstellt und nur diesem empirisch bestimmten S als solchem das Prädikat zuerkannt wird: „Einige Möbel in diesem Zimmer sind Eichenmöbel" bezw. Einige Menschen — nämlich dieser, jener, ein dritter u. s. w. — sind farbenblind. Das partikulare Urteil ist ebenso wie das universale seinem Ursprung nach eine Zusammenfassung einzelner in der Erfahrung festgestellter Fälle. Es wird zum universalen, sobald eine den „einigen S", und zugleich nur diesen S, gemeinsame Bestimmung erlaubt, dieselben unter einen für sie alle und nur für sie gültigen Namen zusammenzufassen.

78. Unbestimmte Arturteile. Im Unterschied von diesen „partikularen" Urteilen bezeichnen wir die nur qualitativ bedingten besonderen Urteile als „unbestimmte Arturteile". Bei ihnen ist das S nur qualitativ bestimmt, bezeichnet also eine Gattung, und dafs einige S P seien, dies sagt, S sei P unter Voraussetzung einer dem Urteilenden noch unbekannten oder seinem Bewufstsein nicht gegenwärtigen qualitativen näheren Bestimmung. Durch diese qualitative Bestimmung würden jene S zu einer Art des S. Das fragliche Urteil besteht also in dem Bewufstsein, irgend einer nicht näher bestimmten Art des S müsse das P — etwa einer oder mehreren noch nicht näher bekannten Arten von Insekten müsse die Fähigkeit der Parthenogenese — zuerkannt werden. Das Arturteil ist, ebenso wie das Urteil über die ihm übergeordnete Gattung, ein generelles Urteil. Das unbestimmte Arturteil kann also ebensowohl als unbestimmtes generelles Urteil bezeichnet werden. Es wird zum thatsächlichen generellen Urteile, wenn die nähere Bestimmung gefunden ist.

79. Quantität der formalen Urteile. Formale Urteile können nicht empirisch bedingte, also weder singulare, noch partikulare, noch universale Urteile sein. Ihr Subjekt ist eben jederzeit nur qualitativ bestimmt und gehört an sich überhaupt keiner Stelle der objektiven Wirklichkeit an. Auch die Gegenstände formaler Urteile sind freilich in der „Erfahrung", nämlich der Anschauung oder

Vorstellung gegeben. Das Bewufstsein aber, welche Merkmale ein einzelnes vorgestelltes Objekt in der Vorstellung thatsächlich besitze, ist noch kein Urteil, da es in nichts anderem, als eben dem Vorgestelltwerden des Objektes mit seinen Merkmalen und dem Achten auf dieselben besteht. Kleidet sich dieses Bewufstsein in sprachliche Form, so schliefst es freilich Urteile in sich, nämlich Urteile über die Zusammengehörigkeit des Vorgestellten einerseits und der sprachlichen Zeichen und Formen andererseits. Aber nicht von solchen Namenurteilen, die nie formale Urteile sind, sondern von formalen Urteilen über das Vorgestellte ist hier die Rede. Diese entstehen erst mit dem Bewufstsein, dafs an vorgestellten Objekten Merkmale mit vorgestellt werden müssen. Und dies Bewufstsein geht jederzeit über das in der Anschauung oder Vorstellung thatsächlich Gegebene hinaus. Formale Urteile können also nur sein individuale, die als solche zugleich den Wert genereller Urteile haben, oder unbestimmt generelle — Irgend eine (mir jetzt nicht gegenwärtige) Art von Kegelschnitten hat zwei Doppeltangenten — oder eigentlich generelle.

80. Arten der materialen generellen Urteile. Materiale generelle Urteile giebt es nur, soweit notwendige Zusammenhänge des objektiv Wirklichen, sogenannte „Kausalzusammenhänge", erkannt sind. Dabei bestehen drei Möglichkeiten: das Subjekt S des generellen Urteils schliefst die Ursache (den Realgrund) des Prädikates in sich; oder das Prädikat ist die einzig mögliche Ursache für das Dasein des Subjektes, oder endlich das Prädikat ist die Wirkung (reale Folge) der einzig möglichen Ursache des Subjektes. In jedem dieser Fälle, und nur in ihnen, kann aus dem Dasein des Subjektes das Dasein des Prädikates erschlossen, also dem Subjekt das Prädikat mit unbedingter Allgemeinheit zugeschrieben werden. Die erstere Art des generellen Urteiles ist die primäre, die anderen können bezw. als sekundäre und tertiäre bezeichnet werden.

81. Stufenfolge der Urteile nach der Quantität. Jedes Urteil über objektive Wirklichkeit oder jedes materiale Urteil ist zunächst singulares Urteil. Die Aufgabe der Erkenntnis besteht darin, aus solchen singularen Urteilen generelle Urteile oder Gesetze der Wirklichkeit, und immer umfassendere Gesetze derselben (inductiv) zu gewinnen, und diesen wiederum die einzelnen Thatsachen oder möglichen singularen Urteile (deductiv) unterzuordnen. Dadurch werden die singularen Urteile zu individualen Urteilen oder zu Einzelbeispielen des Gesetzes. Jene singularen Urteile verhalten sich zu diesen individualen, wie die einfach gekannte Thatsache zur erkannten oder verstandenen. Auf dem Wege nun von der Kenntnis der Einzelthatsache zum Gesetz liegen die anderen oben unterschiedenen Urteilsgattungen. Nicht ohne weiteres, sondern erst auf Grund der Vergleichung und der Entdeckung, daß verschiedene Subjekte einzelner Urteile Beispiele seien eines mannigfach bestimmbaren S, entsteht das partikulare Urteil, Einige S sind P. Die Vergleichung setzt zugleich die Beobachtung jener einzelnen Subjekte, oder der „Umstände", unter denen ein Thatbestand P stattfand, und die aus der Beobachtung sich ergebende qualitative Bestimmung derselben voraus. Es ist ein weiterer Schritt geschehen, wenn sich ergiebt, daß alle einem bestimmten Umkreis der Erfahrung angehörige S P seien, also innerhalb dieses Umkreises dem S ein non-P nicht zugeordnet werden dürfe, wenn, mit anderen Worten, ein universales Urteil gewonnen ist. Ergiebt sich zugleich andererseits, daß andere, jenem Umkreis nicht angehörige S nicht P sind, so entsteht die Vermutung, daß mit irgend welchen, jenen S gemeinsamen, diesen dagegen fehlenden qualitativen Bestimmungen das P allgemein verbunden gedacht werden müsse. Damit ist ein vermutungsweises unbestimmtes Arturteil gewonnen. Es ist dann die Aufgabe, diese gemeinsamen Bestimmungen zu finden. Es ergiebt sich ein generelles Urteil, falls sie gefunden werden und die Erfahrung jene Vermutung bestätigt.

Kapitel XI. Urteilssubjekte.

82. Subjekt und Grund. Die im Obigen unter den Namen der Quantitätsunterschiede befaßten Unterschiede der Urteilssubjekte finden ihre Ergänzung in Unterschieden, die bei einer nach anderer Richtung gehenden Betrachtung hervortreten. Subjekt des Urteils ist dasjenige, dem ein Anderes zugeordnet werden muß. Es muß ihm zugeordnet werden, weil das Subjekt eben dies Subjekt ist. Das Subjekt, nämlich das vollständige Subjekt, nötigt uns, das Prädikat zu denken. Was nötigt etwas zu denken, ist Grund desselben. Das vollständige Subjekt eines Urteils ist also Grund des Prädikates. Es kann als **Ganzes** Grund desselben sein, oder aber den eigentlichen Grund desselben in sich enthalten. Es ist **objektiver oder logischer Grund**, bezw. enthält denselben in sich, sofern der **Subjektsgegenstand selbst zur Zuordnung des Prädikates nötigt**. Das Prädikat oder die Prädizierung ist die „**Folge**" des Subjektes. Die logische Beziehung zwischen Subjekt und Prädikat des Urteils ist also die Beziehung des Grundes zur Folge.

83. Unterscheidung beider. Im Vorstehenden sind zwei Möglichkeiten unterschieden, dafs das Subjekt als **Ganzes** Grund des Prädikates sei, und dafs es **den Grund in sich enthalte**. Zum Grunde gehört nur, was das Prädikat mit begründet, d. h. zur Notwendigkeit, dasselbe zu denken, beiträgt. Giebt es in dem Subjekt eines Urteils Elemente, die dazu für den Urteilenden nichts beitragen, so sind sie für diesen nicht Bestandteile des Grundes. So ist für den, der weifs, dafs alle S P sind, die nähere Bestimmung des S in dem Einzelurteile: Dies — irgendwie näher bestimmte — S ist P, nicht mehr ein Bestandteil des Grundes. Ebenso hat derjenige, der weifs, ein für sein Bewufstsein qualitativ, räumlich und zeitlich genau bestimmtes Unternehmen sei unglücklich abgelaufen, in dem Unternehmen und seinen näheren Bestimmungen den vollständigen Grund für die Prädizierung. Die Prädizierung — das Bewufstsein des unglücklichen Ergebnisses — wird für ihn also nicht weiter begründet dadurch, dafs er sich zugleich erinnert, die Zeitungen hätten seiner Zeit von diesem Unternehmen berichtet. Darum wird doch für sein Bewufstsein auch diese nähere Bestimmung sich der **Subjektsvorstellung einfügen**, und insofern einen Bestandteil derselben ausmachen.

84. Psychologisches und logisches Subjekt. Dieser Gegensatz zwischen Subjekt und Grund des Urteilsprädikates verschwindet indessen wieder, wenn wir das „Urteilssubjekt" im strengeren, eigentlich logischen Sinne fassen. Bestimmungen des Subjektes, die zur Notwendigkeit des Prädikates nichts beitragen, stehen eben damit zum Prädikat in keiner spezifisch logischen Beziehung. Sie liegen ihm nicht im logischen Sinne zu Grunde, das Prädikat ist nicht logisch an sie gebunden, obgleich psychologisch mit ihnen verbunden; sie gehören darum auch nicht zum logischen, sondern nur zum psychologischen Subjekt. Nicht das psychologische, wohl aber das logische Subjekt fällt mit dem Grund des Prädikates zusammen. Das logische Subjekt oder der Grund des Prädikates ist, genauer gesagt, die Einheit der „Bedingungen", denen das Prädikat in einem Urteile für das Bewufstsein des Urteilenden unterliegt. Dagegen ist das psychologische Subjekt der Zusammenhang des Vorgestellten, dem das Prädikat mit dem Bewufstsein der objektiven Notwendigkeit zugeordnet wird, mag es Bedingung der Prädizierung sein oder nicht. — Wir verstehen im Folgenden, wie bisher, unter dem „Subjekt" schlechtweg das (vollständige) psychologische Subjekt und zeichnen das „logische" Subjekt durch dieses besondere Beiwort aus.

85. Subjekt im formalen und materialen Urteil. Subjekt und Prädikat des formalen Urteils ist ein Gegenstand des Bewufstseins überhaupt, Subjekt und Prädikat des materialen ein als objektiv wirklich gedachter. Das Prädikat des materialen Urteils wird für mich zu etwas objektiv Wirklichem eben dadurch, dafs das objektiv wirkliche Subjekt seine Zuordnung fordert. Das Subjekt des materialen Urteils ist also als Gegenstand des Bewufstseins der objektiven Wirklichkeit Grund des Bewufstseins der objektiven Wirklichkeit des Prädikats; es ist in diesem Sinne realer und Realitätsgrund des Prädikates, bezw. enthält denselben in sich. Dagegen ist das Subjekt des formalen Urteils an sich nur Vorstellungsgrund. Es wird gleichfalls zum Realitätsgrunde, wenn es selbst als objektiv wirklich gedacht wird. Das Bewufstsein, ein Dreieck existiere irgendwo in der Welt, macht ja den Gedanken, es finde sich ebenda die Winkelsumme $= 2 R$, ebenso notwendig, wie die Vorstellung des Dreiecks die Mitvorstellung dieser Winkelsumme notwendig macht.

86. Objektive und subjektive Bestimmungen des Subjekts. Im materialen Urteile nun können die Elemente, die das Subjekt konstituieren, doppelter Art sein: objektive und subjektive. Objektive Elemente oder Bestimmungen des Subjekts sind solche, die dem Subjektsgegenstand selbst angehören, und ihn für die Vorstellung konstituieren oder zu diesem bestimmten von anderen unterschiedenen Vorstellungsobjekte machen. Dagegen sind subjektive Bestimmungen solche, die den Subjektsgegenstand zwar **kennzeichnen**, und seine Unterscheidung von anderen ermöglichen, aber nicht Bestandteile oder Momente in oder an dem vorgestellten Gegenstande sind. Während die objektiven Bestimmungen den Gegenstand für die Vorstellung **machen**, sind die subjektiven Bestimmungen vielmehr Anweisungen, wie wir eine Vorstellung oder ein Bild von einem Gegenstande gewinnen können. Ist mir ein Sänger nur bekannt als der, von dem jetzt alle Zeitungen voll sind, so ist er für mich objektiv bestimmt nur als Sänger, und wenn ich auf Zeitungsurteile etwas gebe, als guter Sänger; wer er sonst ist, bleibt mir unbekannt. Ich erfahre es vielleicht teilweise, wenn ich der subjektiven Bestimmung, dafs die Zeitungen von ihm voll sind, nachgehe, d. h. die Zeitungen lese. Wir nennen solche Bestimmungen subjektive, weil sie nur eben für uns ein Objekt von anderen **unterscheiden**, ohne eine Bestimmung des Objektes selbst zu bezeichnen, oder das Objekt selbst zu diesem bestimmten Objekte zu machen.

87. Subjektiv und objektiv gültige Subjekte. Wie aber das Subjekt eines Urteils bestimmt sein mag, in jedem Falle besitzt es **subjektive Gültigkeit**, sofern es für mich vollständiges Subjekt ist, also den vollständigen Grund des Prädikates in sich schliefst. Es besitzt **objektive Gültigkeit**, wenn es sich im Kampf und der Wechselwirkung der Urteile überhaupt, d. h. schliefslich gegenüber aller möglichen Erfahrung als Subjekt behauptet. Wenn ich meine, alle Schwäne seien weifs, so ist der Inhalt des Allgemeinbegriffs „Schwan" für mich das vollständige Subjekt des Prädikates „weifs". Das Subjekt erweist sich mir als **nur subjektiv gültig**, und hört eben damit auf für mich Subjekt dieses Prädikates zu sein, wenn ich zum Urteil gelange, irgend ein Schwan habe eine andere Farbe. Es ist dann mit dem Bewufstsein, der Inhalt jenes Allgemeinbegriffs — gleichgültig mit welcher näheren Bestimmung — finde sich irgendwo in der Wirklichkeit, nicht mehr die Notwendigkeit gegeben, die weifse Farbe damit zu verbinden. Dagegen dürfen wir in dem Urteil, alles Lebendige stamme aus der Zelle, das Subjekt — das Lebendige — als objektiv gültiges Subjekt für das Prädikat — dafs es aus der Zelle stamme — betrachten, sofern wir berechtigt sind anzunehmen, dafs keine Erfahrung einen Ausnahmefall zeigen werde. — Objektive Gültigkeit des Subjekts für ein Prädikat ist offenbar mit objektiver Gültigkeit des Urteils, dem das Prädikat zugehört, und dessen Subjekt es ist, gleichbedeutend.

88. Subjektiv und objektiv gültige Bedingungen. Von der Frage, ob das Subjekt eines Urteils als Ganzes objektiv gültiges Subjekt dieses Urteils sei, ist aber zu unterscheiden die Frage, welche Elemente zum logischen Subjekt des Urteils endgültig hinzugehören oder als objektiv gültige Bedingungen der Prädizierung sich erweisen. Wiederum sind „subjektiv gültige" Bedingungen solche, die jetzt für mich Bedingungen sind, objektiv gültige solche, die sich in der Wechselwirkung der Urteile als solche behaupten. Wer zunächst lediglich weifs, dafs ein bestimmtes einzelnes S P ist, für den sind alle Besonderheiten, die das S zu diesem S machen, Bedingungen des Prädikates. Sie sind allesamt nur subjektiv gültige Bedingungen, wenn das allgemeine Urteil möglich ist, alle S seien P. Sie hören auch für den Urteilenden auf, Bedingungen oder notwendige Bestandteile des Subjekts für das Prädikat P zu sein, wenn er selbst zu jenem allgemeinen Urteil gelangt. Er gelangt aber zu ihm, wenn Erfahrungen, die ihn belehren, dafs dies, jenes S u. s. w. gleichfalls P sei, ihn dazu bringen, jene Besonderheiten successive aus der Reihe der Bedingungen auszuscheiden. Das S schliefst nur objektiv gültige Bedingungen des P in sich, wenn das Fehlen irgend eines seiner Merkmale zu einem Urteile führen würde, in dem mit diesem (unvollständigen) S statt des P ein non-P sich verbände. In diesem Falle ist S der reine objektiv gültige Grund des P oder das reine logische Subjekt des Urteils S ist P. — Im Zusammenhang der Frage nach den objektiv gültigen Bedingungen gewinnt nun auch der Gegensatz der objektiven und der subjektiven Bestimmungen (86) Bedeutung: Es leuchtet ein, dafs nur objektive Bestimmungen eines Subjekts schliefslich als objektiv gültige Bedingungen seines Prädikates sich ausweisen können. In der Natur der subjektiven Bestimmungen liegt es, den Objekten zufällig zu sein.

89. Subjektiv notwendige Gründe. Wiederum eine andere Frage ist endlich die nach der objektiven Notwendigkeit des Grundes. Gewisse Symptome oder auch die Mitteilungen eines Dritten nötigen mich etwa, bei einem Menschen eine bestimmte Krankheit vorhanden zu denken. Ich urteile: Diese Symptome, bezw. diese Mitteilungen weisen auf diese Krankheit. In diesem Urteile sind die Symptome, bezw. die Mitteilungen, Grund des Gedankens, die Krankheit sei da. Sie sind für mich — also subjektiv — notwendiger Grund, wenn ich ohne die Symptome, bezw. die Mitteilungen, das Dasein der Krankheit leugnen würde. Sie sind aber nicht objektiv notwendiger Grund, da es lediglich im zufälligen Gang meines Erkennens liegt, dafs ich gerade auf Grund dieses Thatbestandes oder von diesem Thatbestande aus zu dem Gedanken, die Krankheit sei da, gelangt bin. Es besteht für mich keine objektive Nötigung, in meinem Denken gerade diesen Weg zu gehen.

90. Objektiv notwendiger Grund. Dagegen ist der Grund eines Prädikates ein **objektiv notwendiger**, wenn nicht im zufälligen Gang meines Erkennens, sondern in den Objekten der Erkenntnis die Nötigung liegt, von ihm aus zur Folge denkend überzugehen. Solche Nötigung kann sich nun nur ergeben auf Grund der **Erfahrung**. Dann ist zugleich deutlich, welchen allgemeinen Bestimmungen ein Grund genügen mufs, wenn er objektiv notwendiger Grund sein soll. Die Erfahrung führt uns jederzeit vom **Früheren zum Späteren**, oder von irgendwelchen Objekten zu solchen, die mit ihnen **gleichzeitig gegeben sind**; nie vom Späteren zum Früheren. Das Spätere kann in der Folge unserer Erfahrungen niemals sein, ehe das Frühere war, dagegen ist das Frühere thatsächlich ohne das Spätere oder unabhängig von ihm gegeben. Das Frühere ist also im **Fortgang unserer Erfahrung** jederzeit **Voraussetzung oder Bedingung des Späteren**, nie umgekehrt. Dies schliefst nicht aus, dafs wir die Folge, in der uns die Erfahrung die Objekte gewinnen läfst und zu denken nötigt, in unserer Vorstellung umkehren, also statt von Objekten zu späteren, bezw. gleichzeitigen, beliebig von späteren zu früheren übergehen. Wir können dies aber nicht thun, ohne dabei das Bewufstsein zu haben, dafs wir willkürlich verfahren und uns mit dem, was durch die Erfahrung, also **objektiv** gefordert ist, in Widerspruch setzen. Umgekehrt, soll der Gang unseres Vorstellens als ein **objektiver**, oder mit den Forderungen der Objekte, wie sie uns gegeben waren, im Einklang stehender erscheinen, so müssen wir auch in unserem Vorstellen vom Früheren zum Späteren oder von Gleichzeitigem zu Gleichzeitigem übergehen. Es ist also auch in unserem **objektiven Vorstellen** oder dem Vorstellen, das nicht nur hinsichtlich seiner Inhalte, sondern in jeder Hinsicht als ein objektives sich darstellt, das Frühere jederzeit notwendige Voraussetzung oder Bedingung des Späteren, und **nur** das Frühere oder Gleichzeitige **kann** in einem solchen Vorstellen notwendige Voraussetzung eines Gegenstandes sein. Notwendige Voraussetzung innerhalb unseres **objektiven Vorstellens** ist nun aber gleichbedeutend mit **objektiv notwendiger Voraussetzung oder Bedingung**. Welches Frühere oder Gleichzeitige endgültig oder in objektiv gültiger Weise als solche objektiv notwendige Voraussetzung eines Gegenstandes betrachtet werden dürfe, dies ist in jedem einzelnen Falle Sache besonderer Erkenntnis. In jedem Falle ist die **Einheit** solcher Voraussetzungen oder Bedingungen dasjenige, was wir als „**objektiv notwendigen Grund**" des Gegenstandes bezeichnen. — Auch hier wiederum kommt der Gegensatz der objektiven und subjektiven Bestimmungen (86) zur Geltung: Es leuchtet ein (vgl. 88), dafs nur **objektive** Bestimmungen eines Subjekts objektiv notwendige Bedingungen seines Prädikats sein können.

91. Realgründe. Da nur bei **materialen** Urteilen der Gegensatz des zufälligen Ganges unseres Vorstellens oder Erkennens und desjenigen, der durch die Objekte, d. h. die Erfahrung, gefordert ist, stattbat, so besteht auch nur bei ihnen der Gegensatz zwischen den objektiv notwendigen Gründen, und denen, die nur vermöge des zufälligen Ganges unserer Erkenntnis notwendige Gründe sind. Objektiv notwendige Gründe sind also jederzeit materiale Gründe oder logische Subjekte in materialen Urteilen. Die materialen Gründe sind nach Obigem (85) reale und Realitätsgründe. Die objektiv notwendigen materialen Gründe sind das, was man als **Realgründe (Ursachen)** bezeichnet. Nicht alle realen und Realitätsgründe sind also Realgründe. Beide verhalten sich zu einander wie Genus und Spezies. Der Realgrund ist ein **Spezialfall des Subjekts eines materialen Urteils**. Der objektiv gültige oder wirkliche Realgrund ist das **objektiv bestimmte, objektiv gültige und objektiv notwendige**, reine logische Subjekt eines materialen Urteils. Das diesem Realgrund zugehörige Prädikat ist seine reale Folge. Im Gegensatz zum Realgrund können die nicht im angegebenen Sinne objektiv notwendigen Gründe blofse Erkenntnisgründe heifsen. Die Subjekte in formalen Urteilen sind dann jederzeit blofse Erkenntnisgründe ihrer Prädikate.

92. Die Stufen der Subjekte und die Erkenntnis. Im Vorstehenden ist zugleich von neuem der Gang bezeichnet, den unsere Erkenntnis in Ansehung der Urteilssubjekte zu nehmen hat. Die erste Aufgabe der Erkenntnis besteht darin, für Gegenstände **objektive**, nicht blofse subjektive Bestimmungen zu gewinnen. Dies geschieht in der Beobachtung, die auf diese Gegenstände selbst und den zeiträumlichen Zusammenhang, oder die Umgebung, der sie angehören, gerichtet ist. Mit den objektiven Bestimmungen werden zugleich die **qualitativen** Bestimmungen (vgl. 71) der Gegenstände gewonnen; die auf die Objekte und ihre Umgebung gerichtete Beobachtung schafft immer vollständigere und vollständigere **qualitativ** bestimmte, d. h. hinsichtlich ihrer eigenen Beschaffenheit, wie hinsichtlich der Beschaffenheit der raumzeitlichen Umgebung bestimmte Subjekte für Urteile. Die Aufgabe der Erkenntnis besteht weiterhin darin, den **vermeintlich gültigen** Subjekten die **objektiv gültigen** entgegenzusetzen und aus ihnen durch Feststellung der objektiv gültigen **Bedingungen** der Prädikate die **reinen objektiv gültigen Gründe** herauszulösen. Sie hat zugleich überall in der **Welt der materialen Erkenntnis** die **objektiv notwendigen** oder **Realgründe** zu suchen. Jene objektiv oder qualitativ bestimmten Subjekte ermöglichen, wie oben gesagt, die generellen Urteile. Die **objektive Gültigkeit der Subjekte** ist, wie auch schon bemerkt, mit der der Urteile gleichbedeutend. Jene „Herauslösung" der **objektiv gültigen Bedingungen** läfst allgemeinere und allgemeinere generelle Urteile entstehen. Die Erkenntnis der Realgründe endlich bedingt insbesondere (vgl. 80) das Zustandekommen **materialer genereller Urteile** oder die Erkenntnis der Gesetzmäfsigkeit in der objektiv wirklichen Welt.

Abschnitt IV. Die Vollständigkeit der Urteile und die Relation.

Kapitel XII. Das kategorische Urteil.

93. Herkömmliche Einteilung. Hinsichtlich der Relation pflegen kategorische Urteile, oder Urteile von der Form „S ist P", hypothetische Urteile, oder Urteile von der Form „Wenn S ist, ist P", oder: „wenn A B ist, ist C D"; endlich „disjunktive" Urteile oder Urteile von der Form „A ist entweder B oder C etc." unterschieden zu werden. Diesen Formunterschieden entspricht aber nicht ohne weiteres ein logischer Unterschied. Dieselben Urteile können, ohne ihren Sinn zu ändern, in der ersten und zweiten Form vorkommen. Das gebrannte Kind scheut das Feuer, und: Wenn das Kind sich gebrannt hat, scheut es das Feuer, diese beiden Sätze sagen dasselbe. Und der Satz: A ist entweder B oder C, kann durch die Sätze: Wenn A B ist, ist es nicht C; wenn es nicht B ist, ist es C, ersetzt werden.

94. Relation. Verstehen wir unter der Relation — wie wir müssen, da es sich hier um logische Unterschiede handelt — die logische Relation, so ist jeder Unterschied, der das Wesen der Relation beträfe, von vornherein ausgeschlossen. Die logische Relation ist überall dieselbe Beziehung der objektiven Notwendigkeit oder dieselbe Beziehung zwischen Grund und Folge. Ein Unterschied ist nur insofern möglich, als in jedem einzelnen Falle gefragt werden kann, wie weit die Relation bestehe oder sich erstrecke, wieweit insbesondere in einem Urteile dem Prädikat die objektiv notwendige Einordnung in den Zusammenhang der Bewußtseinsobjekte, bezw. der objektiven Wirklichkeit, zu teil werde. Die Frage nach der Relation ordnet sich damit der Frage nach der Vollständigkeit des Urteils unter.

95. Kategorisches und hypothetisches Urteil. Unter diesen Gesichtspunkt muß auch der Gegensatz des kategorischen und hypothetischen Urteils fallen, sofern er ein Gegensatz der Relation sein soll. Unter dem hypothetischen Urteile kann, wenn wir mit diesem Begriffe Ernst machen, in jedem Falle nur das Urteil verstanden werden, in dem lediglich hypothetisch, d. h. bedingungsweise geurteilt wird, das also in dem Bewufstsein besteht, ein P müsse gedacht oder einem S zugeordnet werden unter einer Bedingung, von der dahingestellt bleibt, ob sie erfüllt ist. Im Gegensatz dazu mufs kategorisch jedes Urteil heifsen, das für den Urteilenden an keine Bedingungen geknüpft ist, als solche, die im Urteil als erfüllt vorausgesetzt sind. Insofern im hypothetischen Urteil dasjenige, was das Urteil macht, also das Bewufstsein, P sei oder müsse einem S zugeordnet werden, thatsächlich nicht zu stande kommt, ist das hypothetische Urteil kein thatsächliches Urteil. Dagegen ist das kategorische Urteil mit dem thatsächlichen Urteil gleichbedeutend.

96. Sprachliche Form. Die naturgemäfse Form der kategorischen Urteile ist die einfach behauptende: S ist P. Die **allgemeinen** kategorischen Urteile sind es, die daneben zugleich die **scheinbar** hypothetische Form „Wenn etwas S ist, ist es P" zulassen. Diese Form ist doch von der eigentlich oder spezifisch hypothetischen Form „Wenn etwa, falls irgend etwas S sein sollte, angenommen etwas sei S, ein etwaiges S würde P sein", und ähnlichen, wohl unterschieden. Der thatsächlich kategorische Sinn jenes obigen „Wenn" wird deutlich aus seiner Ersetzbarkeit durch „Jedesmal wenn, in allen Fällen wo", etc. Der Satz, dafs den kategorischen Urteilen die einfach behauptende Form naturgemäss sei, läfst sich umkehren: Jedes Urteil ist ein kategorisches, bei dem jene Form als die naturgemäfse oder eigentlich zutreffende erscheint.

97. Realität des Subjekts in kategorischen materialen Urteilen. Da in jedem materialen Urteil das Bewufstsein der objektiven Wirklichkeit des Subjekts für die Notwendigkeit der Zuordnung des Prädikates, also für den Bestand des Urteils Bedingung ist (33), so ist in jedem **thatsächlichen oder kategorischen materialen Urteil die objektive Wirklichkeit des Subjektes vorausgesetzt.** Dagegen setzt das kategorische **formale** Urteil nur voraus, dafs das Subjekt ein möglicher Gegenstand des Bewufstseins sei. Wie es sich in dieser Hinsicht mit den Subjekten der hypothetischen Urteile verhalte, ist damit nicht gesagt. Im übrigen braucht nicht hinzugefügt zu

werden, dafs auf etwaige subjektslose Urteile jene Regel keine
Anwendung findet.

98. Scheinbare Ausnahmen. Der Zweifel an der allgemeinen
Gültigkeit der eben aufgestellten Regel beruht hauptsächlich auf
zwei Gründen, auf der Nichtunterscheidung des sprachlichen und des
Urteilssubjektes und der Nichtbeachtung der verschiedenen Stufen
der objektiven Wirklichkeit. Das Urteil, der Pegasus habe Flügel,
setzt gewifs nicht die objektive Wirklichkeit des Pegasus im Sinne
einer Existenz desselben aufserhalb des menschlichen Bewufstseins,
umso sicherer aber die objektive Wirklichkeit im Sinne der historischen Thatsächlichkeit des mit diesem Namen bezeichneten Gebildes menschlicher Phantasie voraus, nicht die zoologische, aber
die mythologische „Realität." Wer Gott in kategorischen Sätzen
Prädikate beilegt, ohne an sein Dasein zu glauben, kann in der
That nicht von Gott und seinen Eigenschaften, sondern nur von
dem Begriff Gottes und seinen Merkmalen reden wollen. Die
objektive Wirklichkeit dieses Begriffes aber, oder genauer die objektive Wirklichkeit der Thatsache, dafs Menschen das Wort Gott
in einem bestimmten Sinne gebrauchen, setzt er voraus. Ist Subjekt seines Urteils nicht der Begriff, sondern das vorgestellte
Objekt, so müfste er sich korrekter ausdrücken und sagen: Ein
etwaiger Gott würde diese oder jene Eigenschaften haben. Endlich wäre das positive allgemeine „Urteil": Alle Bäume in meinem
Garten sind Obstbäume, falls in ihm dahingestellt bliebe, ob in
meinem Garten überhaupt irgendwelche Bäume sich finden, vielmehr nur der — vielleicht witzige, aber logisch wenig zutreffende Ausdruck für das negative Urteil, dafs meinem Garten
Bäume, die nicht Obstbäume wären, jedenfalls nicht zuerkannt
werden dürfen.

Kapitel XIII. Unvollständige Urteile.

99. Subjektslose (= Existenzial-) Urteile. Die unterste Stufe
hinsichtlich der Relation nehmen zweifellos die subjektslosen, also
überhaupt relationslosen Urteile ein. Sie können nur bestehen
im Bewufstsein der objektiven Notwendigkeit, ein P vorzustellen
— nicht unter Voraussetzung eines S, sondern schlechthin, d. h.
im Bewufstsein, im Vorstellen eines Objektes einer Nötigung
durch eben dies Objekt zu unterliegen. Das subjektslose Urteil

ist der einfache Akt der „Anerkennung" eines Vorgestellten, des „Glaubens" an dasselbe, oder des Bewufstseins seiner objektiven Wirklichkeit: es ist Existenzialurteil. Jede Wahrnehmung und jede Erinnerung schliefst ursprünglich ein solches Existenzialurteil in sich. Nur ursprünglich, weil Existenzialurteile, wie andere Urteile, durch anderweitige Erfahrungen und notwendige Verknüpfungen derselben aufgehoben werden können. Sie schliefsen ein einfaches Existenzialurteil in sich, solange das Objekt der Wahrnehmung oder Erinnerung noch in keiner Weise eingeordnet ist oder kein Bewufstsein der Zugehörigkeit zu etwas Anderem sich mit dem Objekte verbindet. (Vgl. 19.)

100. Das Existenzialurteil als Urteil. Das Existenzialurteil ist, eben als subjekts- und relationsloses Urteil, kein vollständiges Urteil. Doch darf ihm der Name eines Urteils nicht überhaupt abgesprochen werden. Es ist der einzelne Akt der „primitiven materialen Erkenntnis", also ein primitives materiales Urteil. Wie schon gesagt (19), vollzieht sich in der primitiven materialen Erkenntnis ein erstes und allgemeinstes Ordnen: das Bewufstsein der objektiven Wirklichkeit von Gegenständen scheidet diese Gegenstände von allem demjenigen, was nur subjektive Wirklichkeit besitzt. Das Existenzialurteil ist auch, wie jedes Urteil (39), ein Entscheid über Sein und Nichtsein, obzwar ein Entscheid der primitivsten Art.

101. Stellung zu anderen Urteilen. Das Existenzialurteil ist ein primitives materiales Urteil auch in dem Sinne, dafs jedes vollständigere materiale Urteil Existenzialurteile voraussetzt und in sich schliefst. Jedes solche Urteil schliefst, genau gesagt, soviele Existenzialurteile in sich, als es Elemente in sich schliefst. Das vollständige materiale Urteil ist danach im Vergleich zum Existenzialurteil kein einfaches Urteil, sondern ein zusammengesetztes Urteil oder ein Urteilsgefüge. Es ist das Bewufstsein einer logischen Beziehung oder Beziehung der logischen Notwendigkeit zwischen Gegenständen von Existenzialurteilen. Die blofse logische Beziehung zwischen Gegenständen des Bewufstseins überhaupt ist im formalen Urteil repräsentiert. Es sind also im Existenzialurteil einerseits, im formalen Urteil andererseits, in gewisser Weise die beiden Seiten des materialen Urteils für sich gegeben. Oder umgekehrt gesagt: Was das Existenzialurteil einerseits, das formale Urteil andererseits vergegenwärtigt, das ist zur Einheit eines Urteils vereinigt im vollständigen materialen Urteil.

102. Das absolute Existenzialurteil. Die in den Akten der Wahrnehmung und Erinnerung enthaltenen Existenzialurteile hören auf einfache Existenzialurteile zu sein, wenn ihre Objekte in notwendige Zusammenhänge sich einordnen. Schließlich bleibt ein einziges absolutes Existenzialurteil übrig. Sein Gegenstand ist der Zusammenhang der objektiven Wirklichkeit überhaupt. Dieser ist endgültig nicht irgendwo oder unter irgend welcher Voraussetzung, sondern schlechtweg. Der Gegenstand dieses Existenzialurteils ist zugleich das letzte und absolute Subjekt aller nicht subjektslosen materialen Urteile, sofern jedes solche Urteil ein Objekt in den Zusammenhang der objektiven Wirklichkeit einordnet oder ihm zuordnet. Wiederum beruht doch dies Bewufstsein des allumfassenden Zusammenhanges der objektiven Wirklichkeit auf unseren einzelnen Wahrnehmungen und Erinnerungen. An der Wahrnehmung und Erinnerung und dem darin liegenden unmittelbaren Objektivitätsbewufstsein hängt schließlich alle materiale Erkenntnis.

103. Negative Existenzialurteile materialer Art. Im Vorstehenden war zunächst an die positiven Existenzialurteile gedacht. Das Hauptgebiet der reinen Existenzialurteile ist aber das Gebiet der negativen Urteile. Jedes positive materiale Urteil, S ist P, schließt nach oben Gesagtem das Bewufstsein der objektiven Wirklichkeit aller seiner Inhaltselemente in sich. Dagegen schließt das negative Urteil, S ist nicht P, nur das Bewufstsein der objektiven Unwirklichkeit der Verbindung SP oder des Zusammen der Urteilselemente, sofern ich dasselbe als Ganzes betrachte, in sich (vgl. 58). Auch im negativen materialen Urteil ist, wenn es ein kategorisches ist, die objektive Wirklichkeit des Subjektes zunächst vorausgesetzt. Erst die gedankliche Verbindung mit dem Prädikat verwandelt dasselbe für mein Bewufstsein in ein objektiv unwirkliches. Eben im Bewufstsein hiervon besteht das negative materiale Urteil. Da jedes positive Urteil implicite negative Urteile in sich enthält, so sind auch im positiven Urteile jedesmal solche negative Existenzialurteile enthalten. Alle diese negativen Existenzialurteile nun sind unbedingte und damit reine, wenn die negativen oder positiven Urteile, in denen sie enthalten sind, generelle Urteile sind. Alle Menschen sind sterblich: Es giebt keine unsterblichen Menschen. Auch jedes andere vollständige Urteil läfst sich negativ existenzial wenden; aus „Dies S ist P" wird: Dies S, als non-P gedacht, existiert nicht. Hier ist aber die in dem „Dies" enthaltene Zugehörigkeit des S zu einer bestimmten Stelle im Zusammenhang der objektiven Wirklichkeit die Voraussetzung, unter der das S non-P als unwirklich erscheint; diese „Stelle" ist also Subjekt des Urteils; danach das fragliche negative Existenzialurteil kein reines. Schliefslich giebt es aber auch wiederum, wie ein letztes positives, so ein letztes negatives Existenzialurteil, das in allen positiven und negativen materialen Urteilen implicite enthalten liegt und seiner Natur nach nur ein absolutes sein kann. Dasselbe hat den gleichen Gegenstand wie das absolute positive Existenzialurteil: Gilt irgend ein positives Urteil, Dies S ist P, oder ein negatives, Dies S_1 ist nicht P_1, so wird der ganze Weltzusammenhang für mich zu etwas Unwirklichem, falls ich in ihm das S als non-P oder das S_1 als P_1 denke; es besteht das Urteil: Eine Welt, in der dies S ein non-P oder dies S_1 P_1 wäre, existiert nicht.

104. Negative „Existenzialurteile" formaler Art. Dem reinen positiven Existenzialurteil entspricht auf dem Gebiet der formalen Erkenntnis das einfache Dasein eines Gegenstandes im Bewufstsein, also kein Urteil. Dagegen kann der Begriff des negativen Existenzialurteils auf das formale Gebiet übertragen werden. Nur wandelt dann die „Existenz" und „Nichtexistenz" vollständig ihren Sinn. Aus der Nichtexistenz im Sinne der objektiven Unwirklichkeit wird die Unvorstellbarkeit. Es sind aber, wenn wir den Begriff der Existenz bezw. Nichtexistenz so erweitern, nicht irgend welche, sondern alle formalen Urteile, wenn sie negative Urteile sind, zugleich reine negative Existenzialurteile und schliefsen, wenn sie positive sind, solche implicite in sich. Das negative formale Urteil, S ist nicht P, besteht ja eben im Bewufstsein, dafs die Zuordnung des P zu S etwas absolut Unvorstellbares ergebe.

105. Unvollständige materiale Subjektsurteile. Abgesehen von dem oben erwähnten absoluten und den nachher bezeichneten negativen Existenzialurteilen materialer Art pflegen Urteile, die äufserlich als Existenzialurteile auftreten, von wirklichen oder reinen Existenzialurteilen mehr oder weniger weit entfernt zu sein. Das rein existenziale oder völlig subjektslose Urteil bezeichnet den Ausgangspunkt, von dem aus wir durch beliebig viele Zwischenstufen zum vollständigen — d. h. zunächst hinsichtlich des Subjekts vollständig bestimmten — Urteile hingelangen. Es giebt aber schliefslich kein einzelnes Objekt, das für uns nicht schon irgendwie in einen Zusammenhang mit anderen eingeordnet wäre, und demnach in demselben sein Subjekt finden könnte. Dem reinen Existenzialurteile stehen diejenigen unvollständigen Urteile am nächsten, die nur in unbestimmter Weise jenes oben bezeichnete allgemeinste Subjekt, den Zusammenhang der objektiven Wirklichkeit überhaupt, zum Subjekte haben. Wer urteilt, Gott existiere, oder es gebe ein göttliches Wesen, wird das göttliche Wesen in seinen Gedanken zugleich in den Zusammenhang mit diesem allgemeinsten Subjekt einordnen, wenn auch die Vorstellung der Art, wie dies göttliche Wesen zur Welt der Wirklichkeit gehöre, ihm fehlt. Wer urteilt, es regne, oder ein historisch überliefertes Ereignis sei Thatsache, ordnet den Regen, bezw. das Ereignis, in einen mehr oder weniger bestimmten zeitlichen und räumlichen, vielleicht auch schon kausalen Zusammenhang ein, und schreibt ihm nur in diesem Zusammenhang, oder unter Voraussetzung desselben, Wirklichkeit zu. Wie weit dies geschehe, ist natürlich jedesmal Sache des urteilenden Individuums. Die Logik kann auch hier nicht dekretieren, es müsse sich in irgend einem oder in jedem Falle so oder so verhalten.

106. Unvollständige und partikulare Urteile. Unter den Urteilen mit unvollständig bestimmtem Subjekt verdienen diejenigen besonders hervorgehoben zu werden, die im Bewufstsein bestehen, dafs Objekte einer bestimmten Gattung, oder dafs Beispiele eines bestimmten allgemeinen Begriffes existieren. Sie pflegen, wenn sie existenziale Form annehmen, in Sätzen wie: Es giebt P, oder: (irgend welche) P existieren, zum Ausdruck zu kommen: Es giebt farbenblinde Menschen, oder: Farbenblinde Menschen existieren. Auf den gleichen Ausdruck lassen sich jederzeit die „besonderen" Urteile: Einige Menschen sind farbenblind, bringen. In der That kommt in beiden derselbe psychische Thatbestand oder Erkenntnisinhalt zum Bewufstsein. Ein Unterschied besteht nur insofern, als hier die Wirklichkeit von Menschen vorausgesetzt ist und das Bewufstsein, solche wirkliche Menschen müfsten unter Voraussetzung irgend welcher unbekannter näherer Bestimmungen als farbenblind vorgestellt werden, hinzutritt, während dort unmittelbar das Ganze — die als farbenblind vorgestellten Menschen — dem Bewufstsein gegeben ist und diesem Ganzen unter irgend welchen nicht bekannten Voraussetzungen die objektive Wirklichkeit zuerkannt wird. Eine dritte Art, denselben psychischen Thatbestand zum Bewufstsein zu bringen, bezeichnet der Satz: Einige farbenblinde Wesen sind Menschen.

107. Unvollständige Urteile als negative. Alle unvollständigen, also auch alle „besonderen" Urteile können zu vollständigen Urteilen werden, wenn sie negativ gewendet werden. Subjekt dieses negativen Urteils ist beim empirisch bedingten besonderen Urteil jedesmal ein Ausschnitt aus der Wirklichkeit, beim qualitativ bedingten, oder unbestimmten Arturteil (78), eine Gattung. Das fragliche negative Urteil besteht jedesmal im Bewufstsein, dafs jener Ausschnitt der Wirklichkeit oder diese Gattung als Ganzes nicht gedacht werden könne, ohne dafs ein bestimmtes Vorgestelltes mitgedacht werde. So schliefst das Urteil: Einige Menschen sind farbenblind, das Urteil in sich, das Ganze der Menschheit könne nicht als durchaus von diesem Fehler frei gedacht werden; ebenso das Urteil, es gebe Kegelschnitte, die Ellipsen seien, das Urteil, die durch die Kegeloberfläche gelegte Ebene könne nicht als successive alle Lagen einnehmend vorgestellt werden, ohne dafs dabei auch elliptische Schnitte mit der Kegeloberfläche gewonnen werden.

108. Unvollständige formale Urteile. Das letztere Urteil ist ein formales. Sind positive Urteile, die in Form von Existenzialurteilen auftreten, in Wahrheit Urteile mit unvollständigem Subjekt, so ist kein Grund mehr, warum sie nicht ebensowohl formale Urteile sollten sein können.

109. Relation der unvollständigen Urteile. Die Besonderheit der unvollständigen, sei es subjektslosen, sei es nicht völlig subjektslosen Urteile, ist eine Besonderheit der Relation, insofern in ihnen die Prädizierung zwar thatsächlich, also kategorisch vollzogen wird, dem Prädikate aber keine oder keine bestimmte Stelle im Zusammenhang der objektiven Wirklichkeit, bezw. unserer Bewufstseinsinhalte zugewiesen wird.

110. Die Form derselben. Ebendarauf beruht das relative Recht der existenzialen Form aller solcher Urteile: P ist, existiert, kommt vor, ist Thatsache u. s. w. Für Urteile mit einem unbestimmten Subjekt erscheint noch mehr geeignet die „impersonale" Form — Es regnet, es giebt gerade Linien u. s. w. — insofern das „Es" auf das unbestimmte Subjekt gedeutet werden kann. Damit ist doch weder ausgeschlossen, dafs andere Formen an die Stelle treten, noch dafs die existenziale oder „unpersönliche" Weise des Ausdrucks für Urteile mit vollständig bestimmtem Subjekte verwendet werde. Besondere Erwähnung mögen hier diejenigen — ausnahmsweise vorkommenden — Fälle erfahren, in denen ein impersonaler Satz Ausdruck eines Benennungsurteils ist. Wenn ich einem Kinde sage: Es regnet, so kann ich dabei wenigstens die Absicht haben, ihm mitzuteilen, das, was es sehe oder höre, werde Regen genannt. Es wäre dann der Inhalt der Wahrnehmung das Subjekt, der Name das Prädikat meines Urteils. In der Regel wird aber freilich die Meinung des Satzes eine völlig andere sein. Es kann eben auch hier aus der Form nicht allgemein über das in ihr zu Tage tretende Urteil entschieden werden.

111. Wirklichkeit kein Prädikat. Die Meinung, in Existenzial- oder irgend welchen sonstigen Urteilen sei die Wirklichkeit, die Existenz etc. Urteilsprädikat, ist unzulässig, da die objektive Wirklichkeit gar kein möglicher Gegenstand des Vorstellens oder Bestandteil eines solchen neben anderen ist, sondern lediglich die Art bezeichnet, wie uns in jedem materialen Urteil, gleichgültig welches Prädikat es habe, das Prädikat, und jeder Inhaltsbestandteil überhaupt, entgegentritt oder gegeben ist. Dafs in jedem Existenzialsatz, der die Wirklichkeit von einem Gegenstande „aussagt", und demnach auch im entsprechenden Satzurteil, diese Wirklichkeit Prädikat ist, ist selbstverständlich. Das Satzurteil als solches kennt eben, wie überhaupt keine logischen Unterschiede, so auch keine Unterschiede der Relation oder der darauf beruhenden Gattungen.

Kapitel XIV. Vollständige Urteile.

112. Bestimmtheit des Subjektes und Vollziehbarkeit des Urteils. Ein Urteil ist hinsichtlich seines Subjektes vollständig bestimmt, wenn im Bewufstsein des Urteilenden alle Bedingungen, denen die Prädizierung für den Urteilenden unterliegt, vollständig gegeben sind. Es kann aber, wenn nicht alle Bedingungen gegeben sind, das Urteil als Sinnurteil überhaupt nicht im Bewufstsein vollzogen werden. Das Satzurteil mufs in allen solchen Fällen stellvertretend eingreifen.

113. Subjektive Bestimmtheit. Das Gleiche gilt aber auch für Urteile mit vollständig bestimmten Subjekten, wenn die Bestimmtheit derselben irgendwie eine nur subjektive ist. Dies ergiebt sich daraus, dafs die objektiven Bestimmungen diejenigen sind, die den Subjektsgegenstand erst für die Vorstellung konstituieren (vgl. 86). Urteile mit objektiv unvollständig bestimmtem Subjekt werden im Bewufstsein unmittelbar vollziehbar erst, wenn wir dem in den subjektiven Bestimmungen liegenden Hinweis folgend, die objektiven Bestimmungen in unserer Vorstellung gewinnen. Alle objektiv unvollständig bestimmten Urteile sind in diesem Sinne nur „bedingt vollziehbar".

114. „Wahrheitsurteile". Wie dem Subjekt, so kann auch dem Prädikat des Urteils die objektive Bestimmtheit fehlen und dennoch das Urteil ein durchaus bestimmtes sein. Zu den Urteilen, in denen beides in besonderem Mafse der Fall ist, gehören gewisse Urteile, die eben wegen dieses Mangels der objektiven Bestimmtheit ihren bequemsten Ausdruck und natürlichsten Bewufstseinsrepräsentanten in Sätzen und Satzurteilen finden, als deren Prädikat sich das Wort „wahr" oder ein ihm gleichbedeutendes darstellt: Jene, in einer bestimmten Zeitungsnummer an einer bestimmten Stelle stehende (ihrem Inhalt nach mir völlig unbekannte) Nachricht ist wahr. Wie „Wahrheit" überhaupt kein mögliches Prädikat eines Sinnurteiles ist — da im Wahrheitsbewufstsein vielmehr eben das Urteilen besteht — so kann sie auch nicht Prädikat des im eben angeführten Satze gemeinten Urteils sein. Vielmehr hat dieses Urteil in dem, wovon die Zeitungen berichten, sein Subjekt, und in dem, was sie darüber berichten, sein Prädikat. Logisch zutreffender, und zugleich auf das Schema S ist P gebracht, würde also jener Satz lauten: Das, wovon die Zeitung an jener Stelle berichtet, ist das, was es jener Stelle zufolge ist. Der Satz in jener oder in dieser Form giebt die Anweisung, aus der Zeitungsnachricht ein hinsichtlich des Subjektes wie hinsichtlich des Prädikates objektiv bestimmtes und damit unmittelbar vollziehbares Sinnurteil zu gewinnen.

115. Allgemeine Urteile. Urteile können aber auch objektiv vollständig bestimmt und dennoch als Sinnurteile nicht unmittelbar vollziehbar sein. So sind die allgemeinen Urteile jederzeit an sich im Bewufstsein unvollziehbare. In dem Urteile, dafs alle Körper sich anziehen, ist der Inhalt des Begriffs „Körper" das vollständig und zwar objektiv vollständig bestimmte Subjekt: nichts als eben die Körperlichkeit ist für das Bewufstsein, die Anziehung denken zu müssen, vorausgesetzt. Da es aber für unser Bewufstsein keine Körper giebt, als solche, die irgendwo, irgendwann und irgendwie beschaffen sind, so ist jenes Urteil im Bewufstsein nur realisierbar in seiner Anwendung auf einzelne Fälle. Es ist für das Bewufstsein nicht sowohl ein Urteil, als eine Regel, Urteile zu gewinnen. Unmittelbar vollziehbar ist es nur als Satzurteil. Das Satzurteil als solches ist aber kein allgemeines, sondern ein Einzelurteil.

116. Relation derselben. In allen Urteilen mit vollständig bestimmtem Subjekt hat das Prädikat logisch seine bestimmte Stelle. Es hat aber, falls das Subjekt irgendwie nur subjektiv bestimmt ist, nicht die objektiv bestimmte Stelle, oder ist nicht Gegenstand der objektiven Einordnung, auf welche die Erkenntnis abzielt. Darin liegt die Besonderheit der Relation solcher Urteile. Anders wiederum verhält es sich mit der Relation der allgemeinen Urteile. Sie weisen als solche dem Prädikat innerhalb der Welt der vorstellbaren Objekte, und, falls die Urteile materiale sind, innerhalb der Welt der objektiven Wirklichkeit, sei es gar keine, sei es nur eine innerhalb gewisser Grenzen bestimmte Stelle an. Jenes gilt von den generellen, dies von den universalen Urteilen. — Alle hier bezeichneten Arten von Urteilen sind demnach hinsichtlich der Relation noch nicht in jedem Sinne vollständige Urteile.

117. Form der allgemeinen Urteile. Dafs das Prädikat der allgemeinen Urteile dennoch seine, sei es objektiv, sei es nur subjektiv bestimmte Stelle im Zusammenhang der vorstellbaren Objekte, bezw. im Zusammenhange der Wirklichkeit gewinnt, falls die in ihm enthaltene Regel auf individuelle Fälle angewendet wird, dies ist es, was die quasi-hypothetische Form der allgemeinen Urteile: Wenn etwas S ist, ist es P, rechtfertigt. In der That stehen die allgemeinen Urteile, mögen sie auch an sich durchaus kategorische sein, doch vermöge dieser Besonderheit zwischen den kategorischen Einzelurteilen und den hypothetischen in der Mitte. Sie sind nur bedingter Weise, d. h. unter der Bedingung der Anwendung der Regel, Akte einer bestimmten Zuordnung.

118. Bestimmtheit des Prädikates. Wie das Subjekt, so kann auch das Prädikat eines Urteiles mehr oder weniger bestimmt sein. Weiſs ich von einer Rose nur, daſs sie rot ist, nicht aber, welches Rot ihr zukommt, so ist mein Urteil ein hinsichtlich des Prädikates unbestimmtes und damit unvollständiges. Es ist eben deswegen wiederum nur als Satzurteil, nicht als Sinnurteil bewuſst vollziehbar. Allgemeine Urteile pflegen in solcher Weise hinsichtlich des Prädikates unvollständig bestimmte und darum aus doppeltem Grunde im Bewuſstsein unvollziehbare zu sein. Es braucht nicht hinzugefügt zu werden, daſs auch jede bloſs subjektive Bestimmtheit des Prädikates das Urteil als solches im Bewuſstsein unvollziehbar macht.

119. Vollständige Relation. „Exakte" Urteile. Ein Urteil mit vollständiger Relation ist nur das Einzelurteil, das für unser Bewuſstsein an ein objektiv vollständig und eindeutig bestimmtes Subjekt ein ebenso bestimmtes Prädikat knüpft. Jedes solche Urteil hat das Recht, ein exaktes zu heiſsen. Allgemeine Urteile sind exakt, wenn in ihnen nicht nur an ein allgemeines Subjekt ein allgemeines Prädikat, sondern zugleich implicite an jedes individuell bestimmte Beispiel des Subjektes ein ebenso bestimmtes Beispiel des Prädikates gebunden ist, wenn es, mit einem Worte, an die möglichen Modifikationen des Inhaltes des Subjektbegriffs entsprechende Modifikationen des Inhaltes des Prädikatsbegriffs in gesetzmäſsiger Weise knüpft. Alle begriffliche Fixierung exakter Bestimmungen geschieht notwendig in Gröſsenbegriffen; die gesetzmäſsige Beziehung zwischen Gröſsen aber findet in der mathematischen Formel ihren vollkommensten Ausdruck. Das Ideal des exakten allgemeinen Urteils ist also das mathematisch formulierte Gesetz.

Kapitel XV. Mehrfache und erweiterte Relation.

120. Wechselseitige Urteile. In jedem nicht subjektslosen Urteile findet eine wechselseitige Bindung von Subjekt und Prädikat statt. Sind alle oder auch nur irgend welche A B, so sind notwendig auch irgend welche B A. Das Urteil erhebt sich auf eine höhere Stufe, wenn nicht nur diese selbstverständliche wechselseitige Bindung stattfindet, sondern eine solche, bei der das Subjekt ebenso im Prädikat, wie dieses in jenem seinen vollständigen Grund hat, oder wenn das Subjekt mit dem Prädikate ebenso unbedingt gegeben ist, wie dieses mit jenem. Ein Beispiel solcher rein umkehrbaren oder „wechselseitigen" Urteile ist das Einzelurteil: Karl der Grofse war der erste römische Kaiser deutscher Nation; oder auch das Urteil: Dies Haus steht neben diesem Baume; das generelle Urteil: Wasserstoff ist das Element vom kleinsten Atomgewicht. Über spezielle Arten dieser Urteilsgattung s. später. Die Bedeutung solcher Urteile erhellt, wenn wir bedenken, dafs das Interesse der Erkenntnis überall darauf gerichtet ist, Beziehungen der wechselseitigen Zugehörigkeit zu gewinnen.

121. Urteilsketten. Eine Erweiterung der Relation findet statt, wenn das Subjekt eines Urteils wiederum als Prädikat in einem anderen Urteil sich darstellt oder überhaupt Bestandteile von Urteilen in andere Urteile verflochten erscheinen. In jenem Falle entsteht die einfache Urteilskette, in diesem Falle eine so oder so geartete Urteilsverzweigung oder Verkettung. Jede Erzählung, in der Eines an das Andere mit dem Bewufstsein der objektiven Notwendigkeit sich hängt, ist eine Urteilskette. Der Zusammenhang der Wahrnehmungen und Erinnerungen läfst überall allerlei Verzweigungen und Verkettungen von Urteilen entstehen. Schon unsere einfachen Urteile pflegen (vgl. 44) potentielle Verzweigungen oder Verkettungen von Urteilen zu sein.

122. Notwendige Zusammenhänge von Urteilen. Von diesen faktischen Urteilszusammenhängen sind die notwendigen Zusammenhänge von Urteilen zu unterscheiden. Jene bilden die Voraussetzung dieser. Ein notwendiger Zusammenhang zweier Urteile besteht, wenn das eine aus dem anderen „folgt", d. h.

derart an dasselbe gebunden ist, dafs es mit ihm zugleich gegeben und mit seiner Aufhebung, d. h. der Verwandlung in sein kontradiktorisches Gegenteil — „S ist P" in „S ist irgend ein non-P" — jenes andere gleichfalls aufgehoben ist.

123. Folgerungsurteile. Urteile, die mit dem Bewufstsein verbunden sind, dafs sie aus bestimmten anderen Urteilen folgen, bezeichnen wir kurz als Folgerungsurteile. Sie pflegen in der Form: „Da" S ist, ist P, da A B ist, ist es C oder: ist C D aufzutreten. Das Urteil, das folgt, möge das Folgeurteil heifsen, die aus denen es folgt, die begründenden Urteile oder die Prämissen. Der bewufste Übergang von irgendwelchen begründenden Urteilen zu ihrem Folgeurteil — von Prämissen zum zugehörigen „Schlufsurteil" — ist der Schlufs. Es enthält danach jedes Folgerungsurteil einen Schlufs implicite in sich; es mufs so viele Arten von Folgerungsurteilen geben, als es Arten von Schlüssen giebt. Die Lehre von den Schlüssen enthält notwendig die Unterscheidung der Arten von Folgerungsurteilen zugleich in sich.

124. Analytische Folgerungsurteile. Nur zwei Arten der Folgerungsurteile müssen wir gleich hier unterscheiden. Ihr Gegensatz entspricht dem Gegensatz der analytischen oder unmittelbaren und der synthetischen oder mittelbaren Schlüsse. Zugleich beschränken wir uns in diesem Zusammenhang auf die deduktiven Folgerungsurteile, die den deduktiven Schlüssen entsprechen. Im (deduktiven) Folgerungsurteil, Da alle S P sind, sind einige P S, ergiebt sich das „Folgeurteil" aus dem begründenden Urteil durch Herauslösung oder Analyse dessen, was in dem begründenden Urteile schon enthalten liegt. Solche Folgerungsurteile nennen wir analytische. Das „Folgen" ist hier gleichbedeutend mit Enthaltensein eines Urteils in einem anderen, oder mit unmittelbarer Ableitbarkeit.

125. Synthetische Folgerungsurteile. Ganz anders verhält es sich mit den synthetischen Folgerungsurteilen: Da der Blitz diesen Baum beschädigt hat, so hat er mein Eigentum beschädigt; Da der Baum in diesem Garten steht, so mufs er ein Obstbaum sein; Da Cajus ein Mensch ist, so ist er sterblich. Bei keinem dieser Urteile „folgt" aus dem begründenden Urteile das Folgeurteil ohne weiteres, oder weil es in ihm unmittelbar enthalten wäre, sondern im ersten ist das Einzelurteil, der Baum sei mein Eigentum, im zweiten das universale Urteil: Alle Bäume in diesem Garten sind Obstbäume, im dritten das generelle Urteil oder das Gesetz, alle Menschen seien sterblich, als gültig vorausgesetzt. Nur mit den Inhalten dieser Urteile zusammen begründen jene „begründenden" Urteile ihr Folgeurteil wirklich. Da zweifellos unter den drei hier unterschiedenen Arten des synthetischen Folgerungsurteils die letzte die wichtigste ist, so heben wir sie, unter dem Namen des **gesetzmäfsig begründeten Folgerungsurteils**, besonders heraus. Es ist gesetzmäfsig begründet in dem Sinne, dafs in ihm eine gesetzmäfsige Beziehung zwischen Objekten der Erkenntnis vorausgesetzt ist.

126. Genauere Bestimmung. Das (deduktive) synthetische Folgerungsurteil ist trotz der Mehrheit von Urteilen, die es in sich schliefst, doch ein **einheitliches Urteil**. Es ist ein Urteil mit dem Bewufstsein, dafs und wiefern im Subjekt eine Bedingung des Prädikates erfüllt, wiefern also das Subjekt wirkliches Subjekt des Urteils sei. In jedem Urteil enthält das vollständige Subjekt alle Bedingungen des Prädikates. Im (deduktiven) synthetischen Folgerungsurteile ist das Dasein solcher Bedingungen in einem eigenen Urteil für das Bewufstsein herausgesondert. Das gesetzmäfsig begründete Folgerungsurteil hat das Besondere, Bedingungen, an die das Prädikat allgemein oder gesetzmäfsig geknüpft ist, oder was dasselbe sagt, es hat das Besondere, den allgemeinen Grund des Prädikates herauszusondern. Es ist das Urteil mit dem Bewufstsein, wiefern der Zusammenhang zwischen Subjekt und Prädikat nicht nur bestehe, sondern zugleich ein gesetzmäfsiger Zusammenhang oder ein allgemeiner Zusammenhang zwischen Grund und Folge sei, oder kurz ein Urteil, das zugleich für das Bewufstsein das Gesetz in sich schliefst, nach dem es gilt.

127. Bedeutung der Folgerungsurteile. Die Namen „analytische" und „synthetische" Folgerungsurteile bezeichnen zugleich die verschiedene Bedeutung der beiden Arten für die Erkenntnis. In jenen enthält das Folgeurteil keine Erkenntnis, die über das hinausginge, was schon im begründenden Urteile enthalten liegt. In diesem kommt eine solche neue Erkenntnis zu stande. Jene könnten auch blofs erläuternde, diese die Erkenntnis erweiternde Folgerungen heifsen. Die gesetzmäfsig begründeten Folgerungsurteile erweitern die Erkenntnis, indem sie auf Thatsachen Gesetzmäfsigkeiten anwenden.

128. Kausale Urteile. Das gesetzmäfsig begründete Folgerungsurteil ist ein Urteil doppelter Relation, d. h. einmal der Relation zwischen Subjekt und Prädikat, das andere Mal der Relation zwischen dem in jenem enthaltenen allgemeinen Grunde des Prädikates und dem Prädikat. Hierzu tritt beim kausalen Urteil — Weil S ist, ist P, oder: Weil A B ist, ist es C, oder: ist C D — eine Art der wechselseitigen Relation. Aus der Ursache „folgt" die Wirkung nach einem Gesetz. Zugleich mufs, wenn die Wirkung soll gedacht werden können, die Ursache als daseiend gedacht werden; würde die Ursache als nicht bestehend gedacht, so müfste auch die Wirkung als nicht bestehend gedacht werden. Weifs ich etwa, die Erwärmung dieses Körpers sei Ursache seiner Ausdehnung, oder der Körper dehne sich aus, weil er erwärmt werde, so ist für mein Bewufstsein nicht nur die Ausdehnung an die Erwärmung notwendig und zugleich gesetzmäfsig gebunden, sondern es ist auch umgekehrt durch den Gedanken der Erwärmung der Gedanke der Ausdehnung des Körpers gefordert, der Art, dafs der Gedanke, die Erwärmung hätte zu einer Zeit nicht stattgefunden, mich nötigte, auch die Ausdehnung als zu der Zeit nicht geschehend zu betrachten. Die kausale Relation besteht, wie wir sehen werden, in nichts anderem als dieser **mehrfachen logischen** oder **Urteilsrelation**. Vgl. Kap. XX. XXI.

129. Inhärenzurteile. Ein besonderer Fall der kausalen Relation wiederum ist die Beziehung der „Inhärenz" oder des Dings zu seiner Eigenschaft, Thätigkeit u. s. w. Auch die Beziehung der Inhärenz ist also nichts als eine mehrfache logische Relation. Das Nähere Kapitel XXI.

Kapitel XVI. Das hypothetische Urteil.

130. Begriffsbestimmung. Jedes Folgerungsurteil wird zu einem hypothetischen, wenn die Geltung des begründenden Urteiles (der Prämisse) dahingestellt bleibt — das „Da" in ein „Falls" sich verwandelt — und danach auch das Folgeurteil nicht thatsächlich zu stande kommt. Was übrig bleibt, ist das blofse Bewufstsein, dafs etwas gedacht werden müsse, falls etwas anderes gedacht werde. Das hypothetische Urteil ist nichts weniger als ein „Urteil über Urteile". Urteile sind psychologische Vorgänge; ein Urteil über sie wäre also ein Urteil über psychologische Vorgänge. Wer aber urteilt: Falls dieser Stoff Wasserstoff ist, wird er sich mit Sauerstoff zu Wasser verbinden lassen, urteilt nicht über psychologische, sondern über einen chemischen Vorgang. Vielmehr, er enthält sich auch darüber, ob dieser chemische Vorgang stattfinden werde, ausdrücklich jedes Urteils. — Auch die Erklärung, das hypothetische Urteil sei ein kategorisches mit dem Prädikat „ist die Folge", ist unzulässig. Abgesehen davon, dafs vom Folgerungsurteil (123 ff.), das kein hypothetisches ist, dasselbe gesagt werden müsste, ist das „die Folge sein", überhaupt kein mögliches Prädikat, weil gar kein mögliches Inhaltselement des Urteils; vielmehr besteht im Bewufstsein, etwas sei Folge von etwas, oder im Bewufstsein der objektiv notwendigen Zuordnung in jedem (nicht subjektslosen) Urteil der eigentliche Akt des Urteilens. Das „die Folge sein" ist eine Art der logischen Relation, die Subjekt und Prädikat aneinander bindet.

131. Vollzug desselben. Das hypothetische Urteil besteht zunächst im psychischen Dasein einer solchen Gesetzmäfsigkeit, die macht, dafs, falls ein Urteil vollzogen wird, ein anderes gleichfalls vollzogen werden kann. Diese Gesetzmäfsigkeit kann aber, vom sprachlichen Ausdruck abgesehen, nicht anders zum Bewufstsein kommen, als so, dafs sie zur wenigstens versuchsweisen Verwirklichung gelangt. Es entsteht dann das versuchsweise Folgerungsurteil; d. h. indem ich mich versuchsweise dem Gedanken, dafs etwas sei, (der „Prämisse") überlasse, erlebe ich es, dafs ich mich zum Gedanken, dafs etwas anderes sei, (zum Folgeurteil) genötigt sehe. In der That wird in der Regel, wenn ich hypothetisch urteile, irgend welcher Anlafs zum Vollzug der Prämisse vorliegen. Es wäre sonst nicht einzusehen, wie ich überhaupt zum hypothetischen Urteile kommen sollte. Im Wesen des hypothetischen Urteils liegt aber von einem solchen Anlafs nichts. Das hypothetische Urteil, rein als solches, ist darum als Sinnurteil nicht im Bewufstsein vollziehbar. Das Satzurteil mufs als Bewufstseinsrepräsentant desselben eintreten. Das Satzurteil als solches ist aber wiederum nicht hypothetisch, sondern kategorisch. Natürlich wird das Satzurteil immer, wenn das Satzprädikat lautet: „ist die Folge", ein kategorisches Urteil mit diesem Prädikate sein.

132. Hypothetisches Urteil und Schluſs. Aus der Beziehung des hypothetischen zum Folgerungsurteile ergiebt sich, daſs es auch Arten hypothetischer Urteile so viele geben muſs, als es Arten des Schlusses giebt. Jedes hypothetische Urteil, so können wir auch sagen, enthält einen hypothetischen Schluſs in sich, oder ist ein solcher, d. h. es ist ein Schluſs, der vom entsprechenden kategorischen oder thatsächlich vollzogenen dadurch sich unterscheidet, daſs die Gültigkeit der Prämissen oder einer derselben dahingestellt bleibt, darum auch das Schluſsurteil nicht thatsächlich, sondern nur eventuell zu stande kommt. Jede Prämisse eines kategorischen Schlusses, die im entsprechenden hypothetischen Urteil nicht ausdrücklich dahingestellt bleibt, also in ihm nicht als Prämisse, aus der sich das Folge- oder Schluſsurteil ergeben würde, auftritt, ist in ihm jederzeit als gültig vorausgesetzt. So ist in dem Urteil: Falls A mein Freund ist, wird er mir helfen, das allgemeine Urteil: Jeder, der mein Freund ist, und bei dem die sonstigen Bedingungen, bezw. Motive der Hilfeleistung in gleicher Weise erfüllt sind, wie es bei A der Fall ist, wird mir helfen — notwendig als gültig vorausgesetzt. In diesem Urteil zusammen mit dem Urteile: A ist mein Freund, sind aber die Prämissen für das kategorische Schluſsurteil: A wird mir helfen, gegeben. Umgekehrt ist in dem hypothetischen Urteil: Falls alle, die auf dem untergegangenen Schiffe sich befanden, mit untergegangen sind, ist auch X mit untergegangen, das Urteil vorausetzt, daſs X sich auf dem Schiffe befunden habe (vgl. Kap. XL).

133. Analytische und synthetische hypothetische Urteile. Auch bei den hypothetischen Urteilen berücksichtigen wir hier wiederum, ebenso wie bei den Folgerungsurteilen (s. 124 f.), nur die deduktiven, und unterscheiden bei ihnen (wie dort) die analytischen und synthetischen. Jene bestehen im Bewuſstsein davon, was mit einem Urteile, falls es bestände, unmittelbar gegeben wäre — Falls alle S P wären, wären auch einige P S —; diese knüpfen hypothetisch ein Prädikat an ein Subjekt durch Vermittelung eines Einzelurteils oder universalen Urteils, oder einer Gesetzmäſsigkeit zwischen Objekten des Erkennens. Wiederum heben wir besonders hervor die hypothetischen Urteile, in die eine Gesetzmäfsigkeit als vermittelndes Element eingeht. Es sind dabei zwei Möglichkeiten: Die Gesetzmäfsigkeit steht fest, und ihre Anwendbarkeit ist das, was sich der Kenntnis entzieht. Dies ist der Fall in dem obigen Beispiel: Falls A mein Freund ist u. s. w. Oder die Gesetzmäfsigkeit ist das Zweifelhafte, und der Fall, auf den sie Anwendung finden würde, ist gegeben: Falls das Gesetz gälte, dafs unter diesen bestimmten Umständen dieser Erfolg immer eintrete, müfste derselbe auch in diesem bestimmten Falle sich einstellen. Die dritte Möglichkeit, dafs beides einstweilen dahingestellt bleiben mufs, kann als für die Erkenntnis bedeutungslos unerwähnt bleiben. Umsomehr haben jene ersteren einander entgegengesetzten Arten des hypothetischen Urteils für die Erkenntnis ihre besondere Bedeutung. Worin dieselbe besteht, wird sich später (Kap. XL) zeigen.

134. Unreine hypothetische Urteile. Nicht mehr reine hypothetische Urteile sind diejenigen, in denen sich mit dem hypothetischen Urteil das Bewufstsein der Ungültigkeit der Prämisse und des Folgeurteils verbindet. Sie sind doppelter Art. In der Form „Wenn S wäre, so wäre P" pflegen Urteile zum Ausdruck zu kommen, die genauer lauten würden: Nur wenn S wäre, wäre P, S ist aber nicht, also ist auch P nicht. Ihnen stehen diejenigen entgegen, die in der Form „Wenn S wäre, müfste auch P sein", mit dem hypothetischen Urteile den Gedanken verbinden: P ist nicht, also ist auch S nicht. In beiden ist das hypothetische Urteil zu einer Art des hypothetisch-kategorischen Schlusses erweitert (vgl. Kap. XL).

135. Modi des hypothetischen Urteils. Wie beim kategorischen (s. 68), so unterscheiden wir beim hypothetischen Urteile den Modus ponendo ponens — Falls S ist, ist P —, ponendo tollens — Falls S ist, ist P nicht —, tollendo ponens — Falls S nicht ist, ist P — und tollendo tollens — Falls S nicht ist, ist P nicht. Auch hier ergiebt die Verbindung der beiden mittleren Modi ein sogenanntes „disjunktives", genauer einteilendes Urteil: Entweder S oder P ist. — Alles Weitere über die hypothetischen Urteile s. Kap. XL.

Kapitel XVII. Das einteilende — „disjunktive" — Urteil.

136. Begriffsbestimmung. Die sogenannten „disjunktiven" Urteile bilden keine besondere Urteilsgattung neben den kategorischen und hypothetischen; aber sie sind eigenartige Gefüge kategorischer oder hypothetischer Urteile, denen zugleich ein eigenartiger Wert für die Erkenntnis nicht abgesprochen werden kann. „Disjunkte" Vorstellungen oder Begriffe sind sich ausschliefsende; Disjunktion ist wechselseitige Ausschliefsung. Mit dieser Begriffsbestimmung tritt die Logik in Widerspruch, wenn sie unter disjunktiven Urteilen jederzeit Urteile von der Form „A ist B oder C oder D u. s. w." versteht, d. h. Urteile, in denen mehrere Prädikate nicht nur sich wechselseitig ausschliessen, sondern zugleich so sich zu einander verhalten, dafs jedes einzelne derselben gefordert ist, falls alle übrigen nicht statthaben. Dies Doppelverhältnis wird zutreffender als Einteilung oder Division bezeichnet. Das einteilende Urteil ist ein Urteil, in dem ein Inbegriff sich ausschliefsender Möglichkeiten des Urteilens eingeteilt oder aufgeteilt wird.

137. Kategorisch einteilende Urteile. Arten derselben. Hierbei mufs zunächst zwischen kategorisch und hypothetisch einteilenden Urteilen wohl unterschieden werden. Jene sind Gefüge kategorischer Urteile. Sie zerfallen wiederum in zwei Arten, nämlich einteilende Mannigfaltigkeitsurteile, in denen einem einheitlichen Subjektsgegenstande von mehreren sich ausschliefsenden Prädikaten teilweise dieses, teilweise jenes beigelegt und eben damit der einheitliche Gegenstand in eine Mannigfaltigkeit von Teilen überhaupt, ohne Abgrenzung derselben, zerlegt wird; andererseits einteilende Mengenurteile, in denen der Subjektsinhalt durch sich ausschliefsende Prädikate in eine abgeschlossene Menge (Anzahl) abgegrenzter Objekte bestimmten Inhaltes, bezw. in eine abgegrenzte Menge von Inbegriffen (Gruppen, Klassen) solcher Objekte verwandelt wird. Ein Beispiel jener Art ist das Urteil: Diese Fläche ist teils rot, teils blau (= ist in ihren verschiedenen Teilen entweder rot oder blau). Beispiele der anderen Art enthalten die Urteile: Die Antragsteller waren die Herren X, Y und Z; Die selbständigen mittelalterlichen Baustilarten des Abendlandes sind der romanische und der gotische (= der mittelalterliche Baustil ist „teils" romanisch, „teils" gotisch, = ist in jedem einzelnen Falle „entweder" romanisch „oder" gotisch).

138. Unterarten. Innerhalb der letzteren Art sind wiederum zwei Unterarten zu unterscheiden. Die Prädikate teilen entweder einen **empirisch abgegrenzten** Subjektsinhalt in eine Menge von einzelnen **Objekten** bezw. von empirisch abgegrenzten **Mengen** solcher. Hierhin gehören beide eben angeführte Beispiele. Oder sie teilen das nur **qualitativ** bestimmte, also generelle Subjekt in eine Menge von **Arten**: Tiere sind entweder Wirbeltiere oder Wirbellose. Endlich kann auch diese „Arteinteilung" widerum eine „empirische" oder „logische" sein, d. h. eine Einteilung in die Arten, die erfahrungsgemäfs **vorkommen**, oder eine Einteilung in die überhaupt **denkbaren** Arten. Es mag gleich hier hinzugefügt werden, dafs bei formalen einteilenden Urteilen — Kegelschnitte sind entweder Ellipsen (Kreise), oder Parabeln oder Hyperbeln — von einem Unterschiede der empirischen und logischen Einteilung keine Rede sein kann.

139. Hypothetisch einteilende Urteile. Neben allen diesen Arten kategorisch einteilender Urteile stehen schliefslich noch diejenigen einteilenden Urteile, die ein Gefüge hypothetischer Urteile repräsentieren. Während bei den eben bezeichneten Arten jedesmal das **Subjekt durch die Prädikate** eingeteilt wird, findet bei den hypothetisch einteilenden Urteilen vielmehr eine Einteilung der **Prädikate** statt, zwischen denen ich demselben Objekte gegenüber die Wahl habe. Die fraglichen einteilenden („disjunktiven") Urteile sind der Ausdruck meines Schwankens, zugleich aber des Bewufstseins, ich müsse dem Subjekt von mehreren Prädikaten **eines** zuschreiben, falls ich ihm alle anderen **abspreche** und ich dürfe ihm dies Prädikat nicht zuschreiben, falls ich ihm eines der anderen zuschreibe. Ein Beispiel wäre das Urteil: Dies Bild ist entweder von Rubens oder von einem seiner Schüler.

140. Analyse der einteilenden Urteile. Das kategorisch einteilende Urteil läfst sich zerlegen in eine gröfsere oder geringere Anzahl einfacher kategorischer Urteile; so das Urteil: Diese Fläche ist in allen ihren einzelnen Teilen rot oder grün, in die Urteile: Gewisse Teile dieser Fläche sind rot, gewisse Teile sind grün; diejenigen, die rot sind, sind nicht grün; diejenigen, die nicht rot sind, sind grün. Die beiden letzteren Urteile sind Beispiele des Modus ponendo tollens, bezw. tollendo ponens des kategorischen Urteils (68). — Ebenso zerlegt sich das hypothetisch einteilende Urteil zunächst in einzelne hypothetische Urteile. So das Urteil: Dies Bild ist von Rubens oder einem seiner Schüler, in die Urteile: Falls dies Bild von Rubens ist, ist es von keinem seiner Schüler, und: Falls es nicht von Rubens ist, ist es von einem seiner Schüler. Diese Urteile sind Beispiele des Modus ponendo tollens, bezw. tollendo ponens des hypothetischen Urteils. Zugleich schliefst jenes einteilende Urteil die kategorisch problematischen Urteile in sich: Das Bild ist möglicherweise von Rubens und: Es ist möglicherweise von einem Schüler Rubens'. Sofern diese Urteile kategorische sind, ist das fragliche einteilende Urteil, obgleich ein hypothetisch einteilendes, doch als Ganzes oder an sich ein kategorisches Urteil Ein hypothetisch einteilendes und zugleich an sich hypothetisches Urteil wäre in dem Satze ausgesprochen: Falls dies Bild aus der Zeit des Rubens stammt — nicht etwa eine spätere Copie ist —, hat es Rubens selbst oder einen seiner Schüler zum Urheber. In diesem letzteren Falle lassen sich aus dem einteilenden Urteil aufser den bezeichneten hypothetischen Urteilen noch hypothetisch problematische Urteile — Falls dies Bild aus Rubens' Zeit stammt, ist es vielleicht von Rubens, vielleicht von einem seiner Schüler — herauslösen. — Es hat, wie man sieht, die Unterscheidung kategorisch und hypothetisch einteilender Urteile mit der Frage, ob die Urteile zugleich als ganze kategorische oder hypothetische Urteile seien, nichts zu thun.

141. Die Form. Der Gegensatz der kategorisch und hypothetisch einteilenden Urteile kommt in der Sprache wenigstens insoweit zum Ausdruck, als vorzugsweise die letzteren in der Form des „Entweder — oder" aufzutreten pflegen, während bei den ersteren diese Form zwar möglich ist, daneben aber das „Teils — teils" oder die einfache Verbindung der Prädikate durch „Und" zulässig ist, oder gar als die naturgemäfsere Form erscheint. Das Nähere ergiebt sich leicht aus der Vergleichung der angeführten Beispiele. — Die besondere Bedeutung der einteilenden Urteile für die Erkenntnis wird sich bei Gelegenheit der Einteilungs- („disjunktiven") Schlüsse ergeben.

Abschnitt V. Die objektiven Urteile.

Kapitel XVIII. Die Kategorien der objektiven Urteile.

142. Objektive Urteile. Unsere bisherige Betrachtung des Urteils galt, kurz gesagt, der **Struktur** desselben. Der **Urteilsinhalt**, oder das **worüber** geurteilt wird, kam im wesentlichen nur insofern in Betracht, als der allgemeine Gegensatz der formalen und materialen Urteile doch auch schon als ein Gegensatz des Urteilsinhaltes betrachtet werden kann. Dieser Gegensatz der formalen und materialen Urteile nun wird in gewisser Weise gekreuzt durch den ebenso fundamentalen Gegensatz der **objektiven und der subjektiven Urteile**. Die ersteren, an die im bisherigen vorzugsweise gedacht war, bestehen im Bewufstsein der objektiven Notwendigkeit einer **objektiven Ordnung**, d. h. einer Ordnung, in die die Objekte **selbst sich einfügen**, ohne dafs es zum Zustandekommen derselben irgend welcher besonderen auf die Objekte gerichteten Thätigkeit des Subjektes — aufser dem Vorstellen derselben — bedürfte.

143. Subjektive Urteile. Es kann aber auch die im Urteil als objektiv notwendig sich darstellende Ordnung unbeschadet des Bewufstseins der objektiven Notwendigkeit eine lediglich **subjektive** sein. Wir nennen sie eine subjektive und dementsprechend das Urteil ein **subjektives Urteil**, wenn wir die Objekte ordnen, d. h. sie zum Gegenstand einer zu ihnen hinzutretenden ordnenden oder beziehenden Thätigkeit — des Zusammenfassens, Sonderns, Vergleichens, Unterscheidens — machen. Die objektive Ordnung **geben sich die Objekte**, die subjektive **machen wir**. Das Bewufstsein der objektiven Notwendigkeit, also das subjektive Urteil, besteht im Bewufstsein, in solcher an und für sich freien Thätigkeit doch durch die Objekte gebunden zu sein. Das Nähere Kapitel XXII.

144. Objektive formale Urteile. Raumurteile. Wir reden zunächst von den objektiven Urteilen. Die formalen Urteile dieser Art zerfallen in die drei Gattungen der formalen **Raumurteile, Zeiturteile und Qualitätsurteile**. Zu den ersteren gehören die allgemeinen Urteile über die Beschaffenheit unserer Raumvorstellung, also die Urteile, dafs der Raum drei Dimensionen habe, dafs er überall gleichartig sei, dafs er stetig gedacht werden müsse, und keine Grenze desselben vorgestellt werden könne; andererseits die geometrischen Urteile. So ist es ein objektives formales Urteil, wenn ich dem Dreieck allgemein die Winkelsumme zuschreibe, die ich an einem beliebigen Dreieck vorfinde. Dafs diese Winkelsumme einem Winkel von 2 R gleich sei, ist ein subjektives Urteil.

145. Zeiturteile. Nicht minder sind objektive formale Urteile die allgemeinen Urteile über die Zeitvorstellung: dafs die Zeit nur eine Dimension habe, oder ein Objekt in ihr nur einem anderen vorangehen, oder ihm folgen oder mit ihm zusammentreffen könne, dafs die Zeit überall gleichartig sei, dafs sie stetig gedacht werden müsse und keine Grenze derselben vorstellbar sei.

146. Formale Qualitätsurteile. Endlich sind objektive Urteile die formalen Qualitätsurteile, d. h. die Urteile, die die allgemeinen qualitativen Bestimmungen unserer Vorstellungen zum Inhalt haben, so die Urteile, dafs jede Farbe — im engeren Sinne — einen Helligkeitsgrad habe, bei dessen Abnahme sie sich dem Schwarz nähere, dafs das Tonkontinuum nur drei Dimensionen habe, oder nur nach drei Richtungen, nämlich denen der Tonhöhe, Tonstärke und Klangfarbe abgestuft sei u. s. w.

147. Formale Urteile und materiale Erkenntnis. Alle objektiven formalen Urteile werden zu Bestandteilen unserer Erkenntnis der objektiven Wirklichkeit, wenn und soweit die Objekte, über die in ihnen geurteilt wird, in der Welt der objektiven Wirklichkeit sich finden. Alle Erkenntnis unterliegt, als eine Art der Vorstellungsthätigkeit der Gesetzmäfsigkeit des Vorstellens, wie sie eben in den objektiven formalen Urteilen zum Bewufstsein kommt. Das objektiv wirkliche Dreieck hat, wie gelegentlich schon gesagt, für uns die Winkelsumme in Wirklichkeit, die dem blofs vorgestellten in unserer Vorstellung eignet. Darum ist doch das Urteil über die Winkelsumme des wirklichen Dreiecks kein materiales, sondern ein auf die Wirklichkeit übertragenes formales. Es wäre ein materiales für das Bewufstsein desjenigen, dem es keine Vorstellungsnotwendigkeit, sondern nur ein Ergebnis der Beobachtung bedeutete.

148. Objektive materiale Urteile. Auch die Gegenstände der objektiven materialen Urteile sind nicht anders, als zeitlich, räumlich und qualitativ bestimmt. Ihr Gegenstand ist, allgemein gesagt, die vorgestellte Welt, die aus den räumlich und zeitlich geordneten und ausgedehnten, im übrigen qualitativ bestimmten Inhalten unserer Wahrnehmungen sich aufbaut. Nichts ist vorstellbar, das nicht in seinen Elementen in der Wahrnehmung gegeben gewesen wäre. Diese Wahrnehmung ist aber Sinneswahrnehmung mit den Farben, Tönen u. s. w. als Elementen, oder Selbstwahrnehmung, die in den Arten des Selbstgefühls, d. h. den Gefühlen der Lust, Unlust, des Strebens ihre Elemente hat.

149. Sphären derselben. Die objektiven materialen Urteile können als verschiedenen Sphären zugehörig bezeichnet werden, je nach den Stufen der objektiven Wirklichkeit, die sie bei ihren Subjekten voraussetzen und ihren Prädikaten zuerkennen. Mit diesen Sphären kreuzen sich in bestimmter Weise die beiden allgemeinsten Sphären: Der Ichurteile oder Akte der Icherkenntnis und der Urteile über die Welt der Dinge. Das Bewufstsein, was ich jetzt eben wachend oder heute Nacht schlafend geträumt habe, die Einsicht in die Bedingungen meines Vorstellungsverlaufes, die Erinnerung, welche Farbe eine Blume hatte, die Überzeugung vom letzten Wesen der Dinge — alle diese geistigen Akte gehören ebensoviel verschiedenen Sphären des objektiven materialen Urteilens an. S. Kap. IV.

150. Psychologische Urteile. Die Akte der Icherkenntnis sind psychologische und zwar subjektiv psychologische Urteile. Ihnen stehen entgegen die objektiv psychologischen Urteile. Die objektive Wirklichkeit ihrer Gegenstände besteht im Dasein derselben in einem fremden Bewufstsein oder der Zugehörigkeit zu einer fremden geistigen Persönlichkeit überhaupt. Urteile dieser Art ergeben sich aus der Übertragung der aus eigener psychologischer Erfahrung gewonnenen Erkenntnis auf Gegenstände der sinnlichen Wahrnehmung, nämlich fremde Körper und ihre Lebensäufserungen. Auch diese objektiv psychologischen Urteile können wiederum als einer besonderen Sphäre angehörig bezeichnet werden.

151. Fiktive Urteile. Nicht in gleichem Sinne kann von den fiktiven materialen Urteilen, d. h. denjenigen, bei denen die objektive Wirklichkeit der Gegenstände nur eine angenommene ist, gesagt werden, dafs sie einer besonderen Sphäre des Urteilens angehören. Das Auszeichnende derselben liegt vielmehr in dem besonderen Charakter des Bewufstseins der objektiven Wirklichkeit. Dies Bewufstsein ist bei ihnen vorhanden trotz des gegenteiligen Wissens. Solche fiktive Urteile sind wiederum verschiedener Art. Besondere Hervorhebung verdienen diejenigen, in denen das Verständnis und das Bewufstsein der Wahrheit der künstlerischen Darstellung besteht. Wir „glauben" an das künstlerisch Dargestellte — glauben etwa an den in Gebärden dargestellten Schmerz, an die in Thaten zum Ausdruck kommende edle Gesinnung — aus ebendemselben **positiven Grunde, aus dem wir sonst glauben**. Die „überzeugende" künstlerische Darstellung macht, dafs wir uns in der Vorstellung des Schmerzes, der edlen Gesinnung **objektiv genötigt** wissen. Wir **können aber andererseits daran glauben — nicht darum, weil der Zweifel logisch ausgeschlossen wäre**, sondern weil die künstlerische Darstellung uns in eine eigene Welt, nämlich eben die Welt der künstlerischen Darstellung versetzt, und damit der Welt der Wirklichkeit, aus der unser Zweifel oder unser gegenteiliges Wissen **stammt**, entrückt und so diesen Zweifel oder dies gegenteilige Wissen **psychologisch ausschliefst**. Der Glaube an das künstlerisch Dargestellte ist danach doch auch wiederum etwas völlig Eigenartiges, von sonstigem Glauben oder „Meinen" völlig Verschiedenes, weder Wahrscheinlichkeit, noch Täuschung oder Illusion im gewöhnlichen Sinne. — Auch bei sonstigen fiktiven Urteilen, etwa den wissenschaftlichen Fiktionen ist der Zweifel oder das Wissen des Gegenteils, solange wir die fiktiven Urteile vollziehen, **psychologisch ausgeschlossen**. Wir geben dem vorhandenen Antrieb des Urteilens nach und überlassen uns ihm, d. h. setzen den Zweifel oder das gegenteilige Urteil, ohne es **logisch aufzuheben**, für einen Augenblick ausser Wirkung.

152. Imaginäre Urteile. Den fiktiven Urteilen der letzteren Art sind in gewisser, obgleich nicht in jeder Weise analog die schon einmal erwähnten imaginären (formalen) Urteile, die nicht mit fingierten Wirklichkeiten, aber mit fingierten Vorstellungsobjekten zu thun haben. Bei den fiktiven materialen Urteilen übertragen wir auf das Unwirkliche Gesetze der Wirklich-

keit, als ob es gleichfalls wirklich wäre; bei den imaginären
Urteilen werden auf Unvorstellbares Gesetzmäfsigkeiten des
Vorstellbaren übertragen. Die imaginären Urteile oder die
Urteile über Imaginäres, speziell die mathematischen Urteile über
imaginäre Gröfsen sind, wie schon früher gesagt, möglich, soweit
diese Übertragung zulässig ist. Vgl. 55.

Kapitel XIX. Namenurteile.

153. Namen- und Sachurteile. Zu den psychologischen
Urteilen gehören auch alle Namenurteile. Sie bezeichnen zugleich innerhalb derselben eine besondere und besonders hervorzuhebende Gattung. Das Namenurteil besteht im Bewufstsein
der objektiven Zusammengehörigkeit einer Wortvorstellung bezw.
Verbindung von solchen einerseits, und der Vorstellung einer
Sache oder des durch das Wort oder die Wortverbindung bezeichneten Objektes anderseits. Dieselben Sätze können Ausdruck
sein für Namenurteile und Urteile über die mit den Namen
benannten Sachen. Wer urteilt: Schnee ist weifs, kann das eine
Mal sagen wollen, das Objekt Schnee habe die Eigenschaft
weifs, das andere Mal das Wort Schnee bezeichne etwas Weifses.
In jenem Falle ist der Schnee, in diesem Falle der Name Urteilssubjekt.

154. Namenurteile als psychologische Urteile. Die Zugehörigkeit der Vorstellung eines weifsen Objektes zur Vorstellung
des Wortes Schnee oder die Notwendigkeit, diese Vorstellung mit
jener zu verbinden, liegt jedoch nicht im Worte Schnee als
solchem, sondern in dem Worte, sofern es von mir betrachtet
wird als Name. Ein Wort ist Name von etwas, nicht seiner
Natur nach, sondern durch den Willen derer, die es als Mittel
gebrauchen, um dadurch Objekte zu benennen oder zu bezeichnen, d. h. die Vorstellung bestimmter Objekte in anderen
hervorzurufen. Das Namenurteil, Schnee ist weifs, bestände also,
falls es vollständig zum Bewufstsein käme, in dem Bewufstsein,
ich müsse mit dem Worte Schnee die Vorstellung eines weifsen
Objektes verbinden, sofern ich das Wort denke als Gegenstand
eines auf die Bezeichnung von Objekten gerichteten Willens oder
kürzer als einem bestimmten Sprachgebrauch angehöriges Zeichen
für Objekte. Im Bewufstsein, dafs das Wort als solches

Zeichen existiere, oder dafs der auf dies Wort bezügliche Sprachgebrauch Geltung habe, besteht das in solchen Namenurteilen vorausgesetzte Bewufstsein der objektiven Wirklichkeit. Subjekt solcher Urteile ist nicht das Wort als solches, sondern das durch den Sprachgebrauch in seiner Bedeutung **festgelegte Wort**. Wie in jedem wirklichen Urteil, so ist auch hier die Notwendigkeit, das Prädikat zum Subjekt hinzuzufügen, Notwendigkeit im vollen (logischen) Sinne des Wortes: ich kann nicht das Prädikat aufheben, ohne das Subjekt aufzuheben, d. h. ich kann nicht mit dem Worte Schnee die Vorstellung eines anders gefärbten Objektes verbinden, ohne das Bewufstsein des Widerspruchs mit der Forderung des Sprachgebrauches zu gewinnen.

155. Erklärendes und Benennungsurteil. Das soeben als Beispiel gebrauchte Namenurteil ist genauer gesagt ein **erklärendes** Namenurteil. In ihm ist der Name Subjekt. Ihm steht entgegen das Benennungsurteil — Dies ist Schnee — in dem der Name Prädikat und die Sache Subjekt ist. Wiederum ist hier in Wahrheit nicht die Sache — der Schnee — das Subjekt, sondern die Sache als Gegenstand eines **benennenden Willens**. Auch hier ist die objektive Notwendigkeit der Verknüpfung gleichbedeutend mit Unmöglichkeit des Gegenteils: Ich kann nicht mit der Sache die Vorstellung eines anderen Namens verbinden, der vermöge seines sprachgebräuchlichen Sinnes mit diesem unverträglich ist, ohne das Bewufstsein zu haben, dafs ich damit dem objektiv wirklichen Sprachgebrauch widerspreche.

156. „Analytische" Urteile. Nichts anderes als erklärende Namenurteile sind Kants „analytische" Urteile. Sie bestehen im Bewufstsein, dafs ein Merkmal in einem „Begriffe" enthalten sei, d. h. dafs es zur Bedeutung eines Wortes gehöre. Körper sind (ihrem Begriffe nach) ausgedehnt, d. h. das Wort Körper bezeichnet etwas Ausgedehntes. „Analytische" Urteile sind möglich in dem Mafse, als durch den Sprachgebrauch Merkmale in den Inhalt von Begriffen, d. h. die Bedeutung von Worten, aufgenommen sind. Der Fortschritt der Erkenntnis schafft immer neue Begriffe und giebt Begriffen einen immer reicheren und vollständigeren Inhalt; damit werden immer neue analytische Urteile möglich. Der wissenschaftliche Begriff der Materie etwa enthält schliefslich die ganze wissenschaftliche Erkenntnis von der Materie in sich;

nur der weiſs, was alles das Wort Materie wissenschaftlich besagen will, der alle diese Erkenntnis hat. Wer sie hat, für den können darum alle Urteile über die Materie analytische Urteile sein. Man kann es als ein Ziel der Erkenntnis bezeichnen, überall analytische Urteile zu ermöglichen.

157. Subsumtionsurteile. Ebenso sind die Urteile, die einen Gegenstand einem Begriff „subsumieren", Benennungsurteile. Sie subsumieren Gegenstände einem Begriff, d. h. sie fügen ihn ein in die Bedeutungssphäre eines Namens. Damit ist schon angedeutet, was bei den Subsumtionsurteilen zur einfachen Benennung noch hinzukommt. Es ist das Bewuſstsein, daſs derselbe Name auch noch anderen Gegenständen zugehöre. Insofern wird im Subsumtionsurteil der Gegenstand zugleich diesen anderen Gegenständen „zugeordnet" oder in den „Umfang" des Begriffs oder nach dem schon gebrauchten Ausdruck in die „Sphäre" der Bedeutung des Namens „eingeordnet". Das Subsumtionsurteil: Dies ist eine Rose, besteht so, wenn wir es vollständig bezeichnen, im Bewuſstsein, dies Objekt habe, ebenso wie andere, Anspruch auf den Namen Rose, oder sei eines der Objekte, die auf den Namen Anspruch haben. — Die Frage, ob ein Satz ein Subsumtionsurteil oder ein Sachurteil repräsentiere, kann ebenso wie die Frage, ob in einem Satz ein „analytisches" oder ein Sachurteil zum Ausdruck komme, immer nur vom Urteilenden oder aus dem gedanklichen Zusammenhang, dem das Urteil angehört, entschieden werden. Der oben angeführte Satz ist **nicht** Ausdruck eines Subsumtionsurteils, wenn der Urteilende dadurch dem, der recht wohl weiſs, was eine „Rose" ist, sagen will, ein **wie beschaffenes Objekt** der aufgezeigte Gegenstand sei.

158. Wechselseitige Namenurteile. Wechselseitige Namenurteile, und zwar, je nach der Auffassung, wechselseitige Benennungs- oder erklärende Urteile sind die Urteile, die zwei Begriffe oder den Sinn zweier Worte bezw. Wortverbindungen einander gleichsetzen. Jede Definition ist zunächst eine solche „Begriffsgleichung". Sie besteht im Bewuſstsein, was den Sinn eines Namens oder den Inhalt eines Begriffes ausmache, habe zugleich Anspruch auf einen anderen Namen, und was auf diesen Namen Anspruch habe, dem gehöre zugleich jener Name zu. Von diesen

Begriffsgleichungen sind zu unterscheiden solche Urteile, die im Bewufstsein bestehen, was für Gegenstände mit einem Namen ausschliefslich gemeint seien. Auch sie sind wechselseitige, nämlich einerseits Benennungs-, andererseits (in der Umkehrung) erklärende Urteile. So schliefst das Urteil: Das Element vom kleinsten Atomgewicht ist der Wasserstoff (= ist das, was das Wort Wasserstoff meint), einerseits das Benennungsurteil in sich: Was Element vom kleinsten Atomgewicht ist, heifst Wasserstoff, andererseits das erklärende Urteil: Was Wasserstoff heifst, ist Element vom kleinsten Atomgewicht. Natürlich kann jener Satz auch als blofse Begriffsgleichung gemeint sein. Wiederum kann im gegebenen Falle nur der Urteilende entscheiden, oder aus dem Zusammenhang entschieden werden, ob ein Satz das eine oder andere ist.

159. Unbedingte und bedingte Namenurteile. Namenurteile können unbedingte heifsen, wenn der Sprachgebrauch, der einen Namen zum Namen macht, ein allgemeiner, d. h. wenn der die Bedeutung oder Benennung festsetzende Wille der Gesammtwille eines eine Sprache sprechenden Volkes ist und zugleich Wort und Bedeutung voraussetzungslos aneinander geknüpft sind. Namenurteile können aber auch in verschiedenen Graden und verschiedener Weise bedingte sein. Verschiedene Berufsklassen Wissenschaften u. s. w. haben neben dem gemeinsamen zugleich einen verschiedenen Sprachgebrauch; oder Worte sollen nach dem Willen derer, die sie gebrauchen, in diesem Gedankenzusammenhang diese, in jenem jene Bedeutung haben. In solchen Fällen sind die Worte gültige Subjekte oder Prädikate von Namenurteilen nur sofern jene Voraussetzungen ihres Gebrauchs auch im Urteile vorausgesetzt sind. Endlich sind keine Namenurteile, weil überhaupt keine Urteile, die Erklärungen, es solle ein Wort oder Symbol in irgend einem Zusammenhange als Zeichen einer Sache genommen werden. Erst nachdem durch solche freie Namengebung für einen bestimmten Gedankengang ein Sprachgebrauch thatsächlich geschaffen ist, ist das Bewufstsein davon gleichfalls ein Urteil.

160. Namenurteile als Bewufstseinsvorgänge. Wie schon oben (154) angedeutet, pflegen Namenurteile nicht ihrem ganzen Sinn oder Inhalt nach zum Bewufstsein zu kommen. Die Vor-

aussetzung, unter der allein für unser Bewußtsein der Name
an die Sache, und umgekehrt, gebunden sein kann — der auf
eine Bezeichnung oder Benennung gerichtete Wille — kommt
uns nicht zum Bewußtsein oder braucht uns nicht zum Bewußtsein zu kommen. Was fürs Bewußtsein übrig bleibt, ist in
der Regel die einfache Nötigung, dem Objekte einen Namen und
dem Namen eine Bedeutung zuzuerkennen. — Es leuchtet ein,
daß unter dieser Voraussetzung beim Namenurteil von einer
vorgestellten Beziehung zwischen Sache und Namen, also
auch von einer für die Vorstellung bestehenden „Immanenz",
oder „Ineinssetzung" von Subjekts- und Prädikatsvorstellung
(vgl. 42) keine Rede sein kann.

Kapitel XX. Der Kausalbegriff.

161. Begriffliche Urteilselemente. Aus der Wahrnehmung,
einschließlich der räumlichen und zeitlichen Ordnung ihrer Inhalte, so meinten wir oben, müsse das Urteil, insonderheit das
objektive, allen seinen Inhalt schöpfen. Auch Begriffe, die in
ein Urteil eingehen, können keinen Inhalt haben, der nicht,
wenn auch durch mannigfach geartete Combination, Steigerung,
Abstraktion hindurch, schließlich aus der Wahrnehmung gewonnen wäre. Alle Begriffe sind leer, d. h. bloße Worte, denen
ein solcher Inhalt fehlt. Die Logik vor allem darf keinen Begriff anerkennen und verwenden, dessen Inhaltselemente sie nicht
als in irgend welcher Erfahrung gegeben aufzeigen kann. Und
sie muß sich von der Art dieser Erfahrung jedesmal volle Rechen-
schaft geben. Dies gilt vor allem von den Begriffen oder „Kategorien" der Ursache und Wirkung, der Kraft und des Gesetzes,
der Substanz und des Accidens, der Thätigkeit und des Leidens,
der Notwendigkeit und Möglichkeit, die überall unsere Erkenntnis
oder zum mindesten unsere Sprache beherrschen.

162. Kausale Urteile. Vor allem die Kausalität oder ursächliche Beziehung scheint den Anspruch zu erheben ein
neues und eigenartiges Inhaltselement von Urteilen zu sein.
Es gäbe dann kausale Urteile oder Urteile über eine kausale Beziehung, sowie es Urteile über räumliche oder zeitliche Beziehungen
giebt. In der That ist, wie schon gelegentlich angedeutet, die
kausale Beziehung nicht ein möglicher Inhalt des Urteils, son-

dern eine besondere Art des Urteilens, nicht eine Beziehung zwischen gedachten Objekten, über die wir urteilten, sondern eine Denkbeziehung oder Art der logischen Relation.

163. Kausalbegriff; Umschreibungen. Die Frage, was wir meinen, wenn wir etwas als Ursache oder Wirkung bezeichnen, oder welcher Bewufstseinsinhalt diesen Worten entspricht, erfährt keine Beantwortung durch Erklärungen, wie die, Ursache sei, was ein Anderes hervorbringe, erzeuge, aus sich hervorgehen lasse. In solchen Ausdrücken ist nur die anschauliche Art, wie ein verursachter Vorgang in bestimmten Fällen sich vollzieht, unberechtigt verallgemeinert, der allgemeine Sinn der Kausalität selbst aber gar nicht berührt. Ebensowenig dienen zur Verdeutlichung des Kausalbegriffs die bildlichen Wendungen, die Ursache sei das „wodurch" ein Anderes zu stande komme oder sie sei der „Träger" der Wirkung u. s. w.

164. Die Kraft; wissenschaftliche Verwendung dieses Begriffes. Auch der Kraftbegriff läfst den Kausalbegriff nicht deutlicher werden. Dabei ist zu unterscheiden der wissenschaftliche und der naive Kraftbegriff. Jener erhebt den Anspruch der Verdeutlichung überhaupt nicht, sondern ist lediglich ein Hilfsbegriff oder bequemer Ausdruck zur Bezeichnung der Thatsache, dafs eine ursächliche Beziehung stattfinde, oder an einen beobachteten Thatbestand ein anderer gesetzmäfsig geknüpft sei. So ist die „Anziehungskraft" wissenschaftlich nur ein kurzer Ausdruck für die Thatsache, dafs — nicht gelegentlich, sondern gesetzmäfsig Körper unter bestimmten Voraussetzungen in bestimmter Weise sich gegeneinander bewegen. Der wissenschaftliche Kraftbegriff gewinnt an Wert, wenn die qantitative Bestimmung der Kraft einer quantitativ bestimmten Gesetzmäfsigkeit zum kurzen Ausdruck dient.

165. Naiver Kraftbegriff. Anders verhält es sich mit dem naiven Kraftbegriff, aus dem sich übrigens auch der wissenschaftliche, durch einen Prozefs der Reinigung, erst entwickelt hat. Für die naive Betrachtung der Dinge sind „Kräfte" etwas zwischen die Ursachen und Wirkungen in die Mitte Tretendes; „vermöge" derselben bringt die Ursache die Wirkung hervor; sie bezeichnen in den Ursachen das eigentlich Verursachende. Sie sind in jedem Falle nicht blofse abgekürzte Ausdrücke, sondern ein besonderes Etwas an oder in den Dingen. Dieser Kraftbegriff entstammt der inneren Wahrnehmung; es giebt keine Quelle, aus der er sonst stammen könnte. Nur in uns, als Inhalt unseres **Kraftgefühls oder Gefühls der nicht vergeblichen Willensanstrengung**, und sonst nirgends in der Welt, finden wir das vor, was diesem Kraftbegriff seinen Sinn und Inhalt giebt. Wir erleben das Kraftgefühl, wenn wir selbst Ursachen von Wirkungen sind; die Willensanstrengung erscheint uns dabei als das die Wirkungen Vermittelnde. Wir meinen zugleich, dieser Zusammenhang zwischen der Willensanstrengung und dem, was wir vollbringen, sei uns in besonders unmittelbarer Weise verständlich. Demgemäfs machen wir uns auch den Zusammenhang zwischen Ursachen und Wirkungen in der Welt der Dinge vermeintlich verständlich, indem wir ihn nach Analogie dieses Zusammenhanges denken, d. h. auch den „wirkenden Dingen" etwas dem Inhalte unseres Kraftgefühles Analoges beilegen.

166. Kritik. Diese Hineinverlegung ist nun zunächst nicht objektiv, sondern nur subjektiv begründet; in ihr verwirklicht sich nicht eine Nötigung unseres Verstandes, sondern ein Bedürfnis unserer Phantasie, sie ist nicht Erkenntnis, sondern eine Art der ästhetischen Betrachtungsweise der Dinge, also kein Gegenstand der Logik oder Erkenntnislehre. Es liegt ihr zu Grunde jener allgemeine Drang der Vermenschlichung der Objekte oder der Projizierung der Inhalte des Ich in die Objekte, dem wir keinem Objekte gegenüber jemals völlig entgehen. — Andererseits ist uns aber auch der Zusammenhang zwischen unserer Willensanstrengung oder unserem Kraftgefühl und dem, was wir wollend vollbringen, nur **vermeintlich** so unmittelbar verständlich. Wir meinen, er sei es, weil er uns absolut **geläufig** ist. Er ist an sich nicht verständlicher, als irgendwelcher kausale Zusammenhang in der Welt. Es kann darum auch die Hinverlegung des Inhaltes unseres Kraftgefühls in die Dinge uns die Kausalität der Dinge nicht verständlicher machen. Angenommen, es bestände zu jener Hineinverlegung ein Recht, so wäre die Frage, welches die Beziehung sei, die Ursache und Wirkung aneinander binde, lediglich in die andere Frage verwandelt, welches die Beziehung sei zwischen der Kraft und ihrer Wirkung oder Bethätigung; d. h. die Frage nach dem Sinn der Kausalität erhöbe sich von neuem.

167. Thätigkeit und Leiden. Mit dem Begriff der Kraft hängt unmittelbar zusammen der Begriffsgegensatz der Thätigkeit (des Thuns, des „Wirkens") und des Erleidens; der Aktivität und Passivität; der Spontaneität und Rezeptivität. Das Geschehen, das wir in der Welt vorfinden, ist überall nichts als einfaches, thatsächliches Geschehen. Nur in uns finden wir das, was das Geschehen einerseits als Thätigkeit, andererseits als Erleiden charakterisieren kann. Wir sind uns einer **Thätigkeit** bewufst, d. h.: wir erleben es, dafs ein Geschehen an oder in uns von einem Gefühle des in seiner Verwirklichung sich befriedigenden Wollens begleitet erscheint: dies pflegt der Fall zu sein, wenn wir selbst Ursachen eines solchen Geschehens sind. Wir wissen uns passiv, wenn ein Geschehen an uns sich vollzieht ohne jenes begleitende Gefühl oder so, dafs das Gefühl des Widerspruchs mit unserem Wollen sich daran heftet. Dem entsprechend nennen wir anthropomorphisierend auch die Dinge aktiv, thätig, spontán, wenn wir in ihnen die Ursache eines Geschehens zu entdecken glauben, passiv, sofern an ihnen etwas geschieht, das in einem anderen seine Ursache hat. Wir nennen dasselbe Ding mit Rücksicht auf dasselbe Geschehen aktiv oder passiv, jenachdem wir auf die in ihm selbst oder aufserhalb seiner liegenden Bedingungen des Geschehens achten: der fallende Stein erscheint uns aktiv, sofern er „vermöge seiner Schwere" sich zur Erde bewegt, passiv, sofern ihn die Erde „vermöge ihrer Anziehungskraft" dazu „nötigt". Der Anthropomorphismus, der in allen solchen Wendungen liegt, wird völlig deutlich, wenn wir gar in den Stein ein „Streben" zur Erde hin, oder in die Erde ein Streben, ihn anzuziehen, verlegen. Wie solches Streben, so gehört alle Aktivität — die dafür nur ein anderer Name ist — und alle Passivität der Dinge in das Gebiet der ästhetischen Betrachtung. Darum brauchen wir sie doch nicht, noch können wir sie jemals aus dem sprachlichen Ausdruck unserer Erkenntnisakte verbannen. Unsere Sprache ist nun einmal überall an den Anthropomorphismus gebunden; jedes aktive und passive Zeitwort giebt davon Zeugnis. — Angenommen aber, es gäbe in den Dingen Aktivität und Passivität, oder es hätte Sinn, in die Dinge den Inhalt unsres Aktivitäts- und Passivitätsgefühls zu verlegen, so wäre doch damit ebensowenig, wie mit der Hereinziehung des Kraftbegriffes, für das Verständnis der kausalen Beziehung irgend etwas gewonnen. Die Frage nach dem Wesen der kausalen Beziehung überhaupt wäre nur verwandelt in die Frage nach dem Wesen der kausalen Beziehung zwischen der Thätigkeit eines Dinges und dem Geschehen, das durch sie „hervorgerufen" wird.

168. Kausalität als gesetzmäfsige zeitliche Beziehung. Niemand bestreitet, dafs die Beziehung zwischen dem Verursachten und seiner (unmittelbaren) Ursache jederzeit eine bestimmte **zeitliche** Beziehung, nämlich die Beziehung der **Gleichzeitigkeit** oder **unmittelbaren Folge** in sich schliefse. Darum ist doch nicht umgekehrt jede Beziehung des Zugleichseins oder der unmittelbaren Folge eine kausale Beziehung. Was hinzutreten mufs, ist das „Gesetz", nach dem das Zugleichsein oder die Folge stattfindet. Hier darf aber wiederum das „Gesetz" nicht anthropomorphistisch als eine Kraft oder ein Wille, überhaupt ein Etwas, das aufserhalb des gesetzmäfsigen Geschehens läge oder darüber schwebte, betrachtet werden. Vielleicht waltet in Wirklichkeit ein solcher Wille über allem Geschehen. Dann wäre doch auch hiermit wiederum für die Frage nach dem Wesen der Kausalbeziehung nichts gewonnen. Die Frage danach stellte sich von neuem ein als die Frage nach der Beschaffenheit der Beziehung zwischen einem solchen „Gesetz" und seiner Verwirklichung.

169. Ursache und Notwendigkeit. Das Gesetz, das die Dinge in der Welt „beherrscht", ist nichts als ihre eigene Gesetzmäfsigkeit oder die Notwendigkeit des Seins und Geschehens in der Welt. Hier begegnet uns der Anthropomorphismus zum letztenmale, wenn wir den Satz so verstehen, als fänden wir in den Dingen oder Vorgängen in der Welt, als ein **ihnen selbst** zugehöriges Element oder Merkmal, die Gesetzmäfsigkeit oder Notwendigkeit vor, oder seien objektiv genötigt, ihnen etwas dergleichen zuzuschreiben. Auch Notwendigkeit kommt in der That in unserer Erfahrung nur vor als Gegenstand der **inneren Wahrnehmung.** Notwendigkeit ist uns nur gegeben als Inhalt unseres Gefühls des Müssens oder Genötigtseins, d. h. des vergeblichen Widerstrebens. Notwendigkeit eines Thatbestandes ist Unmöglichkeit, d. h. erfolglose Bemühung, ihn aufzuheben. Das Wort ist gänzlich inhaltlos, wenn es etwas anderes als diesen Inhalt unseres subjektiven Erlebens zu bezeichnen vorgiebt, da nun einmal in der Welt unseres Vorstellens kein anderer möglicher Sinn desselben zu finden ist. Es geht aber auch nicht an, aufser in unsrer alles vermenschlichenden Phantasie, diese Notwendigkeit auf das zu übertragen, das nicht will, darum auch keinen Widerspruch zwischen Wollen und Gelingen fühlen kann.

170. Ursache als Realgrund. Dennoch giebt es eine objektive Notwendigkeit; nicht im Sinne einer Notwendigkeit oder eines Zwanges, den die aufserhalb des menschlichen Geistes existierenden Objekte ausübten oder verspürten, wohl aber im Sinne einer Notwendigkeit, die wir verspüren, wenn wir die Objekte denken. Der Begriff dieser Notwendigkeit war schon im Bisherigen überall der eigentlich herrschende Begriff. Eine solche Notwendigkeitsbeziehung nun besteht auch zwischen Ursache und Wirkung. Die Ursache ist zunächst der Grund und zwar der allgemeine oder gesetzmäfsige Grund der Wirkung, d. h. der Gedanke, die Ursache sei da, nötigst uns allgemein die Wirkung ihr denkend zuzuordnen. Sie ist der materiale oder reale und Realitätsgrund (vgl. 85): das Dasein, um das es sich hier handelt, ist ja das objektiv wirkliche. Sie ist endlich der objektiv notwendige oder der Realgrund der Wirkung (vgl. 90 f.): Ursache ist dasjenige, das als bereits in der objektiven Wirklichkeit gegeben gedacht werden mufs, wenn ein anderes, die „Wirkung", als objektiv wirklich soll gedacht werden können. Das Bewufstsein, ein A sei Ursache eines B, besteht, soweit nicht die Lust des Anthropomorphisierens ihr Wort mitredet, im Bewufstsein dieser gedanklichen Beziehungen, oder dieser mehrfachen Relation. Ursachen in der Welt finden, heifst solche Relationen gewinnen. Das kausale Urteil ist das Urteil, dessen Subjekt und Prädikat durch solche Relationen verknüpft sind. Vgl. auch 128.

Kapitel XXI. Modifikationen des Ursachbegriffs.

171. Teilursachen. Ursachen pflegen in verschiedene Elemente — Teilursachen, reale Bedingungen — zu zerfallen. Innerhalb derselben wesentliche und unwesentliche Teilursachen zu unterscheiden, eigentlich verursachenden Elementen blofse

„Veranlassungen", „nebenhergehende Bedingungen", „auslösende Reize" u. dgl. entgegenzustellen, ist logisch unzulässig, wenn damit die Vorstellung sich verbindet, als ob das Verursachen, oder die Anteilnahme an der „Hervorbringung" der Wirkung bei der einen Teilursache anders geartet oder intensiver wäre, als bei der anderen. Ursache ist immer nur die ganze Ursache, d. h. die Einheit oder der Zusammenhang der Elemente, deren Dasein zur Wirkung erforderlich ist. Die Teilursache ist Bestandteil der Ursache, aber nicht teilweise Ursache, als setzte sich die Wirkung aus den Wirkungen der Teilursachen zusammen. Alle Teilursachen sind gleich wesentlich, sofern das Fehlen jeder Teilursache in gleicher Weise die Wirkung aufhebt, d. h. undenkbar macht. Nicht minder leuchtet ein, daſs die logische Notwendigkeitsbeziehung, in welcher die kausale Beziehung besteht, keine qualitativen Verschiedenheiten zuläſst.

172. Ursache des Geschehens. Dies hindert nicht, daſs Teilursachen oder Bedingungen zu dem von ihnen Verursachten in verschiedener räumlicher und zeitlicher Beziehung stehen. Ursachen sind Ursachen dessen, was dauernd ist, oder Ursachen eines Geschehens. Das Geschehen fordert jederzeit ein anderes Geschehen — nicht als Ursache, aber als Teilursache. Ursache für das Fallen des Steines, den ich in der Hand hielt und jetzt loslasse, ist nicht meine Bewegung des Loslassens, sondern diese zusammen mit dem Stein, der Erde und dem freien Raum zwischen beiden. Aber die Bewegung meiner Hand vollendet die Ursache und bestimmt damit den Zeitpunkt für das Eintreten der Wirkung. Diese besondere zeitliche Beziehung zwischen der Teilursache eines Geschehens, die selbst in einem Geschehen besteht, und dem Geschehen, das durch sie mitverursacht wird, läſst es trotz der begrifflichen Ungenauigkeit als gerechtfertigt erscheinen, wenn solche Teilursachen speziell als Ursachen bezeichnet werden. Das Motiv freilich für diesen Sprachgebrauch ist schwerlich in dem bezeichneten Umstande allein zu suchen. Ist die Ursache das die Wirkung „Hervorbringende", so scheint dasjenige in erster Linie auf den Namen der Ursache Anspruch zu haben, das am ehesten dieser anschaulichen Vorstellungsweise sich fügt; und das ist zunächst das Geschehen, an das sich das verursachte Geschehen zeitlich unmittelbar anschlieſst. Andererseits tritt freilich zu dem

Bedürfnis der Anschaulichkeit das Bedürfnis die Verursachung zu vermenschlichen. Ihm kommen die verborgenen „Kräfte" und „Fähigkeiten" am meisten entgegen. So ist es kein Wunder, wenn andererseits auch wiederum diese mit besonderer Betonung als Ursachen bezeichnet werden. Endlich kommt es in jedem Falle darauf an, welche Teilursachen gerade in besonderem Mafse die Aufmerksamkeit erregen.

173. Ursache und Substrat. Jene erst erwähnte spezielle Verwendung des Ursachbegriffs fordert nun auch für andere Teilursachen einen besonderen Namen. Der Ursache tritt gegenüber der Träger oder das Substrat. Substrat im logischen Sinne kann nur dasjenige heifsen, und mufs alles dasjenige heifsen, was einem Gegenstande des Denkens für unser Denken unmittelbar „zu Grunde liegt", d. h. jede dauernde oder ruhende Bedingung, an die sein Dasein für unser Denken unmittelbar gebunden ist. Auch in den Begriff des Substrates oder Trägers aber mischt sich für den gewöhnlichen Sprachgebrauch das schon in den Worten liegende Moment der Anschaulichkeit. Man bezeichnet als Träger oder Substrat einer „Eigenschaft" oder eines Geschehens vor allem diejenigen Bedingungen, an die das durch sie Bedingte nicht nur logisch, sondern zugleich für die Vorstellung unmittelbar gebunden ist, sei es, dafs sie mit ihm ein untrennbares Vorstellungsganze ausmachen, sei es, dafs sie wenigstens räumlich mit ihm eines sind. So hat innerhalb des Vorstellungsganzen einer farbigen Fläche die Farbe an der Fläche und wiederum die Ausdehnung zur Fläche an der Farbe ihren „Träger". Andererseits ist das Gold „Träger" seiner Farbe, weil die Farbe mit dem, was sonst „das Gold" für die Wahrnehmung konstituiert, räumlich koexistiert, obgleich die Farbe an das Dasein des Lichtes und eines wahrnehmenden Auges ebensowohl „gebunden" ist. Auch Objekte, die Bedingungen sind für räumlich von ihnen Entferntes, werden zu Trägern — nicht für dies räumlich Entfernte, aber für die in ihnen liegenden, d. h. räumlich mit ihnen verbunden gedachten Kräfte und Thätigkeiten. So ist für die in Rede stehende anschauliche Vorstellungsweise die Erde nicht Träger der Bewegung des fallenden Steines, aber Träger der dasselbe „verursachenden" Kraft oder anziehenden Thätigkeit. Schliefslich wird auch die Seele als Träger ihrer Gedanken und Gefühle anerkannt; aber auch hier verbindet sich für jenes anschauliche Vorstellen mit dem Gedanken eines Wesens, das für das Dasein der Gedanken und Gefühle die unmittelbare ruhende Bedingung ist, die unlogische Vorstellung eines räumlichen Zusammen: Die Gedanken und Gefühle sind nicht nur kausal an die Seele gebunden, sondern sind „in" der Seele.

174. Vorstellungs- und reale Substrate. Im Vorstehenden ist eine doppelte mögliche Beziehung des Substrates zu demjenigen, dessen Substrat es ist, angedeutet. Die Farbe hat in der Ausdehnung ihr Vorstellungssubstrat, sofern die Ausdehnung Bedingung ist für die Vorstellung der Farbe. Die gelbe Farbe des Goldes dagegen hat im Golde ihr reales Substrat, sofern die Konstitution des Goldes reale Bedingung ist für das Dasein der Farbe. Nur reale Bedingungen sind Teilursachen. Nur das reale Substrat gehört danach in den Zusammenhang der Frage nach dem Wesen der Kausalität. Der Begriff des Substrates überhaupt reicht über das Gebiet des materialen Urteilens, dem der Begriff der Kausalität angehört, hinaus.

175. Accidens. Dem Begriff des Trägers entspricht der Begriff des Accidens, der Eigenschaft, der Qualität, des Merkmals von Dingen, der Bestimmung derselben, des Zustandes, der Modifikation u. s. w. Wir bezeichnen mit solchen Namen einerseits dasjenige, das nur an einem anderen vorgestellt werden kann, andererseits das wohl für sich Vorstellbare, das aber von uns als an ein reales Substrat gebunden gedacht wird. Der Satz, daſs jedes Accidens, jede Eigenschaft u. s. w. ein Substrat voraussetze, ist danach so tautologisch, wie der analoge Satz, daſs jede Wirkung, d. h. jedes Verursachte, eine Ursache fordere. Die Frage ist überall nur, was lediglich als Accidens vorstellbar sei oder von uns thatsächlich als Accidens gedacht werde. Der Ton etwa erscheint uns nicht als ein Accidens, solange wir an das, woran sein Dasein gebunden ist, nicht denken. Das „Tönen" dagegen nennen wir ohne Weiteres ein Accidens, weil wir mit diesem Worte nicht den Ton als solchen, sondern den Ton, der an ein ihn hervorbringendes Objekt gebunden ist, meinen. Genauer ist es für unser anschauliches Vorstellen nicht der Ton, sondern das Hervorbringen oder die Thätigkeit, durch die er hervorgebracht wird, die wir an das Objekt gebunden, „an" oder „in" demselben vorhanden denken. So gehören Thätigkeiten und Kräfte für uns immer zu den Accidenzien; aus keinem anderen Grunde, als weil wir mit diesen Namen nun einmal ein an den Objekten Haftendes, durch das sie wirken, verstehen. Auch Veränderungen sind Accidenzien, weil es im Begriff der Veränderung liegt, eine Folge von Zuständen eines Objektes zu sein. — Allem dem gegenüber muſs festgehalten werden, daſs logisch alles Accidenz ist, das oder insoweit es an irgend ein Substrat (im logischen Sinne vgl. 173) gebunden gedacht werden muſs.

176. Das Ding. Hinsichtlich der Accidenzien müssen wir wiederum zwei Möglichkeiten unterscheiden. Die geläufige Unterscheidung zwischen bleibenden oder dauernden und vorübergehenden oder wechselnden Accidenzien ist an sich, d. h. solange nur die Zeitbestimmung als Unterscheidungsmerkmal dient, keine logische. Logisch tritt an die Stelle der Gegensatz, den wir kurz als den der notwendigen und zufälligen Accidenzien bezeichnen wollen. Hierbei ist vorausgesetzt der Begriff des Dinges. Wir denken hier zunächst an das Ding als Gegenstand der sinnlichen Wahrnehmung oder an das Sinnending. Ein Ding in diesem Sinne ist zunächst eine räumliche und notwendige Einheit von Inhalten der Wahrnehmung. Die Einheit ist eine notwendige, d. h. die Elemente sind wechselseitig aneinander gebunden, jedes Element hat in der Einheit der übrigen sein reales Substrat. In dem Maſse, als dies Substrat das vollständige Substrat ist, die Elemente des Dinges also in ihrem Dasein keiner anderweitigen realen Bedingung unterliegen, ist das Ding als Ganzes ein selbständiger Gegenstand des Denkens. Diese Bestimmung gilt uns schlieſslich so sehr als das Auszeichnende des Dinges, daſs wir auch Gegenstände, die wir nur vorübergehend zu selbständigen Gegenständen des Denkens machen oder als solche betrachten, zugleich sprachlich verdinglichen, d. h. mit dem Dingwort — der Gang, das Geschehen, der Raum — bezeichnen. Doch unterscheiden wir wohl von solchen verdinglichten Objekten die wirklichen Dinge. Dies Stück Gold ist ein Ding, d. h. es ist die räumliche und notwendige relativ selbständige Einheit bestimmter Inhalte der Wahrnehmung. Auch die relative Selbständigkeit ist für uns zunächst räumliche: Ändert das Gesichtsbild des Stückes Gold seinen Ort, so müssen wir fortfahren, die sonstigen Wahrnehmungsinhalte, die Härte, Schwere u. s. w. damit räumlich verbunden zu denken.

177. Eigenschaften. Die zur Einheit des Dinges notwendig gehörigen Elemente desselben nun sind die „Eigenschaften" desselben. Die einzelnen Inhalte der Wahrnehmung, die Farbe, der Geschmack, die Härte u. s. w. heifsen Eigenschaften, eben sofern sie einem Dinge zugehören, oder in der Einheit der übrigen Elemente des Dinges ihr reales Substrat haben, oder zu haben scheinen. Das Ding besteht demnach nicht aus Eigenschaften, als wären die Eigenschaften zuerst da, und das Ding aus ihnen zusammengesetzt; sondern das „Ding" ist die Voraussetzung der „Eigenschaften". Was aber „Dinge" und „Eigenschaften" schliefslich macht, ist das mit den Elementen des Dinges nicht gegebene, sondern vom Denken auf Grund der Erfahrung hinzugefügte Band der Zusammengehörigkeit oder der wechselseitigen logischen („kausalen") Relation zwischen den Elementen. Dies Band der Notwendigkeit, wir könnten auch sagen: das Gesetz, nach dem ein Element des Dinges gedacht werden mufs, wann und wo die Einheit der anderen gedacht wird, kann als der letzte Kern des Dinges, als das letzte „Substrat" in dem Ding bezeichnet werden.

178. Zustände. Dagegen sind blosse „Zustände" des Dinges die Accidenzien, die dem Ding nicht notwendig zugehören, sondern an aufserhalb des Dinges liegende Bedingungen gebunden sind, also nur sind, sofern diese Bedingungen bestehen. Die Farbe des Goldes betrachten wir als zum Golde notwendig gehörig und nennen sie darum eine Eigenschaft desselben. Die Wärme desselben, oder auch das Dunkel, das, wie wir meinen, die Farbe verhüllt, und dem Auge unsichtbar werden lässt, gilt uns als ein blofser Zustand, weil sie in der vom Gold unabhängigen Umgebung des Goldes den Grund ihres Daseins haben. Die Festigkeit des Goldes wird für uns zu einem blofsen Zustand — „Aggregatzustand" — wenn wir gelernt haben, sie als etwas von äufseren Umständen abhängiges zu betrachten. Endlich ist auch nicht mehr die Farbe selbst, sondern die Fähigkeit, unter Voraussetzung einer geeigneten Beleuchtung ein farbiges Bild zu gewähren, für uns Eigenschaft des Goldes, wenn die Beleuchtung für uns Bedingung nicht nur für das Sichtbarwerden, sondern für das Dasein der Farbe geworden ist.

179. Relationen. Von den Eigenschaften und Zuständen können wir schliefslich noch die Relationen, d. h. die zeitlichen und räumlichen Beziehungen eines Dinges zu einem anderen unterscheiden. Solche Relationen sind aber nicht Accidenzien des einen oder des anderen Dinges, sondern des Zusammen der beiden. Die wechselseitige Entfernung zweier Körper etwa hat weder den einen noch den anderen der Körper zum Substrat, sondern die beiden. Ich mufs die beiden denkend in eine Einheit zusammenfassen (vgl. 210 ff.), wenn ich ihnen jene Relation zuerkennen soll. Die so durch mein Denken geschaffene Einheit ist dasjenige, dem die Relation zukommt. Dieselbe ist Eigenschaft oder Zustand dieser Einheit, jenachdem oder so weit sie in der Einheit selbst oder in Anderem ihren Realgrund hat. Die Einheit ist, mit Rücksicht auf jene räumliche Relation, ein Ding, wenn und soweit jenes der Fall ist.

180. Inhärenz und Inhärenzurteil. Inhärenz ist die logische Beziehung des Accidens zu seinem Vorstellungs- oder realen Substrat. Sie ist im letzteren Falle — als „reale" Inhärenz — nur ein besonderer Fall der logischen Beziehung der Wirkung oder des Verursachten zu seinen Teilursachen oder realen Bedingungen. Als formales Inhärenzurteil kann das Urteil bezeichnet werden, das in dem Bewufstsein besteht, ein Objekt des Bewufstseins, eine Farbe etwa, sei nur als Bestandteil einer Gesamtvorstellung — die Farbe nur als farbige Fläche — vorstellbar. Das materiale Inhärenzurteil, auf das es uns hier speziell ankommt, ist doppelter Art, entsprechend dem eben bezeichneten Unterschied der Accidenzien. Es ist Eigenschafts- bezw. Thätigkeitsurteil oder Zustandsurteil, und besteht jenachdem in dem Bewufstsein, das einem S notwendig zugeordnete P habe in dem S als solchem seinen objektiv notwendigen oder Realgrund, oder es sei ein von dem S Unabhängiges als objektiv wirklich vorausgesetzt, wenn P als objektiv wirklich solle gedacht werden können. Soweit das Substrat als räumlicher Träger vorgestellt wird, ist natürlich auch das Inhärieren räumlich gemeint. Insbesondere ist die Inhärenz von Eigenschaften oder Zuständen in einem Ding notwendig räumliche Inhärenz, solange, wie bisher vorausgesetzt, das Ding eine räumliche Einheit bedeutet. Bei allem dem hat doch der logische Begriff der „Inhärenz" als

solcher mit dieser Vorstellung des räumlichen Zusammen nichts
zu thun. Es verliert denn auch den räumlichen Charakter in dem
Mafse, als der Dingbegriff sich dieses Charakters entkleidet.

181. Ding und Substanz. Nach 179 (Schlufssatz) kann ein
Ding mit Rücksicht auf gewisse Eigenschaften als ein Ding, mit
Rücksicht auf andere als Bestandteil eines Dinges erscheinen.
Es verliert aber überhaupt das „Ding" seine Abgeschlossenheit
und vermeintliche Selbständigkeit in dem Mafse, als die Erkenntnis fortschreitet. An die Stelle des Dinges tritt die „Substanz".
Zu dieser Wandlung besteht ein doppelter Anlafs. Die Farbe
des Goldes, die erst als „Eigenschaft" dieses „Dinges" galt, wird
erkannt als gar nicht aufserhalb des wahrnehmenden Subjektes
bestehend. Sie erscheint aufserdem, wie an jenes Ding, so auch
an das Dasein des Lichtes gebunden. Nicht minder verlieren die
sonstigen sinnlichen Qualitäten ihre scheinbare objektive Wirklichkeit; und überall erscheint zugleich, was nur das Ding zum
„Träger" zu haben schien, gleichzeitig durch Anderes bedingt.
Damit verschwinden die vermeintlichen objektiv wirklichen Sinnendinge; es treten zunächst an die Stelle räumliche und notwendige
Einheiten von Kräften (Fähigkeiten, Vermögen etc.). Die Kräfte
sind aber an sich nichts; wir wissen nur von ihren Wirkungen.
Die notwendige Einheit der Kräfte ist demgemäfs in Wahrheit nichts,
als ein notwendiger Zusammenhang von Wirkungen. Die Wirkungen der „Kräfte" nun, die an die Stelle der sinnlichen Qualitäten der Dinge treten, fafst die Wissenschaft durchweg als Arten
des räumlichen Geschehens. Der notwendige Zusammenhang
jener Kräfte ist also genauer ein notwendiger Zusammenhang von
Arten des räumlichen Geschehens; ihre räumliche Einheit ist die
Einheit des Ortes, von dem das räumliche Geschehen ausgeht
oder auf den es hinzielt. Auch die Atome, diese letzten (materiellen) Substanzen der Wissenschaft sind für unsere Erkenntnis
nur Ausgangs- und Zielpunkte gesetzmäfsig aneinander gebundener
Arten des räumlichen Geschehens, jedes einzelne ein gesetzmäfsiger
Kreuzungspunkt in dem Gesamtgewebe des materiellen Geschehens.

182. Unsinnliche Substanzen. Aber auch in der Räumlich-
keit haben wir, wie schon bemerkt, kein Recht, etwas Anderes
zu sehen, als unsere sinnliche Auffassungsweise eines an sich Unbekannten. Damit entschwinden der Erkenntnis die Sinnendinge

durchaus. Es bleiben die Dinge an sich oder die „metaphysischen" Substanzen, die für unsere Erkenntnis nichts sind, als unräumliche Orte eines notwendigen Zusammenhanges von Arten des Geschehens und zwar eines Geschehens, das selbst nur in der Übersetzung in die Sprache der sinnlichen Wahrnehmung uns gegeben ist.

183. Materielle und geistige Substanzen. Die Substanzen, von denen hier die Rede war, sind „materielle" aus keinem anderen Grunde, als darum, weil sie die für das Dasein und den Zusammenhang des materiellen Geschehens vorausgesetzten Substrate sind, d. h. desjenigen Geschehens, das den Sinnen in den Qualitäten der sinnlichen Wahrnehmung sich darstellt und das die naturwissenschaftliche Betrachtung als räumliches beschreibt. Aber auch das psychische Geschehen fordert ein Substrat, und auch dies Substrat ist eine relativ unabhängige Substanz. Es ist dies genau in dem Mafse, als die psychischen Kräfte, d. h. die Arten des psychischen Geschehens wechselseitig aneinander gebunden und durcheinander bedingt erscheinen und damit einen einheitlichen Zusammenhang des Geschehens repräsentieren. Es ist aber das geistige Individuum oder die Persönlichkeit eine Einheit nicht nur überhaupt, sondern in einem Sinne, der diese Einheit über alles, was sonst in der Welt Einheit heifsen mag, hinaushebt. Das Substrat dieser einzigartigen Einheit ist die psychische oder geistige Substanz. Sie ist geistige und nicht materielle Substanz wiederum, weil und sofern sie dem geistigen und nicht dem materiellen Geschehen von uns zu Grunde gelegt ist; was nicht hindert, dafs sie zugleich materielle Substanz, oder dafs eine materielle Substanz zugleich diese geistige Substanz ist, wenn und soweit zugleich das psychische Geschehen und gewisse Arten des materiellen Geschehens als wechselseitig aneinander gebunden erkannt werden. Vgl. 29. Sie ist in jedem Falle nur geistige Substanz für die Erkenntnis, die sich auf die Betrachtung des psychischen Lebens beschränkt, also für die rein psychologische. Die „Einheit" und „relative Selbständigkeit" dieser geistigen Substanz besagt nichts, als dafs sie dem einheitlichen und relativ selbständigen Zusammenhang des psychischen Lebens als Substrat vorausgesetzt ist, gerade so, wie die Einheit und relative Selbständigkeit einer materiellen Substanz nichts anderes besagt, als daſs sie das vorausgesetzte Substrat sei eines einheitlichen, relativ selbständigen Zusammenhangs von Arten des materiellen Geschehens. Einheit und relative Selbständigkeit einer Substanz sind für uns niemals etwas Anderes, als relative Selbständigkeit einer Einheit oder eines Zusammenhangs von Wirkungen.

184. Relative und absolute Substanz. Alle einzelnen Substanzen sind aber **nur relative**. Die Substanz ist das Wirkende; die letzten materiellen Substanzen, die Atome, sind Substrate von Wirkungen, von denen wir meinen, daſs sie unabänderlich aneinander gebunden seien. Aber in Wahrheit sind diese Wirkungen — das materielle Geschehen — gar nicht an die Atome als einzelne, sondern an ihr Zusammen oder an Einheiten solcher „Substanzen" gebunden. Das einzelne Atom für sich betrachtet ist, genau betrachtet, für unsere Erkenntnisse ein vollkommenes Nichts. Alles, was wir von ihm auszusagen versuchen — das „Anziehen", „Abstossen" — ist in der That nur mögliches Prädikat eines Zusammen von Atomen. Aber auch jedes Zusammen solcher „Substanzen" ist schlieſslich das, was es für unsere Erkenntnis ist, nur im Zusammenhang mit anderen. Nicht minder ist, d. h. wirkt auch die geistige Substanz das, was sie ist, d. h. wirkt, nur im Zusammenhang der materiellen und geistigen Welt. So ist schlieſslich nur die Einheit dessen, was allen Wirkungen zu Grunde liegt, als Ganzes, eigentliche oder absolute Substanz, vollkommener Träger jedes einzelnen Geschehens; nur durch sie, von ihr „getragen", sind die einzelnen Substanzen die relativen Substanzen, die sie sind. Sie ist damit zugleich das letzte Subjekt aller „Inhärenzurteile".

Abschnitt VI. Subjektive Urteile.

Kapitel XXII. Wesen des subjektiven Urteils.

185. Die subjektive Ordnung. Subjektive Urteile nennen wir, wie schon gesagt, solche, die im Bewuſstsein der objektiven Notwendigkeit einer subjektiven Ordnung bestehen, d. h. einer Ordnung, die erst durch eine auf die vorgestellten Objekte gerichtete ordnende Thätigkeit des Subjektes zu stande kommt. Diese Thätigkeit ist doppelter Art; sie besteht in einer Zusammenfassung bezw. Sonderung, oder in einem Vergleichen. Dabei ist unter dem „Vergleichen" jedes Aneinandermessen von Objekten des Bewußstseins zu verstehen. Auf jener Thätigkeit beruhen die Urteile der Einheit und Mehrheit, auf dieser die Urteile der Identität, Gleichheit bezw. des Gegenteils, der Unverträglichkeit, überhaupt die Urteile der qualitativen Ordnung, endlich die Urteile über Zahl, Maſs und Grad. Vgl. Kap. XXIII ff.

186. Urteile der Zusammenfassung und Sonderung. Beide Arten von subjektiven Urteilen unterscheiden sich zunächst hinsichtlich der Beziehung, in der in ihnen das Bewußstsein der objektiven Notwendigkeit zur ordnenden Thätigkeit steht. In den Urteilen der Zusammenfassung und Sonderung (Einheit und Mehrheit) sind wir zur ordnenden Thätigkeit, in den Vergleichungsurteilen in derselben objektiv genötigt. Die Zusammenfasung und Sonderung ist eine hinsichtlich ihres Ergebnisses eindeutig bestimmte Thätigkeit; das Zusammengefaſste oder Gesonderte ist ebendamit für mich eine Einheit bezw. Mehrheit. Die Einheit oder Mehrheit kann danach eine objektiv notwendige sein, nur wenn jene Thätigkeit selbst objektiv notwendig ist. Kein Mannigfaltiges des Bewußstseins kann aber als solches uns nötigen, es zusammenzufassen oder zu sondern. So bleibt nur übrig, daſs wir durch andere Objekte, mit denen die Gegenstände der Zusammenfassung oder Sonderung in objektiv notwendiger Beziehung stehen, dazu genötigt werden; d. h. die Zusammenfassung und Sonderung — Einheit und Mehrheit — kann immer nur innerhalb objektiver Urteile als objektiv notwendig erscheinen; die subjektiven Urteile der Einheit und Mehrheit bestehen nie für sich, sondern immer nur als Bestandteile objektiver Urteile. So ist im objektiven Urteile: „Dies ist ein Baum" das gegebene Mannigfaltige — das „Dies" — durch den Namen Baum zu einer objektiv notwendigen Einheit zusammengefaſst: Das bezeichnete Benennungsurteil schlieſst das Bewußstsein in sich, ich müsse, eben sofern diese Benennung statthaben solle, jenes Mannigfaltige als Eines denken.

187. Vergleichungsurteile. Dagegen kann die Thätigkeit des Vergleichens einen verschiedenen Erfolg haben. Welchen

Erfolg sie im gegebenen Falle hat, wird durch die Beschaffenheit der verglichenen Objekte bestimmt. Es giebt also selbständige Vergleichungsurteile. So ist die Vergleichung zweier Töne hinsichtlich ihrer Tonhöhe zwar Sache meines freien Entschlusses, das Ergebnis aber, das Bewufstsein der Ähnlichkeit oder Unähnlichkeit, oder der Weite des zwischen ihnen bestehenden qualitativen Abstandes, durch die Beschaffenheit der Töne gefordert.

188 Subjekt und Prädikat der subjektiven Urteile. Prädikat ist im subjektiven Urteile nicht, wie im objektiven, ein dem urteilenden Subjekt gegenüberstehendes und vom Urteilssubjekt verschiedenes Objekt, sondern die vom urteilenden Subjekt gestiftete Ordnung. Diese Behauptung hat wiederum einen anderen Sinn beim Urteil der Vergleichung als beim Urteil der Zusammenfassung bezw. Sonderung. Bei jenem ist das Prädikat die aus der ordnenden Thätigkeit auf Grund der Beschaffenheit der Objekte sich ergebende, bei diesem die mit der ordnenden Thätigkeit ohne weiteres gegebene Ordnung. Dort ist die Thätigkeit — des Vergleichens — Voraussetzung, hier ist die vollzogene Thätigkeit — z. B. das Zusammengefasstsein — Gegenstand der Prädizierung. Danach bestimmt sich zugleich das Subjekt der subjektiven Urteile. Die Objekte der ordnenden Thätigkeit sind in keinem Falle als solche, d. h. als diese bestimmten Objekte, das Subjekt solcher Urteile. Vielmehr bilden im Vergleichungsurteil das Subjekt die verglichenen Objekte als Gegenstände der vergleichenden Thätigkeit, im Urteil der Zusammenfassung bezw. Sonderung die Objekte, sofern sie in eine objektive Ordnung verflochten, also zugleich Gegenstände eines wirklichen oder möglichen (potentiellen vgl. 44) objektiven Urteils sind. Vgl. Kap. XXIV.

189. Subjektive Urteile als formale oder materiale. Da es für das Ergebnis der Vergleichung nichts zur Sache hat, ob den Objekten nur das Dasein in der Vorstellung oder zugleich irgend welche objektive Wirklichkeit zukommt, so ist das Vergleichungsurteil an sich jederzeit ein formales Urteil. Darum gewinnt es doch, je nachdem die Objekte desselben im übrigen Gegenstände formaler oder materialer Urteile sind, für die formale oder materiale Erkenntnis Bedeutung. Es verknüpft formale oder materiale Urteile und schafft einen, wenn auch nur subjektiven, für das Erkannte selbst bedeutungslosen Zusammenhang des in ihnen Erkannten. Dagegen ist das Urteil der Zusammenfassung oder Sonderung (Einheit bezw. Mehrheit), da es für sich gar nicht besteht, auch für sich weder formal noch material. Es ist das eine oder das andere, jenachdem der objektive Zusammenhang, in den seine Objekte verflochten sind, und der erst die Zusammenfassung bezw. Sonderung objektiv notwendig macht, ein blofser Vorstellungszusammenhang oder ein Zusammenhang der objektiven Wirklichkeit ist.

Kapitel XXIII. Kategorien der subjektiven Urteile.

190. Einfache und mehrfache Setzung. Bedingung alles Denkens ist die Einheit des Bewufstseins und das Mannigfaltige als Gegenstand desselben. Nicht minder mufs es als eine Bedingung des Denkens bezeichnet werden, dafs wir ein gegebenes Mannigfaltige zum Gegenstand einer einfachen Setzung und ebensowohl zum Gegenstande einer gleichzeitigen Mehrheit gesonderter Setzungen machen können. Dabei ist unter „Setzung" zu verstehen jene im Bewufstsein unmittelbar gegebene Beziehung des Wollens auf einen Inhalt des Bewufstseins oder ein Mannigfaltiges von Inhalten des Bewufstseins, wodurch dasselbe in nicht näher beschreibbarer Weise erfafst, umfafst, herausgehoben und für das Bewufstsein verselbständigt erscheint. Statt von Setzungen könnte auch von einfachen Akten der Auffassung, der Aufmerksamkeit, der Apperception gesprochen werden. Mehrere Setzungen sind gleichzeitig, das heifst nicht, sie werden gleichzeitig vollzogen, sondern sie sind gleichzeitig im Bewufstsein. Ihr Vollzug ist ein successiver. Wir vermögen aber innerhalb gewisser Grenzen bereits vollzogene Setzungen im Übergang zu neuen Setzungen im Bewufstsein festzuhalten und so mehrere Setzungen im Bewufstsein gleichzeitig gegenwärtig zu haben.

191. Das Objekt und die Objekte. Indem ein im Bewufstsein gegebenes Einfache oder Mannigfaltige von uns zum Gegenstand einer einfachen Setzung gemacht wird, entsteht für uns das eine „Objekt" oder der abgegrenzte Gegenstand unseres Denkens. Ebenso entsteht für uns durch die Mehrheit gleichzeitiger Setzungen die Mehrheit von „Objekten". Objekt des

Denkens, Einheit, Mehrheit sind uns nicht gegeben, sondern werden vom Geist durch seine setzende Thätigkeit erzeugt. Alles ist ein Objekt oder eine Mehrheit von Objekten unseres Denkens, wenn es von uns dazu gemacht wird.

192. Objekte im Objekt. Wir vermögen aber auch weiterhin ein Mannigfaltiges des Bewufstseins gleichzeitig zum Gegenstand einer einfachen Setzung S und einer Mehrheit gesonderter (= inhaltlich sich ausschliefsender) Setzungen s_1, s_2 etc. zu machen. Geschieht dies in der Art, dafs die einzelnen Setzungen s_1, s_2 etc. nicht nur nicht über den Gegenstand jener einfachen Setzung S übergreifen, sondern auch nichts von ihm ungesetzt lassen, so entsteht uns der Gegensatz des Objektes und der in ihm enthaltenen oder eingeschlossenen Objekte oder der Gegensatz des Ganzen und seiner Teile. Auch der Sinn und das Stattfinden dieser „einteilenden" Setzung ist eine nicht weiter zurückführbare aber für jedermann erlebbare Thatsache des Bewufstseins.

193. Einheit. Dreifacher Sinn. Die Einheit, von der oben die Rede war, ist kein eindeutiger, sondern ein dreideutiger Begriff. Ein Baum ist eine Einheit, d. h. ein einheitliches Objekt des Denkens; Gott ist nur einer, d. h. es besteht neben ihm kein anderer; ein einfacher Ton und ein Ton, dem einfach pendelartige Schwingungen entsprechen, ist Eines, d. h. beides ist identisch. Wir haben sonach die Einheit als **Einheit** im engeren Sinne oder als Einheitlichkeit, die Einheit als **Einzigkeit** oder **Einzelheit** und die Einheit als **Identität** zu unterscheiden. Ihr gemeinsamer Sinn ist, dafs nur eine einzige Setzung stattfindet. Sie unterscheiden sich hinsichtlich dessen, wozu sie in Gegensatz treten. Den Gegensatz der Einheit (Einheitlichkeit) bildet die **Mehrheit** im engeren Sinne (= Mehrfachheit, Mannigfaltigkeit), den der Einzelheit die **Menge**, den der Identität die (numerische) **Verschiedenheit**.

194. Einheit und Mehrheit. Wir nehmen in der Folge die Einheit in dem angegebenen engeren Sinne. Ein Mannigfaltiges des Bewufstseins ist für mich eine Einheit oder ein einheitliches Objekt, dies heifst also: es ist für mich Gegenstand einer einzigen, dies Mannigfaltige zusammenfassenden Setzung. Die „Einheit" bezeichnet die einfache Setzung im Gegensatz zum Stattfinden mehrerer gesonderter Setzungen, die innerhalb des Inhaltes jener stattfinden können. Entsprechend bezeichnet die Mehrheit oder die — nicht blofs thatsächlich, sondern für unser Bewufstsein bestehende — Mannigfaltigkeit das Stattfinden mehrerer Setzungen im Gegensatz zur einfachen Setzung, die die Inhalte jener zumal umfafste. Obgleich zu einander im Gegensatz stehend, schliefsen sich doch nach bereits Gesagtem (vgl. 192) Einheit und Mehrheit in unserem Bewufstsein nicht wechselseitig aus. Es entsteht das Bewufstsein der Einheit eines Mehrheitlichen, wenn wir innerhalb des Gegenstandes einer einheitlichen Setzung zugleich Elemente zu Gegenständen gesonderter Setzungen oder gesonderter Akte der Aufmerksamkeit machen.

195. Ganzheit (Totalität). Auch die Ganzheit oder Totalität nehmen wir hier in speziellerem Sinne. Zunächst ist von der beliebigen Einheit eines Mehrheitlichen die Ganzheit wohl zu unterscheiden. Das Ganze ist die vollständige und abgeschlossene Einheit von Teilen. Teile sind (192) Inhalte gesonderter Setzungen, die nicht nur innerhalb des Ganzen oder des zur Einheit zusammengefafsten Bewufstseinsinhaltes vorkommen, sondern denselben konstituieren oder zusammensetzen. Ich habe das Bewufstsein eines Ganzen aus Teilen oder einer „Totalität", wenn ein meinem Bewufstsein Gegebenes für mich Gegenstand mehrerer gesonderter Setzungen und zugleich einer einzigen Setzung ist, der Art, dafs die Inhalte jener gesonderten Setzungen, und nichts mehr noch minder, zugleich den Inhalt dieser einen Setzung bilden. Oder umgekehrt gesagt: ich habe das Bewufstsein eines Ganzen, wenn ein meinem Bewufstsein Gegebenes von mir zu einem einheitlichen Objekt gemacht ist und zugleich irgend welche gesonderte oder inhaltlich sich ausschliefsende Setzungen den Inhalt jenes Objektes konstituieren, also weder etwas von ihm weglassen, noch etwas zu ihm hinzufügen. Dagegen kommt für den Begriff des Ganzen, wie wir ihn hier nehmen, nicht in Betracht, welche oder wieviele gesonderte Setzungen in ihm vollzogen sind oder was von seinem Gesamtinhalte jede dieser einzelnen Setzungen zum Inhalte hat. Dies letztere ist das, was das Ganze oder die Totalität von der Allheit oder abgeschlossenen Menge — der „Anzahl" — unterscheidet. (S. 197.)

196. Das Einzelne und die Menge. Die Erklärung, etwas sei „nur ein", oder ein „einzelnes" Objekt, ebenso die Erklärung, es sei eine „Menge" von Objekten, hat nur Sinn, wenn Objekte von bestimmtem Inhalte gemeint sind. Ein einzelner Baum ist ein einzelner eben als Baum, er ist zugleich eine Menge von Ästen, Zweigen, Blättern u. s. w. Ein Objekt von bestimmtem Inhalt nun entsteht für uns durch die Zusammenfassung eines bestimmten Mannigfaltigen zur Einheit. Der Begriff des Einzelnen, und ebenso der Begriff der Menge, setzt also diese Zusammenfassung zur Einheit oder das Dasein bestimmter „Objekte" schon voraus. Jener Begriff — des „Einzelnen" — besagt, dafs neben dem Objekt von bestimmtem Inhalte kein weiteres Objekt für mich bestehe, also neben der einheitlichen Setzung, durch die dasselbe entsteht, keine weitere Setzung stattfinde. Die Einheit bezeichnet nach dem vorhin Gesagten die einfache Setzung eines Mannigfaltigen im Gegensatz zur Mehrheit von Setzungen eben diesem Mannigfaltigen gegenüber; die Einzelheit dagegen bezeichnet die einfache Setzung von bestimmtem Inhalt im Gegensatz zur Setzung weiterer Objekte, d. h. einer Setzung, die einen weiteren Inhalt zum Inhalt jener Setzung hinzubrächte. Ebenso unterscheidet sich die Menge von der Mehrheit. Beide bezeichnen sie die Mehrheit von Setzungen oder Objekten, aber jene im Gegensatz zur Setzung nur eines dieser Objekte, diese im Gegensatz zur einheitlichen Zusammenfassung des Inhaltes dieser Objekte. Das Einzelne entsteht durch einmalige Setzung, die Menge durch wiederholte zu einander hinzutretende Setzungen bestimmter Objekte.

197. Anzahl. Wie von der Einheit die Einzelheit, von der Mehrheit (Mannigfaltigkeit) die Menge, so unterscheidet sich die Anzahl vom Ganzen. Die Menge wird zur abgegrenzten Menge oder zur Anzahl — zu einer „Allheit" —, wenn die Folge von Setzungen bestimmten Inhaltes, in deren Dasein die Menge für uns besteht, nicht nur im Bewufstsein gleichzeitig vorhanden, sondern zugleich zu einem einheitlichen, abgeschlossenen Denkobjekt geworden ist. Die Anzahl ist eine Art des „Ganzen" oder der „Totalität", aber sie ist nicht ein Ganzes oder eine Totalität in dem oben vorausgesetzten engeren Sinne, nicht die Einheit eines Mannigfaltigen, das zugleich durch beliebige gesonderte Setzungen oder Setzungen beliebigen Inhaltes „zusammengesetzt" erscheint, sondern vielmehr eben die abgeschlossene Einheit bestimmter Setzungen oder von Setzungen bestimmten

Inhaltes. Indem der Inhalt der Setzungen ein bestimmter ist, ist zugleich bestimmt, welche Folge von Setzungen in dem Ganzen stattfinden kann und mufs, oder ist diese Folge von Setzungen abgegrenzt. Ein Ganzes ist dies bestimmte Ganze, wenn das in ihm zusammengefafste Mannigfaltige als Ganzes oder seinem Gesamtinhalte nach dies bestimmte ist, gleichgültig, welches die Teilungen oder begrenzteren Zusammenfassungen von Elementen sein mögen, durch deren gleichzeitiges Stattfinden dieses Mannigfaltige zu stande kommt. Dagegen ist die Anzahl diese bestimmte Anzahl, wenn die in ihr zusammengefafste Mehrheit von Setzungen diese bestimmte ist und diese bestimmten Sonderinhalte hat, gleichgültig, wie das Ganze als Ganzes beschaffen sein mag. So ist ein Garten dieses bestimmte Ganze, sofern er als Ganzes dieser bestimmte Garten ist, gleichgültig, welche Teile ich in ihm unterscheiden mag. Dagegen ist die Anzahl der in ihm befindlichen Bäume, Tische, Bänke diese bestimmte Anzahl von Bäumen, Tischen und Bänken, sofern ich, um zu derselben zu gelangen, diese bestimmte abgeschlossene Folge von Setzungen oder Akten der Zusammenfassung vollziehen und ihnen diesen bestimmten Inhalt geben mufs, während es für die Bestimmtheit der Anzahl nicht darauf ankommt, wie das Ganze aus diesen Bäumen, Tischen und Bänken, oder ihr Zusammen, wie also etwa die räumliche Anordnung derselben beschaffen ist.

198. Sätze der Einheit und Mehrheit. Der Satz: Jedes Objekt sei eines, ist eine Tautologie, mag nun unter der Einheit die Einheit im engeren Sinne — Jedes Objekt ist für unser Denken eine Einheit, d. h. etwas Einheitliches —, oder die Einzelheit — Jedes Objekt ist „nur eines" — verstanden werden. Die Zusammenfassung zur Einheit macht erst das Objekt; und jedes Objekt ist „nur eines" — nicht mit anderen zusammen, sondern sofern es für sich allein gedacht wird. Wiederum aber entsteht eben dadurch erst die Einzelheit oder Einzigkeit. Die Tautologie leuchtet völlig ein, wenn man den Versuch macht, entsprechende Sätze der Mehrheit und Menge aufzustellen, etwa: Alles Mannigfaltige ist eine Mehrheit; Verschiedene Objekte bestimmten Inhaltes bilden zusammen eine Menge. Etwas wird eben für uns zum Mannigfaltigen durch dies Bewufstsein der Mehrheit, d. h. die mehrfache Setzung; und die „Menge" ist nichts anderes als das Zusammen von Objekten bestimmten Inhaltes im Bewufstsein. Nur der fundamentalen Thatsache, dafs es für uns überhaupt Einheit und Mannigfaltiges, Einzelnes und Mengen giebt, d. h. dafs wir dergleichen denkend zu schaffen vermögen, können jene Sätze zum Ausdruck dienen wollen.

199. Identität und Verschiedenheit. Wie die Einheit und Einzelheit, so sagt auch die Identität, dafs nur eine einzige Setzung vollzogen werde. Wie die Einzelheit, so setzt auch die Identität die Zusammenfassung eines Mannigfaltigen von bestimmtem Inhalte zur Einheit, oder das bestimmte oder fertige Objekt voraus. Während aber die Einzelheit das Dasein von Objekten oder Setzungen neben einem Objekt oder einer bereits vollzogenen Setzung verneint, besagt die Identität vielmehr, dafs eine mehrmalige Setzung zu einer einzigen werde, oder eine Mehrheit von Objekten in eines zusammenfliefse oder in ihm aufgehe. Jene ist die eine Setzung ohne eine andere, diese die eine Setzung statt oder aus einer und einer anderen. Entsprechend besagt die (numerische) Verschiedenheit, dafs jenes Zusammenfliefsen nicht stattfinde, es also bei dem Nebeneinander von Objekten im Bewufstsein sein Bewenden habe. Dieser Gegensatz zur Identität unterscheidet die (numerische) Verschiedenheit von der Mehrheit.

200. Satz der Identität und Verschiedenheit. Ebenso tautologisch wie der Satz der Einheit ist der Satz der Identität: Jedes Objekt ist mit sich identisch. Es ist identisch „mit sich", d. h. es ist identisch — weder mit anderen noch mit seinen Teilen, sondern für sich und als Ganzes betrachtet, oder als dieser Gegenstand einer einfachen Setzung. Die Erklärung aber, der Gegenstand einer einzigen Setzung fliefse für unser Denken in eine einzige Setzung zusammen, bezeichnet entweder etwas Unmögliches, oder sagt nur, was bereits vorausgesetzt ist. Nicht minder nichtssagend ist der Satz der Verschiedenheit: Jedes Objekt sei von anderen (numerisch) verschieden, da „andere Objekte" nur ein anderer Name ist für (numerisch) verschiedene Objekte. Nur dafs es Objekte, die für sich und als Ganzes betrachtet werden können, dafs es andererseits ein Nebeneinander von Objekten für uns giebt, können jene Sätze sagen wollen.

201. Identität und Vergleichung. Wir denken etwas als

Einheit oder gewinnen das Bewufstsein seiner Einheit, indem wir
es zur Einheit machen. Wir denken etwas als identisch, nicht
indem wir es zu etwas Identischem machen, sondern indem wir
ihm Gelegenheit geben, von sich aus identisch, d. h. zum Gegenstand einer einzigen Setzung zu werden. Vgl. 186 f. Dies thun
wir im Akte der Vergleichung. Es leuchtet ein, dafs wir nicht
vergleichen können, was nicht für uns zunächst unterschieden,
also Gegenstand einer Mehrheit von Setzungen ist.

202. Totale Vergleichung. Das (bewufste) Vergleichen zweier
Objekte besteht im gleichzeitigen Festhalten des einen Objektes
und des anderen, mit der Absicht, ein Bewufstsein davon zu
gewinnen, wie die beiden unter dieser Voraussetzung sich zu einander verhalten. Die Festhaltung und damit die Vergleichung
kann eine totale und eine partielle sein. Sie ist eine totale, wenn
die Objekte in ihrer ganzen, qualitativen sowohl als empirischen
Bestimmtheit (71) festgehalten werden. Wir nennen Objekte identisch, wenn sie unter Voraussetzung dieser totalen Vergleichung von
uns nicht auseinandergehalten werden können, sondern in ein
Objekt zusammenfliefsen. Wir nennen sie (numerisch) verschieden,
wenn irgend welche Bestimmung der Objekte ihnen das Zusammenfliefsen verbietet, also uns das Auseinanderhalten (Unterscheiden)
gestattet. Jenes Festhalten der Objekte schliefst das Zusammenfassen der Elemente derselben, wie das gleichmäfsige Achten auf
alle diese Elemente in sich; es ist das Zusammenbringen und
Zusammenhalten der Objekte in ihrer Totalität oder Ganzheit in
dem „Zentrum" oder „Blickpunkt" der „Aufmerksamkeit". Daraus ergiebt sich das Sichmessen der Objekte, wie das Ergebnis
desselben, das Zusammenfliefsen oder Gesondertbleiben, nach
allgemeinen Gesetzen des psychischen Lebens.

203. Partielle Vergleichung. Gleichheit. Die Logik setzt
die Möglichkeit solches totalen Festhaltens voraus. Ebenso die
Möglichkeit an Objekten Seiten oder Momente gleichzeitig festzuhalten und die übrigen zu vernachlässigen. In diesem
letzteren Verhalten zu Objekten besteht das partielle Vergleichen
oder Vergleichen in einer bestimmten „Hinsicht". Indem wir
Momente des einen und des anderen Objektes vernachlässigen
oder sie zurücktreten lassen (von ihnen absehen), nehmen wir
ihnen die Fähigkeit, das Gesondertbleiben oder Zusammenfliefsen

der Objekte im Bewufstsein, das Fortbestehen der doppelten oder das Aufgehen in den Inhalt einer einzigen Setzung zu bedingen. Von den festgehaltenen Momenten hängt es dann ab, ob es bei der doppelten Setzung bleibt oder die einfache an die Stelle tritt. Solches partielle Vergleichen kann in verschiedenen Stufen stattfinden. Wir können zunächst von der empirischen Bestimmtheit der Objekte absehen und sie lediglich ihrer Qualität nach betrachten. Was unter dieser Voraussetzung in eines zusammenfliefst, bezeichnen wir als „qualitativ" gleich oder schlechtweg als „gleich". Wir können dann weiterhin auch von qualitativen Bestimmungen in geringerem oder weiterem Umfange absehen. Wir nennen gleich „hinsichtlich" bestimmter Momente, etwa der Farbe, was bei Festhaltung derselben und Vernachlässigung der übrigen Momente dem Bewufstsein als eines sich darstellt, ungleich in eben dieser Hinsicht, was unter der gleichen Voraussetzung sich im Bewufstsein gesondert erhält.

204. Gleichheit und Identität. Nach dem Gesagten hindert nichts die Gleichheit als partielle Identität, die Identität als absolute — nicht blofs qualitative — Gleichheit zu bezeichnen. In irgend welcher Hinsicht gleich, so können wir sagen, ist dasjenige, das identisch wäre, wenn es auch in jeder anderen Hinsicht gleich wäre. Gleichheit, das Wort in seinem allgemeinsten Sinne genommen, ist Ununterscheidbarkeit, bedingte oder unbedingte. Die letztere ist Identität. Das „Prinzip" der Identität des Ununterscheidbaren ist, soweit es gilt, d. h. vorausgesetzt, dafs die Ununterscheidbarkeit als unbedingte genommen wird, kein Prinzip, sondern eine Tautologie, eine blofse Erklärung des Namens „Identität". Ebenso tautologisch ist der Satz der Gleichheit: Jedes Objekt ist sich selbst gleich. Da hier mit der Gleichheit die absolute gemeint ist, so fällt der Satz mit dem schon als tautologisch bezeichneten Satz der Identität in eines zusammen. Diese Beziehung zwischen Gleichheit und Identität hindert doch nicht, dafs beide Begriffe scharf geschieden werden müssen. Vor allem mufs festgehalten werden, dafs in der Identität auch die Gleichheit der empirischen Bestimmtheit, also das Zusammenfallen der Stellen der objektiven Wirklichkeit, denen die verglichenen Objekte angehören, eingeschlossen ist. Nur, wo von empirischer Bestimmtheit keine Rede ist, also bei den Gegenständen der formalen Erkenntnis, den Objekten der Geometrie etwa fallen Identität und Gleichheit zusammen. Dagegen kann ein bestimmtes wirkliches Ereignis, von dem ich gehört habe, mit einem Ereignis, von dem ich gelesen habe, gleich oder identisch sein. Es ist dieses, wenn auch die eindeutig bestimmten Stellen der Wirklichkeit, denen sie zugehören, zusammenfallen.

205. Ähnlichkeit. Wie Gleichheit partielle (bedingte) Identität, so ist Ähnlichkeit partielle Gleichheit. Doch nicht im gleichen Sinne. Ähnlichkeit ist genauer gesagt **Gleichheit gewissen Grades**. Das Bewufstsein der blofsen Ähnlichkeit zweier Gegenstände in irgendwelcher Hinsicht, etwa der Farbe, setzt nicht nur voraus, dafs die übrigen Momente der Gegenstände in der Vergleichung vernachlässigt werden, sondern dafs auch dies Moment selbst — die Farbe — in gewissem Grade vernachlässigt, zugleich doch in gewissem Grade festgehalten wird. In hohem Grade ähnlich nennen wir Objekte, wenn wir es erleben, dafs dieselben bei einem geringeren Grade der Vernachlässigung oder unter Voraussetzung gröfserer Energie des Festhaltens in ein Objekt zusammenfliefsen. Das unmittelbare Bewufstsein des Grades der Ähnlichkeit ist das unmittelbare Bewufstsein der Energie des Festhaltens — der Aufmerksamkeit auf die Eigenart der Objekte —, deren es zur Vermeidung des Zusammenfliefsens — der „Verwechselung" — bedarf; wir könnten auch sagen: das unmittelbare Bewufstsein der Schwierigkeit des Unterscheidens oder Auseinanderhaltens.

206. Kontradiktorischer Gegensatz. Als eine besondere Art des Vergleichens kann schliefslich dasjenige Aneinandermessen von Bewufstseinsobjekten bezeichnet werden, aus dem das Bewufstsein des kontradiktorischen Gegensatzes — der Unverträglichkeit, Disjunktheit — entsteht. Wir gewinnen dasselbe, indem wir versuchen, zwei Bewufstseinsobjekte — etwa Grün und Blau — als Bestimmungen an einem einzigen Objekte — etwa an einer und derselben Fläche vorzustellen, und es erleben, dafs ebendamit das Objekt für unser Bewufstsein in zwei auseinandergeht, also zu etwas (numerisch) Verschiedenem wird. In diesem Auseinandergehen besteht das, was wir eigentlich als die Thatsache der „Disjunktion" zu bezeichnen haben. Zwei Bewufstseinsobjekte sind einander kontradiktorisch entgegengesetzt, sind unverträglich oder „disjunkt" — genauer wäre: disjungierend —, wenn sie, als Bestimmungen von Objekten vorgestellt, zu solcher Disjunktion nötigen.

207. Satz der Unverträglichkeit. Als non-P bezeichneten wir schon früher jedes beliebige mit einem P unverträgliche Objekt des Bewufstseins. Halten wir den Sinn dieser Bezeichnung fest, so ist der Satz der Unverträglichkeit — des kontradiktorischen Gegensatzes oder auch des „Widerspruchs" —, ein S könne nicht zugleich als P und als ein non-P gedacht werden, oder was dasselbe sagt, es könne nicht zugleich P und nicht P sein, wiederum eine blofse Tautologie. Nur dafs es überhaupt Bewufstseinsobjekte, die sich wie P und non-P verhalten, giebt, kann der Satz besagen wollen. Er ist dann nichts Geringeres als der Ausdruck einer Voraussetzung oder Bedingung allen Urteilens.

208. Konträrer Gegensatz. Mit dem kontradiktorischen Gegensatz oder dem einfachen Bewufstsein der Unverträglichkeit kann sich das Bewufstsein gröfstmöglicher Unähnlichkeit vereinigen. Es entsteht dann das Bewufstsein des konträren Gegensatzes. In solchem Verhältnis des konträren Gegensatzes oder der konträren Disjunktheit stehen etwa Schwarz und Weifs.

209. Subjektive Kategorien. Einheit, Einzelheit, Identität, Gleichheit, Ähnlichkeit und die gegenteiligen Bestimmungen, nicht minder endlich die Unverträglichkeit, sind subjektive „Kategorien", sofern sie alle besagen, dafs wir etwas thun, oder uns in unserem Thun etwas begegnet. Sie sind nicht objektive Kategorien, sofern keine dieser Bestimmungen etwas bezeichnet, das wir in den Objekten als Momente oder Merkmale derselben vorzufinden vermöchten. Kein Gegenstand des Bewufstseins ist für uns, als dieser Gegenstand des Bewufstseins oder dies dem Bewufstsein Gegebene, eines oder identisch oder irgend etwas dergleichen. Alle diese Prädikate sind völlig inhaltslos, wofern sie nicht eine Beziehung der Objekte zu einer ordnenden Thätigkeit des Subjektes bezeichnen. Da der Sinn aller dieser Kategorien schliefslich in dem Stattfinden einer oder mehrerer Setzungen — nur unter verschiedenen Voraussetzungen oder mit verschiedenen Nebengedanken — besteht, so treffen sie alle in dem einen Gegensatz „des Objektes" und „der Objekte" oder der Einheit und

Mehrheit zusammen. Sie sind verschiedene Anwendungen dieses einen Gegensatzes oder dieser einen subjektiven **Grundkategorie**.

Kapitel XXIV. Reale Einheit und Identität.

210. Objektive Einheit. Einheit ist das Mannigfaltige als Gegenstand einer einfachen, dies Mannigfaltige zusammenfassenden Setzung. Solange diese Zusammenfassung eine lediglich willkürliche ist, kann die Einheit selbst als eine lediglich **subjektive** bezeichnet werden. Sie wird zu einer **objektiven**, wenn die Zusammenfassung durch den objektiv notwendigen Zusammenhang des Gegenstandes der Setzung mit anderen Objekten des Bewufstseins **gefordert ist**. Jeder solche objektiv notwendige Zusammenhang zwischen Objekten des Bewufstseins **mufs zwar nicht, kann** aber jederzeit in einem objektiven Urteil zum Bewufstsein kommen. Objektive Einheit ist also jederzeit Einheit in möglichen **objektiven Urteilen**. Das gleiche gilt von der objektiven Mehrheit und Totalität, der objektiven Einzelheit, Menge, Anzahl (Allheit). Objektive Einheit findet sich insbesondere jedesmal in dem eigentlich oder logisch **einfachen** Urteil. Logisch einfach ist eben das Urteil, in dem ein Prädikat einem Subjekt oder einem Mannigfaltigen als Einheit zukommt. Indem das Prädikat dies Mannigfaltige zur Einheit zusammenzufassen **nötigt, macht** es daraus eine **objektive Einheit**. So macht in dem Urteile „Dies ist ein Baum" das Prädikat „Baum" das Mannigfaltige des „Dies" zur objektiven Einheit. Umgekehrt ist die Einheit, d. h. unsere Zusammenfassung eines Mannigfaltigen, jedesmal Bedingung des einfachen Urteils. In gleicher Weise giebt es auch für die Mehrheit, Totalität, Einzelheit etc. jedesmal eine besondere Gattung von Urteilen, für welche diese Mehrheit, Totalität etc. **Bedingung** ist und in welcher die **objektive Mehrheit**, Totalität etc., und zwar speziell als vom Prädikate geforderte Mehrheit, Totalität etc. des **Subjektes, vorkommt**. Davon kann indessen hier im Einzelnen nicht geredet werden. Vgl. 186.

211. Begriffliche und sachliche Einheit. Die objektive Einheit kann eine **begriffliche** oder **sachliche** sein. Sie ist jenes, wenn oder sofern die Verknüpfung eines **Namens** mit einem Gegenstand der einfachen Setzung diese einfache Setzung fordert. Sie ist eine sachliche, wenn sie durch einen **sachlichen Zusammenhang** gefordert, also Einheit des Subjekts in einem möglichen logisch einfachen **Sachurteil** ist. Ein Beispiel jener begrifflichen Einheit ist die Einheit des „Baumes", sofern das Mannigfaltige des Baumes von mir als Träger dieses **Namens** gedacht wird. Eine sachliche Einheit bilden für mich zwei beliebige Körper, denen ich eine bestimmte räumliche Entfernung zuschreibe (vgl. 179) oder der, wenn auch noch so wenig „einheitliche" Besitz eines Menschen, sofern ich ihn zu seinem Besitzer in gedankliche Beziehung setze u. s. w. Auch diesem Gegensatz der begrifflichen und sachlichen Einheit entspricht ein Gegensatz der begrifflichen und sachlichen Mehrheit, Totalität u. s. w.

212. Reale Einheit. Ein besonderer Fall der sachlichen Einheit (Mehrheit etc.) ist schliefslich die „reale" Einheit (Mehrheit etc.). Reale Einheit nennen wir die Einheit des logischen Subjektes oder **Grundes** eines möglichen Prädikates, wenn dies Subjekt oder dieser Grund **Realgrund** des Prädikates ist. Der Realgrund ist, wie wir gesehen haben, nicht etwas vom logischen Grund Verschiedenes, sondern eine besondere Art desselben; seine Beziehung zur realen Folge — der Wirkung, der ihr „inhärierenden" Eigenschaft oder Thätigkeit — eine besondere Art der logischen Relation. Dementsprechend ist auch die reale Einheit nicht etwas neben oder aufser der logischen Einheit, von der wir hier reden, sondern eine **Art** derselben. Es giebt, so weit unser Denken reicht, so wenig eine besondere „metaphysische" Einheit als besondere „metaphysische" **Gründe**. Auch die „reale Einheit" sagt nichts, als dafs wir durch gewisse Prädikate zur Zusammenfassung eines Mannigfaltigen genötigt sind. Eine solche reale Einheit ist der menschliche Geist, sofern jede einzelne Regung desselben schliefslich nur als Moment in dem Ganzen der Persönlichkeit das ist, was sie ist; eine reale Einheit ist der, sei es noch so komplizierte chemische Körper, sofern er als Ganzes Träger ist irgendwelcher Eigenschaften oder Wirkungen; eine reale Einheit ist endlich die allumfassende Substanz, insofern alles Einzelne, das ist, in den ganzen Weltzusammenhang verflochten und von ihm abhängig erscheint und demnach erst in dem Träger dieses Zusammenhanges, als Einheit gedacht, den vollen Grund seines Daseins hat.

213. Objektive Identität. Da die Identität von uns niemals willkürlich gemacht wird, in dem Sinne, dafs wir gleichzeitig vorgestellte Oejekte, ohne sie zu verändern, jetzt identisch setzen, jetzt voneinander verschieden denken könnten, so kann von einem Unterschiede von objektiver und subjektiver Identität in dem Sinne, in dem wir objektive und subjektive Einheit, Mehrheit etc. unterschieden, keine Rede sein. Doch fehlt hier nicht ein analoger Unterschied. Können wir nicht Objekte, ohne sie zu verändern, willkürlich jetzt ineinander fliefsen lassen, jetzt gesondert setzen, so können wir sie doch willkürlich so verändern, dafs sie jetzt so, jetzt so sich zu einander verhalten. Und indem wir dies thun, bringen wir doch in gewissem Sinne die Identität (und Verschiedenheit) willkürlich hervor. Umgekehrt ist die Identität in keinem Sinne eine willkürlich ins Dasein gerufene nur dann, wenn wir Objekte in bestimmter Weise vorzustellen und demgemäfs zu identifizieren objektiv genötigt sind. Diese Identität nennen wir die objektive. Wir sprechen in analogem Sinne von objektiver Verschiedenheit, Gleichheit und Ungleichheit. Auch diese objektive Identität etc. ist wiederum Identität, und zwar speziell durch das Prädikat geforderte Identität des Subjekts in möglichen Urteilen. Und wiederum giebt es für die Identität, Verschiedenheit etc. jedesmal eine besondere Gattung von Urteilen, in der sie als objektive Identität, bezw. Verschiedenheit etc. des Subjektes notwendig vorkommt, und für welche eben damit zugleich die Identität, Verschiedenheit, oder das Identifizieren, Unterscheiden etc. Bedingung ist. Diese Beziehung der wechselseitigen Zugehörigkeit besteht beispielsweise zwischen der Identität einerseits und dem „logisch conjunktiven" (= identifizierenden) Urteile: S_1 und S_2 sind beide dies (eindeutig bestimmte) P, andererseits. — Auch dieser Punkt aber kann hier nicht im Einzelnen erörtert werden. Vgl. 187 u. 201.

214. Wiedererkennen. Wie schon früher angedeutet, hat die Behauptung der Identität nur Sinn, wenn in ihr nicht einem Objekt, oder einem Gegenstand einer einzigen Setzung als solchem die Identität mit „sich selbst" zugeschrieben, sondern der Thatsache Ausdruck gegeben wird, dafs das, was zunächst als zwei Objekte, also als von „sich selbst" verschieden dem Bewufstsein gegenwärtig ist, in ein Objekt zusammenfliefst. In diesem

Bewufstseinserlebnis besteht nun einmal jedes mögliche, nicht blofs fingierte, Bewufstsein der Identität. Jene Verschiedenheit kann nun zunächst eine lediglich subjektive sein, d. h. in einem blofsen doppelten Vorgestelltwerden bestehen: Ich habe etwa ein Objekt jetzt im Bewufstsein und erinnere mich zugleich, dafs mir dasselbe schon einmal gegeben war. Indem beide zusammenfliefsen, gewinne ich dasjenige Identitätsbewufstsein, in dem das Wiedererkennen besteht. Die Möglichkeit desselben gehört zu den wesentlichen Bedingungen unseres Erkennens, sofern darauf das bewufste Anknüpfen von Gedanken über Objekte an ehemals vollzogene Gedanken über dieselben Objekte beruht. Ihr Gegenstück findet diese Erkenntnisbedingung in einer anderen, ebenso wesentlichen, nämlich der Möglichkeit des bewufsten Unterscheidens dessen, was wegen irgend welcher gleichartiger Bestimmungen im Bewufstsein zusammenzufliefsen droht. Beides führt sich freilich zurück auf denselben Vorgang des Vergleichens (202) oder des gleichzeitigen bewufsten Festhaltens von Objekten mit ihren Bestimmungen, vermöge dessen die Objekte sich aneinander „messen" können. Im weiteren Sinne gefafst, schliefst das Wiedererkennen auch das Wiedererkennen des Gleichen und Ähnlichen in sich: etwa das Wiedererkennen eines Charakterzuges eines Gesichtes oder eines Kunstwerkes in einem anderen. Hiermit steigert sich zugleich die Erkenntnisbedeutung des Wiedererkennens.

215. Begriffliche und sachliche Identität. Ein andermal sind es den Objekten zugehörige Bestimmungen, die sie zunächst voneinander trennen. Hier entsteht der Gegensatz der begrifflichen und sachlichen Identität. Die Identität ist begriffliche, wenn verschiedene Namen trotz ihrer Verschiedenheit die Vorstellung desselben Inhaltes fordern: „Aristoteles" und „Der Stagirite"; sachliche, wenn verschiedene sachliche Bestimmungen als einem einzigen Objekt zugehörig erkannt werden, etwa die Identität des historischen Ereignisses, von dem verschiedene Quellen berichten. Die sachliche Identität kann wiederum mit besonderer Betonung als „reale" bezeichnet werden, wenn sie Identität des Realgrundes verschiedener realer Folgen ist. — Wiederum gelten diese verschiedenen Möglichkeiten auch für die übrigen Kategorien der Vergleichung.

216. Reale Identität. Von realer Identität kann aber in doppeltem Sinne gesprochen werden. Wir unterscheiden die beiden Möglichkeiten durch die Namen: reale Identität des Simultanen und reale Identität des Successiven. Jene ist die Identität des Realgrundes gleichzeitig bestehender realer Folgen, die Identität des „Dinges", des Substrates, der Substanz gegenüber der Verschiedenheit ihrer gleichzeitigen Eigenschaften (Thätigkeiten, Kräfte u. s. w.), oder der Ursache gegenüber der etwaigen Mannigfaltigkeit ihrer gleichzeitigen Wirkungen. — Aus Früherem (181) ergiebt sich, dafs die reale Identität des Sinnendinges niemals Identität des ganzen, sondern jederzeit nur Identität des partiellen Realgrundes ist. Der volle und demnach einzig eigentlich so zu nennende Realgrund der Farbe des Goldes ist nicht das Gold, sondern das Gold in einer bestimmten Beziehung zum Licht und zum wahrnehmenden Auge; der wahre Realgrund der Schwere des Goldes ist nicht das Gold, sondern das Zusammen von Gold und Erde. Farbe und Schwere des Goldes, diese beiden „Eigenschaften" des Goldes, haben also in Wahrheit keineswegs einen und denselben, sondern verschiedene Realgründe.

217. Identität als Continuität. Im Gegensatz zu dieser realen Identität darf die „Identität" des Successiven, — die „Identität" des in verschiedenen Zeiten bestehenden, unverändert dauernden oder sich verändernden Dinges (des Substrates, der Substanz) — nicht als Identität im logischen Sinne betrachtet werden. Was verschiedenen Zeiten angehört, ist, eben als solches, nicht identisch, auch abgesehen von aller qualitativen Verschiedenheit. Die Identität, von der hier die Rede ist, ist vielmehr in Wahrheit Continuität, d. h. zeitliche Ununterbrochenheit des Daseins und Gleichheit oder stetiges Ineinanderübergehen successiver räumlicher und qualitativer Bestimmungen.

218. Das Continuum. Stetig oder ein Continuum nennen wir, was ein Mannigfaltiges in sich schliefst, doch so, dafs wir nur willkürlich bestimmte Teile aus ihm heraussondern können, also keine Teilung als eine im Objekt gegebene oder durch dasselbe uns aufgenötigte erscheint; was in sich verschieden ist, doch so, dafs wir die Menge des Verschiedenen in ihm nicht in objektiv letzte Elemente, also solche, an die wir durch das Objekt gebunden wären, auflösen können. In allem Stetigen giebt es letzte Elemente für die Wahrnehmung, zugleich wissen wir doch, dafs sie eben nur für die Wahrnehmung letzte Elemente sind, nicht letzte Elemente im Objekt. Das stetige Objekt ist eben dadurch charakterisiert, dafs es in sich keine Grenzen hat, durch die solche letzten Elemente in ihm selbst abgegrenzt sein, also die Abgrenzung für uns zu einer objektiven werden könnte. In solcher Weise stetig ist die Zeit und der Raum (vgl. 144 f.), und was eine Zeit oder einen Raum ohne Lücke ausfüllt; stetig in diesem Sinne ist ebenso die stetige Folge zeitlicher und qualitativer Bestimmungen von Objekten.

219. „Identität" des Successiven. Dafs in dem eine Zeit ununterbrochen ausfüllenden und — sei es räumlich und qualitativ unveränderten, sei es stetig sich verändernden Objekte keine letzten Unterschiede der Zeitmomente bezw. der räumlichen und qualitativen Bestimmungen gedacht werden können, dafs also das Objekt hinsichtlich seines zeitlichen Daseins bezw. hinsichtlich dieser Bestimmungen nicht in eine im Objekt begründete Mehrheit gesonderter Setzungen oder Objekte des Denkens aufgelöst werden kann, dies ist es, was uns diese Continuität als eine Art der Identität bezeichnen läfst. Ein Objekt ist identisch, d. h. in einer Folge von Erfahrungsinhalten ist jede Teilung oder Sonderung willkürlich, die Folge mufs, wenn ihr keine Gewalt angethan werden soll, als **Eines** gesetzt werden. — Zugleich sind aber doch solche „identischen" Objekte immer andere und andere, sei es lediglich immer anderen Zeiten angehörige, sei es zugleich qualitativ immer andere und andere. **Achten wir darauf**, so müssen wir die Folge von Erfahrungsinhalten doch auch wiederum als eine in sich **verschiedene** bezeichnen. Diese beiden Thatsachen des Bewufstseins nun vereinigen wir im Begriff des **in den verschiedenen Zeiten und in der stetigen Folge der gleichen oder verschiedenen qualitativen Bestimmungen einen oder identischen Objektes.** Wir weisen in diesem Begriffe die Identität dem Objekt, die Verschiedenheit seinen Bestimmungen zu. Erst als stetige Folge der Bestimmungen des einen Objektes bezeichnen wir dann auch die Folge wechselnder Bestimmungen als „**Veränderung**". Es ist danach eine Tautologie, zu sagen, jede Veränderung setze ein identisches Objekt, das sich verändere, voraus. Der Begriff der Veränderung entsteht eben aus dieser Voraussetzung und hat mit ihr den gleichen Wert oder die gleiche Berechtigung.

220. Unberechtigter Begriff derselben. Die Unterscheidung des einen Objektes und seiner sich gleichbleibenden oder wechselnden Bestimmungen ist aber nur eine begriffliche, eine Betrachtung desselben Bewufstseinsthatbestandes nach zwei verschiedenen Seiten, nämlich einmal mit Rücksicht auf die Unmöglichkeit der Heraussonderung letzter Elemente, das andere Mal mit Rücksicht auf die Notwendigkeit der Unterscheidung. Das „Objekt" ohne die Bestimmungen ist ebenso wie die Bestimmungen ohne das Objekt eine Abstraktion, der im Bewufstsein nichts entspricht. Indem wir aber, natürlichen Neigungen eines unlogischen Denkens folgend, das was wir begrifflich, d. h. in Worten verselbständigen können, auch sachlich verselbständigen, gewinnen wir den Scheingegensatz des Objektes, das für sich betrachtet dasselbe bleibt, d. h. nicht, auch nicht stetig, wechselt oder in ein anderes übergeht, und der zu ihm hinzukommenden, oder an ihm „haftenden" Bestimmungen, die sich stetig folgen oder stetig anderen Platz machen. So erscheint uns der Ton, der Höhe und Stärke, vielleicht auch die Klangfarbe stetig ändert, als derselbe Ton, an dem nur eben diese Bestimmungen andere geworden sind. Ja wir betrachten das Haus, dessen einzelne Teile allmählich oder in nicht allzu merkbaren Sprüngen durch andere ersetzt wurden, als noch dasselbe Haus, nur als ein solches, an dem die Teile erneuert worden sind. In beiden Fällen ist es der stetige Zusammenhang unserer Vorstellungen, der, von uns objektiviert, die Fiktion des identischen, in der Veränderung unverändert bestehen bleibenden Objektes entstehen läfst. Der Ton ist ja gewifs nichts ohne seine Bestimmungen und das Haus besteht eben in der Einheit seiner Teile.

221. Wissenschaftliche Identitäten. Das sich verändernde, oder, was nach Obigem genau dasselbe sagt, das in seinen Veränderungen „identische" Sinnending ist, wenn wir jene unlogische Versachlichung begrifflicher Unterscheidungen unterlassen, die zeitlich, räumlich und qualitativ stetige Folge räumlicher und notwendiger Einheiten von Objekten oder Inhalten der Wahrnehmung. Die identische wissenschaftliche „Substanz", in der an die Stelle der Sinnesqualitäten Kräfte (verborgene Eigenschaften, Vermögen etc.) getreten sind, ist das ununterbrochen Dauernde, an sich Unbekannte, das und sofern es zeitlich, räumlich und qualitativ stetig sich vollziehenden Wirkungen zu Grunde gelegt wird. Insbesondere reden wir von identischen materiellen Substanzen immer insoweit, als uns in stetig aufeinanderfolgenden Zeitmomenten (notwendige) Zusammenhänge des räumlichen Daseins und Geschehens gegeben sind, oder solche von uns gedacht werden müssen, die zugleich ihrer Beschaffenheit nach eine stetige Folge bilden. Nichts anderes als die stetige Folge oder den stetigen Zusammenhang der Ortsbestimmungen und räumlichen Wirkungen bedeutet die „Identität" der materiellen Substanzen, vor allem die Identität der letzten Substanzen dieser Art, und kann sie jemals bedeuten. — Ebenso sind endlich auch die völlig unsinnlichen Substanzen (vgl. 182) identische, sofern und lediglich sofern sie einem kontinuierlichen Dasein und Geschehen zu Grunde gelegt werden. Wiederum kann ihre Identität nichts anderes als diese Kontinuität des von ihnen „Getragenen" bedeuten wollen.

222. Identität der Persönlichkeit. Keine Kontinuität ist uns unmittelbarer gegeben als die Kontinuität des Ich und seiner Beziehungen auf die vorgestellten Objekte, wodurch diese erst zu unseren Vorstellungen oder zu Gegenständen unseres Bewufstseins werden; keine Identität ist für uns unmittelbarer da, als die Identität des Ich, die eben in dieser Kontinuität besteht. Auch hier ist die Unterscheidung eines reinen, an sich unveränderlichen Ich von den wechselnden „Inhalten" desselben, also den Inhalten des Selbstgefühls, der Lust, der Unlust, dem Streben, eine Fiktion, die Versachlichung einer Abstraktion. Das Ich selbst ist in Wahrheit in jedem Augenblick anders beschaffen und doch eines, weil für unser Bewufstsein stetig in sich zusammenhängend. Mit diesem einen Ich ist aber die Einheit, d. h. die Identität der Persönlichkeit, des realen Ich, des Geistes, der geistigen Substanz, ohne weiteres gegeben. Geist heifst das Substrat der geistigen Thätigkeit, eben sofern es Substrat der geistigen Thätigkeit oder des geistigen Geschehens ist. Und dieser Geist sei eine identische Substanz, dies kann auch hier nichts anderes heifsen, als, sie sei das dem Kontinuum des geistigen Geschehens zu Grunde Liegende. „Identität der Substanz", dies Wort besagt hier, was es überall besagt, und es kann nirgends etwas anderes besagen, als hier. Ist die geistige Substanz zugleich Substrat materiellen Geschehens, also zugleich materielle Substanz, und ist diese materielle Substanz — etwa die Teile des Gehirns — eine wechselnde, so ergiebt sich daraus nur, dafs eine Substanz als materielle eine wechselnde, und doch als geistige eine identische sein, d. h. dafs sie zugleich einem Kontinuum des geistigen Geschehens als Träger dienen, oder sich in einem solchen offenbaren kann.

Kapitel XXV. Zahl und Zahlenurteile.

223. Begrifflich bestimmte Anzahl. Die Anzahl ist (vgl. 197) die in einen Gegenstand des Denkens zusammengefafste abgeschlossene Folge von Setzungen bestimmten Inhaltes. Auch die Anzahl kann als eine objektive bezeichnet werden (210), wenn wir durch einen objektiv notwendigen Vorstellungszusammenhang zu ihrem Vollzug genötigt sind. Die Anzahl ist eine begriffliche (211), wenn ein Begriff (Name) den Vollzug der einheitlich abgeschlossenen Folge von Setzungen von uns fordert. Die begriffliche Anzahl kann aber begrifflich mehr oder weniger vollständig bestimmt sein. Eine begrifflich unvollständig bestimmte Anzahl sind etwa „die Könige Frankreichs", weil hier eine über das Begriffs- oder Wortverständnis hinausgehende Erkenntnis zur Gewinnung der Anzahl erforderlich ist; begrifflich vollständig bestimmte Anzahlen sind: Ein Regiment Infanterie in Kriegsstärke, ein Schock Eier, zwanzig Menschen. Als allgemeinstes Mittel zur begrifflichen Fixierung von Anzahlen dient die Verbindung der Gegenstandsnamen mit Zahlzeichen. Dabei ist zur vollständigen begrifflichen Bestimmung jedesmal zugleich erfordert, dafs die Gegenstände gleichbenannt seien. Sechs Kirchen und Schlösser ist keine begrifflich vollständig bestimmte Anzahl, sofern diese Wortverbindung von mir die Setzung von Kirchen und Schlössern, nicht beliebigen Gebäuden fordert, zugleich aber nicht angiebt, wie weit ich mit der Setzung von Schlössern bezw. Kirchen zu gehen habe.

224. Anzahl und Zahl. Zur Anzahl verhält sich die (reine oder abstrakte) Zahl wie die abgeschlossene Einheit einer Folge von Setzungen bestimmten Inhalts zur abgeschlossenen Einheit einer Folge von Setzungen überhaupt. Da es „Setzungen überhaupt" im Bewufstsein nicht geben kann, so ist die Zahl nur als Anzahl im Bewufstsein realisierbar; die reine Zahl wird im Bewufstsein durch das Zahlwort vertreten. Im Verständnis des Sinnes des Zahlwortes, d. h. im Bewufstsein, welche abgeschlossene Folge von Setzungen durch dasselbe gefordert sei, besteht das einfachste Zahlurteil. Das Zeichen der einfachen Setzung und der notwendige Bewufstseinsrepräsentant der einfachen Setzung, sofern sie als Setzung überhaupt, ohne bestimmten Inhalt, gemeint ist, ist das Zahlzeichen 1. + ist das Zeichen der Addition d. h. der successiven Hinzufügung von Setzungen, bei der doch jedesmal dasjenige, zu dem hinzugefügt worden ist, im Bewufstsein aufbewahrt bleibt, und mit dem Hinzugefügten in einen Denkakt vereinigt wird. Der bewufste Vollzug der Zahlbegriffe ist demnach dargestellt in dem: $1 + 1 + 1 +$ etc. „3 ist $1 + 1 + 1$" stellt die Definition der 3 dar. Sie ist — wie zunächst jede Definition — eine reine Begriffsgleichung oder ein wechselseitiges Namenurteil. — Es mufs besonders betont werden, dafs das + nicht blofs das gleichzeitige Dasein von Setzungen im Bewufstsein, sondern die bewufste Vereinigung derselben bedeutet. Nur die Folge einer Setzung, noch einer Setzung, und einer dritten Setzung als Ganzes, oder die Setzungen zusammen sind 3; die bereits vollzogene Zusammenfassung ist Bedingung für das Bewufstsein, den Begriff der Dreizahl anwenden zu können bezw. zu müssen.

225. Operationen mit Zahlbegriffen. Die Zusammenfassung eines Mannigfaltigen zur Einheit ist, wo sie auch immer geschieht, an sich ein rein subjektiver Vorgang in dem Sinne, dafs ihr Vollzug die Gegenstände der Zusammenfassung in keiner Weise affiziert. Diese Bewufstseinsthatsache liegt allem Zusammenfassen und Sondern überhaupt, und allem darauf beruhenden Urteilen zu Grunde. Sie ist auch schon vorausgesetzt, wenn wir — aufserhalb des Gebietes der Zahlbegriffe — ein Mannigfaltiges des Bewufstseins das eine Mal unter einen einzigen, das andere Mal unter mehrere durch irgend welche grammatische Form miteinander verbundene sprachliche Ausdrücke (Begriffe) fassen und diese Verbindungen von Ausdrücken (Begriffen) wiederum bald mit diesen, bald mit jenen vertauschen. Eben dieselbe Bewufstseinsthatsache ist es auch, die die Berechtigung giebt, Folgen von Setzungen oder Zahleinheiten jetzt in dieser, jetzt in jener Weise in Zahlbegriffen zusammenfassen, dadurch neue Einheiten zu schaffen, andererseits auch wiederum Einheiten in beliebige Teileinheiten aufzulösen. Es liegt hierin nur ein allerdings ganz besonders gearteter Spezialfall der wechselnden Zusammenfassungen und Auflösungen von Begriffseinheiten, die wir auch in allerlei sonstigen Begriffen vollziehen. In jenem Zusammenfassen und Auflösen bestehen aber schliefslich alle Zahloperationen; auf ihm beruht zuletzt alles Rechnen oder Denken in Zahlbegriffen, sowie in den entsprechenden oder damit vergleichbaren Operationen mit Objektbegriffen — nicht jede, aber eine bestimmte Art des Denkens über Objekte besteht. Das Rechnen ist eine besondere Art des Denkens aus und in Begriffen, daher der Versuch, vielmehr umgekehrt das Denken als eine Art des Rechnens darzustellen, keinen höheren Wert hat, als den einer scharfsinnigen Spielerei und absolut unlogisch ist, wenn darüber der unendliche Reichtum von Wendungen des Gedankens und die Mannigfaltigkeit der logischen Form verkümmert wird.

226. Die Summe. So hindert uns denn auch insbesondere nichts die Zusammenfassung einer Folge von Setzungen durch Zusammenfassungen von Teilen der Folge zu ersetzen. Das Ergebnis ist die Summe, etwa $3+2$. Der Sinn dieses Symbols ist der doppelte, einmal, dafs wir eine erste Folge von Setzungen vollzogen und zusammengefafst und die Einheit derselben mit dem ihr zukommenden Namen 3, dafs wir dann ebenso weitere Setzungen vollzogen und zusammengefafst und die Einheit derselben mit ihrem Namen 2 bezeichnet, andererseits, dafs wir auch die ganze Folge von Setzungen mit Festhaltung des Bewufstseins, dafs sie Gegenstand dieser doppelten Zusammenfassung war, zum Gegenstande eines einzigen Denkaktes gemacht und als solchen mit dem Zeichen $3+2$ begrifflich fixiert haben. Dafs doch von allen diesen Zusammenfassungen die Folge einfacher Setzungen in keiner Weise berührt sei, dies sagt der Satz $3+2=1+1+1+1+1$.

227. Die Differenz. Jede Folge einfacher Setzungen, die in einen Zahlbegriff — etwa 3 — zusammengefafst ist, kann, falls weitere Setzungen — etwa die in der Zahl 2 zusammengefaſsten — hinzutreten, mit diesen zusammen unter einen neuen Zahlbegriff — in unserem Falle 5 — befaſst werden. Die Folge von Setzungen, die, um die Folge von Setzungen = 2 vermehrt, zur Zahl 5 zusammengefaſst werden kann, wird mit Rücksicht auf diese Möglichkeit durch das Symbol 5 — 2, das Symbol der **Differenz**, bezeichnet und zur Einheit zusammengefaſst. Die Differenz ist die Zahl, die und sofern sie durch Hinzufügung einer bestimmten Folge von Setzungen zu den in ihr enthaltenen Setzungen in eine bestimmte neue Zahl sich verwandeln würde.

228. Das Produkt. Nichts als einen anderen Namen für 2 + 2 + 2 repräsentiert das Symbol 3·2. Jene Summe — „2 + 2 + 2" — ist eine abgeschlossene Folge von gleichen **Einheiten** einfacher Setzungen. Aber diese Einheiten kommen als solche gleichfalls durch einfache Setzungen zu stande. Die Summe 2 + 2 + 2 ist also ebenso wie das 1 + 1 + 1 eine abgeschlossene Folge einfacher Setzungen, nur mit dem Bewuſstsein, daſs der Inhalt dieser Setzungen zugleich Gegenstand einer Zweiheit von Setzungen ist oder jedesmal eine solche in sich befaſst. Dies Beides zusammen ist in dem Symbol 3·2 bezeichnet.

229. Der Quotient. Umgekehrt kann jede einfache Setzung — jede 1 — da im Begriff derselben nichts über ihren Inhalt bestimmt ist, ohne Widerspruch gedacht werden als eine beliebige Folge von einfachen Setzungen in sich schlieſsend und zur abgeschlossenen Einheit zusammenfassend. Sei die Folge dieser Setzungen als solche eine Dreizahl von Setzungen, so wird sie bezeichnet durch das Symbol $\frac{1}{3} + \frac{1}{3} + \frac{1}{3}$. In dem Urteil $\frac{1}{3} + \frac{1}{3} + \frac{1}{3} = 1$ oder $3 \cdot \frac{1}{3} = 1$ liegt zugleich die Definition des Einzelsymbols $\frac{1}{3}$. Es ist das Zeichen der einfachen Setzung, sofern die Dreiheit solcher Setzungen als 1 bezeichnet wird, oder mit dem Nebengedanken, daſs sie so bezeichnet werden solle.

230. Die Zahl als stetige Gröſse. Jede solche Einheit oder einfache Setzung kann wiederum, und so ins Endlose, ohne daſs der Begriff der Einheit Widerspruch erhebt, als Folgen von Einheiten oder einfachen Setzungen zusammenfassend gedacht werden. Damit erscheint die Reihe der Setzungen, die in einer Setzung eingeschlossen gedacht werden können, als eine unendliche, jede Zahl als eine stetige Gröſse, die Reihe möglicher

Zahlen als eine stetige Reihe. Innerhalb derselben kann jede Zahl in unendlich vielfacher Weise Summe und Differenz, Produkt und Quotient sein. Sie ist das eine oder das andere, jenachdem sie zu niederen oder höheren Zahlen, zu elementareren Einheiten oder zu höheren Zusammenfassungen von Einheiten in gedankliche Beziehung gesetzt wird. In dem gedanklichen Vollzug dieser Beziehungen bestehen die Rechnungsoperationen des Addierens, Subtrahierens, Multiplizierens, Dividierens. Die einfache Setzung, die wiederholte Setzung, und die Zusammenfassung der Setzungen in einen neuen Akt der einfachen Setzung oder kurz: das Zählen, ist wiederum für sie alle die Grundoperation.

231. Die Zahlengleichung. Wie das einfache Zahlenurteil, so ist die Zahlengleichung eine Begriffsgleichung oder ein wechselseitiges Namenurteil. Die Gleichung $3+2=5$ besteht im Bewußtsein, daß das Symbol $3+2$ diejenige Folge von Setzungen bezeichne, die auch auf den Namen 5 ein Anrecht habe, oder umgekehrt, wenn wir von den beiden Symbolen ausgehen, daß die Folge von einfachen Setzungen, die durch das $3+2$ und diejenige, die durch 5 gefordert wird, zusammenfallen. Da für den reinen Zahlbegriff der Inhalt der Setzungen oder das gesetzte Objekt und nicht minder jeder etwaige subjektive Unterschied der Succession der Setzungen — die Schnelligkeit oder Langsamkeit der Succession in meinem Bewußtsein u. dgl. — nicht in Frage kommt, so ist jenes Zusammenfallen ein unbedingtes, das Bewußtsein derselben Bewußtsein der unbedingten Gleichheit. Wir können es ebensowohl Bewußtsein der Identität nennen, da auch der Gegensatz der empirischen und der lediglich qualitativen Bestimmtheit — hier, wie bei allen lediglich formalen Urteilen, keine Stelle findet (vgl. 204). Die Folgen von Setzungen, die jene beiden Symbole bezeichnen oder fordern, können nun aber nicht anders zusammenfallen, als so, daß die einzelnen aufeinanderfolgenden Setzungen der einen und der anderen Folge successive ohne Rest zusammenfallen. Danach liegt in diesem successiven restlosen Zusammenfallen die eigentliche Definition der Zahlengleichheit.

232. Anzahlengleichung. Wie von der Zahl die Anzahl, so ist von der Zahlengleichung die Anzahlengleichung zu unterscheiden. Sie besteht im Bewußtsein — nicht daß Folgen von

Setzungen, sondern Folgen von Setzungen mit mehr oder weniger bestimmtem Inhalt zusammenfallen: Drei Bäume und zwei Bäume sind ebenso viele Bäume, wie irgend welche fünf Bäume, d. h. jene Folgen von Setzungen fallen, in eine einzige Folge vereinigt, mit dieser zusammen, wofern der Inhalt der Setzungen jedesmal nur als Beispiel des Begriffes Baum gedacht, also von dem, was Bäume unterscheidet, abgesehen wird. Ein Baum ist nun aber mit einem anderen, wenn bei beiden von allem, aufser dem was sie zu Beispielen desselben Begriffes macht, abgesehen wird, nicht identisch, sondern gleich. Insofern kann das Bewufstsein des Zusammenfallens der Folgen von Setzungen mit bestimmten Inhalten, also das Anzahlenurteil nicht mehr als reines Identitätsurteil gefafst werden. Es würde zum reinen Identitätsurteile, wenn nicht verschiedene, sondern ausdrücklich dieselben Bäume das eine Mal als 3 + 2, das andere Mal als 5 gedacht würden: Diese 3 und diese 2 Bäume sind diese 5 Bäume. — In jeder Anzahlengleichung ist die eben bezeichnete Gleichsetzung der Inhalte der Setzungen vorausgesetzt. Darauf beruht es, dafs jede Zahlengleichung ohne ihre Gültigkeit zu verlieren als Anzahlengleichung mit beliebigem Inhalte gefafst werden, oder auf beliebige Objekte angewendet werden kann.

233. Die Gleichung als Bewufstseinsvorgang. Die einfache Setzung überhaupt und ebenso die abstrakte Folge von Setzungen, ist, wie schon gesagt, kein möglicher Bewufstseinsinhalt. Nur als Setzung oder Folge von Setzungen bestimmter Objekte — beim Kinde etwa von Fingern oder Zahlkugeln — kann das Bewufstsein sie realisieren. Sie müssen im übrigen durch die Zahlsymbole im Bewufstsein vertreten werden. Entsprechend ist auch das Urteil über die Gleichheit (Identität) abstrakter Zahlen, Summen, Differenzen u. s. w. kein möglicher Bewufstseinsvorgang, sondern nur als Satzurteil im Bewufstsein unmittelbar vollziehbar. Aber auch Urteile über die Gleichheit von Anzahlen brauchen nicht als solche im Bewufstsein vollzogen zu werden. Auch sie werden in der Regel, und müssen sogar, wo die Anzahlen eine gewisse Höhe überschreiten, als blofse Satzurteile, d. h. als Bewufstsein der Richtigkeit einer Verbindung von Symbolen, sich im Bewufstsein darstellen. Endlich vollzieht sich auch schon der Akt des Vergleichens durch Vermittelung der Zahlworte. Sind einmal Anzahlen von Objekten durch Zahlworte fixiert, so nennen wir andere ihnen gleich, wenn ihre abschliefsende Zusammenfassung, wie sie im Zählen successive sich vollzieht, dasselbe Zahlwort erfordert. Das Bewufstsein, dafs die Anzahlen zusammenfallen, wird repräsentiert durch das Bewufstsein, dafs derselbe Zahlbegriff durch beide Anzahlen **zumal gefordert** ist, also, um uns eines früheren Ausdrucks (213) zu bedienen, durch ein conjungierendes (= identifizierendes) Satz-(Symbol-)Urteil.

Kapitel XXVI. Mafs und Grad.

234. Gröfse. Gröfse im engeren und eigentlichen Sinn ist nur die **stetige Gröfse** (vgl. 218). Gröfse hat, oder eine Gröfse ist das Stetige, d. h. das Mannigfaltige, dessen Teile ohne Grenzen ineinander übergehen, das also in eine Folge gesonderter Setzungen zerlegt werden kann, aber ohne dafs die bestimmte Art der Zerlegung durch das Mannigfaltige selbst gegeben oder gefordert wäre. Weil das stetige Objekt sich zu jeder Art der Teilung gleichgültig verhält, so sind, soweit die Natur des Objektes selbst in Frage kommt, Teilungen ins Endlose möglich Eine „Gröfse" ist im **Bewufstsein gegeben**, so oft ein solches Mannigfaltige, etwa eine Linie, im Bewufstsein gegeben ist. Auch die Frage, **wie grofs** ein Objekt sei, wird zunächst und in unmittelbarster Weise durch die **Anschauung** beantwortet.

235. Mafs. Von diesem in der Anschauung unmittelbar gegebenen Gröfsenbewufstsein ist nun aber das durch Messung vermittelte Bewufstsein der Gröfse oder das Bewufstsein des „Mafses" der Gröfse zu unterscheiden. Messen heifst eine Gröfse zum Gegenstand einer Folge einteilender Setzungen mit gleichem Inhalte machen oder sie in gleiche Gröfsen zerlegen; das Mafs ist die **Anzahl gleicher Teilgröfsen**, durch die eine Gröfse ersetzt oder aus der sie zusammengesetzt werden kann. Die einzelne dieser Teilgröfsen ist das Element der Messung; die Gröfse, nach der die gleichen Teilgröfsen bemessen werden, der Mafsstab.

236. Relatives und absolutes Mafs. Das Mafs oder die Anzahl der gleichen Teilgröfsen ist verschieden, je nach dem

Maſs der Teilgröſsen. Ich habe darum auf die Frage, wie groſs eine Gröſse sei, keine bestimmte Antwort, so lange ich nicht zugleich das Maſs dieser Teilgröſsen kenne. Ebenso muſs ich dann wiederum neben der Anzahl auch das Maſs der Teilgröſsen kennen, aus denen diese Teilgröſsen sich zusammensetzen lassen u. s. w. D. h. eine abschlieſsende Antwort auf jene Frage ist unmöglich, alle Maſsbestimmungen sind relativ, wenn sie nicht schlieſslich auf irgend welche in der unmittelbaren Anschauung gegebene Gröſsen sich stützen, oder ein letztes Element der Messung gefunden wird, das selbst keine weitere Messung mehr zuläſst, also als absolute Maſseinheit gelten kann. Ein solches letztes Element bildet das eben Merkliche. Die Anzahl des eben Merklichen ist das absolute Maſs einer Gröſse. So habe ich eine absolute Antwort auf die Frage, wie groſs die Länge einer Linie sei, wenn ich weiſs, wie oft ich auf der Linie von Punkt zu Punkt fortschreiten kann der Art, daſs jeder Fortschritt als ein eben merklicher erscheint. Das eben Merkliche hat — für die Wahrnehmung nämlich — keine Gröſse mehr.

237. Subjektive und objektive Messung. Diese Messung ist aber bei aller „Absolutheit" nur eine subjektive und subjektiv schwankende. Sie ist bedingt durch die zufällige Beziehung der Objekte zu unseren wahrnehmenden Organen und die nicht überall gleiche Fähigkeit der Wahrnehmung und Unterscheidung. Nicht minder schwankend sind alle sonstigen subjektiven Messungen, etwa die unmittelbare Messung von Zeitabschnitten, für die ein in unserer Vorstellung möglichst unverändert festgehaltener Zeitteil als einheitlicher Maſsstab diente. Nur objektive, genauer: der objektiv wirklichen Auſsenwelt angehörige Maſsstäbe können feststehende und zugleich für Alle bestehende Maſsstäbe sein. Wir besitzen solche, soweit es auſser uns Gröſsen giebt, deren Unveränderlichkeit uns die erkannte Gesetzmäſsigkeit der objektiv wirklichen Welt verbürgt. Was sie verbürgt, ist schlieſslich das Kausalgesetz, dem zufolge unter gleichen Bedingungen Gleiches ist.

238. Unmittelbare und mittelbare Messung. Es bieten sich aber nur Raumgröſsen als solche Gröſsen dar. Darum können wir auch nur Raumgröſsen unmittelbar, und andere Gröſsen nur durch ihre Vermittelung objektiv messen. Die objektive Messung der Zeit ist möglich, weil es gleichmäfsige Bewegungen giebt, d. h. solche, in denen an gleiche Zeitgröfsen gleiche Raumgröfsen gebunden sind; die objektive Messung der Temperaturen etwa ist in Wahrheit eine Messung der Ausdehnungsgröfsen, die durch gewisse Bewegungen hervorgerufen werden etc. Nicht die Temperatur selbst, d. h. die Wärme und Kälte als Gegenstand unserer Empfindung, wird dabei gemessen, sondern die Wirkung der Bewegungsvorgänge, die ihr in der objektiven Wirklichkeit zu Grunde liegen.

239. Der Grad. Dagegen können diese Inhalte unserer Empfindung selbst, wie alle Empfindungsqualitäten, nicht objektiv, sondern nur subjektiv gemessen werden. Hier bleibt überall das eben Merkliche der letzte Mafsstab. Die Gröfse des qualitativen Abstandes zwischen zwei Farben — etwa Rot und Grün — oder der Grad ihrer Unähnlichkeit ist zunächst für mein unmittelbares Bewufstsein bestimmt durch die Sicherheit, mit der ich sie auch bei geringer Energie des „Festhaltens" oder geringer Aufmerksamkeit auf ihre Besonderheit auseinanderhalte (vgl. 205). Dieselbe Gröfse des qualitativen Abstandes oder derselbe Unähnlichkeitsgrad ist zugleich begrifflich, und demnach in mitteilbarer Weise bestimmt durch die Anzahl der eben unterscheidbaren Farben, die ich dazwischen schieben mufs, um von der einen zur anderen Qualität stetig, und zugleich auf dem kürzesten Wege überzugehen, oder durch die Anzahl der eben merkbaren Farbenunterschiede, in die der gesamte Abstand sich für mich zerlegt. Ebenso besteht das absolute Mafs einer gegebenen Farbe, einer Helligkeit, der Intensität irgend einer Empfindung, d. h. der Grad, in dem — nicht der Unterschied dieser Farbe, Helligkeit, Intensität von einer anderen, sondern diese selbst gegeben ist, in der Anzahl der eben merkbaren Unterschiede, in die der qualitative Abstand dieser Farbe, Helligkeit, Intensität von der Farblosigkeit, dem völligen Mangel der Helligkeit, dem Nullpunkt der Intensität sich zerlegt. — Qualitäten und qualitative Unterschiede sind als solche mefsbar, nur mufs man sich bewufst bleiben, dafs hier die Messung niemals etwas anderes als diese Bewufstwerdung von Anzahlen des eben Merklichen bedeuten kann.

240. Gröfsengleichung. An sich etwas völlig Anderes als

die Zahlen- oder Anzahlengleichung ist die einfache Größengleichung, etwa die Gleichsetzung der drei Seiten A, B und C eines Dreiecks: $A = B = C$. Sie besteht im Bewußtsein daß — nicht irgend welche **Folgen von Setzungen**, sondern die in der Anschauung gegebenen **Linien**, wenn wir von den Unterschieden des Ortes und der Richtung absehen, zusammenfallen oder „sich decken". Tritt an die Stelle dieser einfachsten Größengleichung die Gleichsetzung von **Summen** räumlicher Größen, so liegt dabei noch eine besondere, der **Anschauung** entnommene **Voraussetzung** zu Grunde, nämlich die Voraussetzung, daß Raumgrößen sich summieren oder addieren lassen, d. h. daß Raumteile, Linien, Flächen etc. so aneinander gefügt werden können, daß die Größe des daraus entstehenden Ganzen sich aus der Größe der Teile zusammensetzt, Raumgrößen sich also nicht etwa verhalten wie Töne, die zu einander hinzugefügt keineswegs ein Ganzes ergeben, in dem die Höhen oder die Intensitäten der einzelnen Töne sich summieren.

241. Größengleichungen als Anzahlengleichungen. Eben diese Voraussetzung liegt auch zu Grunde, wenn Raumgrößen nicht lediglich als diese bestimmten in der Anschauung gegebenen einheitlichen Größen, sondern als **Anzahlen** gleicher **Teilgrößen** und als Summen, Differenzen, Produkte, Quotienten etc. von solchen in die Gleichsetzung eingehen, die Gleichung also als Anzahlengleichung auftritt und damit der Gesetzmäßigkeit der abstrakten Zahlengleichung unterworfen wird. Die umfassende Anwendung der Form der Zahlengleichung und des entsprechenden rechnenden Verfahrens auf (stetige) Größen überhaupt ist nur möglich, sofern einerseits die Zahl als stetige Größe gedacht wird, andererseits die Symbole der Zahlbeziehungen, der Summen und Differenzen, Produkte und Quotienten zugleich auf Grund der Anschauung als Symbole analoger und den gleichen Regeln unterliegender Beziehungen von Raumgrößen **gedeutet werden können** und thatsächlich gedeutet werden. Die „Größen-Maßgleichung", so die der analytischen Geometrie, besitzt gegenüber der reinen Zahlengleichung durchaus ihren besonderen der Anschauung entnommenen Sinn, die gleiche Gesetzmäßigkeit aber erlaubt eine übereinstimmende Form und ein übereinstimmendes Verfahren mit derselben.

Abschnitt VII. Der Begriff.

Kapitel XXVII. Wesen des Begriffs.

242. Allgemeine Bestimmung. Die möglichen Objekte unseres Bewufstseins bilden ein Gewebe, in dem schliefslich alles mit allem mittelbar oder unmittelbar verknüpft ist und die einzelnen Objekte nach allen möglichen Richtungen stetig und ohne Grenzen ineinander übergehen. Innerhalb dieses Gewebes einzelne Objekte und engere und weitere Gebiete oder Inbegriffe von Objekten in konstanter und zugleich allgemein gültiger Weise abzugrenzen und so dem Denken und Denkverkehr bestimmte und ein für allemal feststehende, zugleich für Alle gültige Werte zu schaffen, das ist die Aufgabe der Begriffsbildung. Als Mittel dient der an das abzugrenzende Objekt bezw. die Elemente des abzugrenzenden Umkreises von Objekten gebundene sprachliche Ausdruck. Der Begriff ist die Bedeutungssphäre eines Wortes oder sprachlichen Ausdrucks oder die Sphäre möglicher Bewufstseinsobjekte, die und sofern sie in einem sprachlichen Ausdruck ihren zusammenfassenden Mittelpunkt und damit zugleich ihre Abgrenzung gefunden haben.

243. Allgemeinvorstellungen. Begriffe sind nicht Vorstellungen; Allgemeinbegriffe nicht Allgemeinvorstellungen. Jede qualitativ bestimmte Vorstellung ist freilich als diese qualitativ bestimmte einzelne Vorstellung allgemein, sofern sie eine beliebige Menge qualitativ gleicher, aber empirisch verschiedener Objekte zumal repräsentieren kann. Diese Allgemeinheit aber ist von der Allgemeinheit des allgemeinen Begriffs, der viele mögliche und von einander qualitativ verschiedene Vorstellungen oder Vorstellungsobjekte umfafst, wohl zu unterscheiden. Noch weiter vom Allgemeinbegriff entfernt sind die sogenannten allgemeinen, richtiger: unbestimmten und schwankenden, jetzt in diese, jetzt in jene ähnliche Vorstellungen übergleitenden Vorstellungen, sei es, dafs alles an ihnen schwankt, sei es, dafs ein Element, oder ein Zusammen von Elementen, weil es Gegenstand besonderer Aufmerksamkeit oder besonderen Interesses ist, deutlicher hervortritt und mehr oder weniger konstant bleibt. Zum Allgemeinbegriff fehlt solchen Vorstellungen sowohl die Allgemeinheit, d. h. die Zusammenfassung zu einem abgeschlossenen Objekte des Denkens, als der Begriff, d. h. das den Begriff wie jedes logische Gebilde erst konstituierende Bewufstsein der Gültigkeit oder objektiven Notwendigkeit. Auch das Vorhandensein eines **bleibenden Elementes** in den mit einander wechselnden oder in einander übergleitenden Vorstellungen thut zum Begriffe nichts, wenn nicht das Bewufstsein hinzutritt, dafs es bleiben müfse. Es leuchtet aber ein, dafs dies Bewufstsein nur möglich ist, wenn es etwas giebt, das die Konstanz des fraglichen Elementes fordert.

244. Vermeintliche Allgemeinvorstellungen. Blofse Fiktionen und darum gewifs mit Begriffen nicht Eines und Dasselbe, sind die Allgemeinvorstellungen, die angeblich dadurch entstehen, dafs wir an qualitativ verschiedenen aber vergleichbaren Objekten die gemeinsamen Merkmale vorstellend herauslösen, die sie unterscheidenden Merkmale unvorgestellt lassen. Solche Allgemeinvorstellungen, etwa die Vorstellung eines Dreiecks, das nur die **allgemeinen Eigenschaften der Dreiecke besäfse**, sind unvollziehbar. Ebenso illusorisch ist die Statuierung von Allgemeinvorstellungen, die man dadurch entstehen läfst, dafs in einer aus mehreren für sich **unvorstellbaren Elementen** $\alpha\ \beta\ \gamma$ bestehende Einzelvorstellung V — etwa einer weifsen ebenen Kreisfläche — eines der Elemente, etwa α — weifs — durch andere Vorstellungen V_1, V_2 etc., die mit V das Element α gemeinsam haben, verstärkt, betont, herausgehoben werde, während die anderen Elemente β, γ abgeschwächt oder zurückgedrängt würden. Diese Theorie vergifst, dafs es neben den Vorstellungen V_1, V_2 jederzeit auch Vorstellungen V', V'' zu geben pflegt, die mit V eines der anderen Elemente, β oder γ, gemein haben, also dies verstärken oder herausheben, dagegen α zurückdrängen müfsten. Das Ergebnis wäre eine Heraushebung und Zurückdrängung aller, also keines Elementes.

245. Begriff und Name. Soll eine wirkliche Heraushebung eines der Elemente α, β, γ auf Kosten der anderen stattfinden, und soll diese Heraushebung zugleich eine konstante und von dem zufälligen Interesse an einem der Elemente unabhängige sein, so bedarf es dazu einer neuen, aufserhalb stehenden Vorstellung, die mit diesem Element und dadurch zugleich mit den Objekten, denen dasselbe gemeinsam ist, ausschliefslich verbunden ist und so zu der Heraushebung ein für allemal nötigen kann. Solche Vorstellungen sind die Wortvorstellungen. Dafs sie von den Bedeutungsvorstellungen, oder Vorstellungen von Objekten geschieden sind, also nicht dem Gewebe derselben angehören, dies eben ist es, was sie befähigt Objektsvorstellungen aus dieser Verflechtung herauszuheben. Wortvorstellungen sind zugleich, abgesehen von etwaigen ihnen gleichstehenden Gebärden, das einzige Mittel einer ein für allemal bestehenden und allgemeingültigen Heraushebung. Das Wort ist bei jedem allgemeinen Begriff dasjenige, was die Festhaltung eines bestimmten Gemeinsamen fordert, im übrigen, also innerhalb der durch dies Gemeinsame gezogenen Grenzen, den Wechsel der Vorstellungen erlaubt; es ist mit einem Worte das, was die zum Begriff gehörige objektive Notwendigkeit begründet, und damit erst den Begriff zu stande kommen läfst.

246. Abstraktion und Determination. In jener Heraushebung unselbständiger Bewufstseinselemente durch das bezeichnende Wort besteht die Thatsache der Abstraktion, die in den allgemeinen und den speziell sogenannten abstrakten Begriffen stattfindet. Abstraktion — als vollendete Thatsache gefafst (vgl. 248) —, ist demnach nichts anderes, als die Bewufstseinsthatsache oder das Erlebnis, dafs Vorstellungsinhalte, die durch ein bestimmtes Wort bezeichnet werden, unbeschadet des Bewufstseins, dafs ihnen das Wort als Zeichen oder Name zugehöre, wechseln können, unter Voraussetzung oder unter der Bedingung eines bleibenden Gemeinsamen. Die Abstraktion besteht im notwendigen Dasein, nicht im selbständigen Vorgestelltwerden dieses Gemeinsamen einerseits, und in der Gleichgültigkeit, also dem beliebigen Wechsel, nicht im Nichtdasein der übrigen Elemente der Objekte andererseits. Wir abstrahieren in einem Begriffe von Merkmalen der Objekte und halten andere fest, dies heifst nichts anderes, als: diese sind für unser Bewufstsein Bedingungen der Anwendung des Wortes, jene nicht. Ein Begriff ist durch ein Merkmal „determiniert", das heifst: dies Merkmal ist ein Element in der Einheit der Bedingungen, denen die Anwendung des Begriffswortes unterliegt.

247. Genauere Bestimmung des Begriffs. Das Wesen des Begriffs kann jetzt genauer bestimmt werden. Der vollständige bewuſste Vollzug des Begriffs würde sich darstellen als ein wechselseitiges Urteil (vgl. 120) zwischen dem Begriffswort und der bleibenden Bedingung seiner Anwendung, d. h. als ein Doppelurteil, in welchem einmal das Wort als logisches Subjekt oder zureichender Grund für den gedanklichen Vollzug jenes Bleibenden, das andere Mal dies Bleibende als logisches Subjekt oder zureichender Grund für die Anwendung des Wortes sich darstellte. Jenes Urteil wäre ein erklärendes und zwar ein **vollständig erklärendes**; dies ein Benennungsurteil. Da das Bleibende nur zugleich mit den Objekten, an denen es vorkommt, ein möglicher Gegenstand des Bewuſstseins ist, so setzt der vollständige Vollzug des Begriffs die Bewuſstwerdung aller möglichen von ihm umfaſsten Objekte voraus. Da dies bei gewissen allgemeinen Begriffen, nämlich den „generellen" (vgl. 250) nicht angeht, so können solche Begriffe im Bewuſstsein nur unvollständig vollzogen werden. Dies genügt indessen für das Bedürfnis des Denkens. Ja es kommt für das Denken zunächst überhaupt nur darauf an, daſs Begriffe überhaupt **da sind**. Ein Begriff ist aber da, wenn der psychische Thatbestand gegeben ist, der jenem wechselseitigen, einerseits erklärenden, andererseits benennenden Urteil zu Grunde liegt. Der Begriff an sich ist ein potentielles wechselseitiges Urteil der oben bezeichneten Art.

248. Entstehung von Begriffen. Begriffe entstehen, wenn sie nicht jetzt von uns geprägt werden, durch Erfahrung. Der Prozeſs des Zustandekommens von Begriffen ist eine Art der Induktion, und geht wie alle Induktion (Kap. XXXIV) in einen Doppelprozeſs auseinander, der hier als Vorgang der successiven Abstraktion — zu unterscheiden von der Abstraktion als vollendeter Thatsache (vgl. 246) — einerseits, und als Vorgang der successiven Determination andererseits bezeichnet werden kann. Das Abstrahieren besteht im Ausscheiden eines Merkmals aus der Einheit der Bedingungen, denen die Anwendung des Begriffswortes unterliegt, das Determinieren in der Aufnahme eines Merkmals in diese Einheit. Im Wechsel und Zusammenwirken dieser Vorgänge erweitert sich einerseits der Sinn, den wir mit Worten verbinden, um sich andererseits ebenso wohl zu verengern. Die erfahrungsgemäfse Verbindung eines Wortes mit einer Einzelvorstellung wird nun ursprünglich immer einem um so gröfseren Umkreis von Vorstellungen unmittelbar mit zu Gute kommen, je weniger die Einzelvorstellung eine bestimmte und allseitig abgegrenzte ist, oder je weniger sie von uns als solche festgehalten wird. Insofern sind die unbestimmten oder schwankenden Vorstellungen (vgl. 243) eine Erleichterung der Bildung allgemeiner Begriffe. Nicht die bestimmten und sicher festgehaltenen, sondern die unbestimmten, zum Übergleiten in andere und andere leicht bereiten Einzelvorstellungen sind aber in unserem Bewufstsein das erste. Andererseits schliefst doch das Dasein solcher Vorstellungen auch wiederum eine Erschwerung aller Begriffsbildung überhaupt in sich, sofern es in der Natur jedes Begriffes liegt, durchaus nicht schwankend und unbestimmt, sondern sicher umgrenzt zu sein. So erscheinen die ursprünglichen, der sicheren Umgrenzung entbehrenden Verbindungen von Worten mit möglichen Einzelvorstellungen als der Ausgangspunkt, von dem aus die Begriffsbildung in doppelter Richtung geht: in der Richtung der Erweiterung und der Abgrenzung.

Kapitel XXVIII. Arten, Inhalt und Umfang.

249. Ideelle und Wirklichkeitsbegriffe. Analog der bei den Urteilen getroffenen Unterscheidung zwischen formalen und materialen Urteilen müssen auch bei den Begriffen diejenigen, die Bewufstseinsobjekte als solche umfassen und abgrenzen, denen gegenüber gestellt werden, die objektiv Wirkliches zum Gegenstande haben. Wir könnten sie der Analogie wegen als formale bezw. materiale Begriffe bezeichnen. Es sagt Dasselbe, und ist vielleicht weniger mifsverständlich, wenn wir sie ideelle und Wirklichkeitsbegriffe nennen. Zu jener Art gehören alle mathematischen, zu dieser alle Ding-, Thätigkeitsbegriffe u. s. w.

250. Einzel- und Allgemeinbegriffe. Im übrigen zerfallen Begriffe zunächst in Einzel- und Allgemeinbegriffe. In jenen macht den ganzen Sinn des Begriffes ein einzelnes Objekt aus. Die Einzelbegriffe sind wiederum Individual- und Kollektivbegriffe: „Sokrates" und „die Menschheit" = „die Summe der Menschen". Die Allgemeinbegriffe umfassen eine Mehrheit von Objekten. Sie zerfallen in universale oder empirisch bestimmte Allgemeinbegriffe — „Dichter der Antike" — und generelle oder lediglich qualitativ bestimmte und damit zugleich empirisch unbedingte oder unbegrenzte Begriffe (vgl. 71). Letztere — z. B. „Lyrische Dichter" — sind die eigentlich so zu nennenden Gattungsbegriffe. Die Inhalte der universalen Begriffe sind mögliche Subjekte universaler, die der generellen Begriffe mögliche Subjekte genereller Urteile. Formale oder Idealbegriffe können als solche jederzeit nur generelle Begriffe sein. „Dieses jetzt von mir vorgestellte Dreieck" ist kein rein formaler Begriff mehr, da das Dreieck durch die nähere Bestimmung als ein dem Zusammenhang der objektiven Wirklichkeit, nämlich der Wirklichkeit meines Vorstellungslebens angehöriges, oder kurz als ein psychologisches Faktum charakterisiert ist.

251. Konkrete und abstrakte Begriffe. Diese Einteilung wird gekreuzt durch die Einteilung in konkrete und abstrakte Begriffe. Jene sind solche, die ihrem ganzen Inhalte nach, oder, falls sie Allgemeinbegriffe sind, in ihren einzelnen Beispielen für sich vorgestellt werden können, diese solche, deren Gegenstände nur als untrennbare Elemente anderer Vorstellungen zum Bewufstsein kommen können. Beispiele konkreter Begriffe sind die eben (250) angeführten. Beispiele abstrakter Begriffe: der Individualbegriff „Caesars Tod"; der Kollektivbegriff „Das positive Recht" = „Summe aller geltenden Rechtsbestimmungen"; der universale Begriff „Bauweisen griechischer Tempel"; der generelle Begriff „Architektonische Stilarten".

252. Imaginäre Begriffe. Von den abstrakten Begriffen sind noch die imaginären Begriffe zu unterscheiden, deren Sinn überhaupt in der Vorstellung nicht realisierbar ist. Über ihr Wesen und ihre Bedeutung s. 55. Sie gehören dem Gebiete der formalen oder ideellen Begriffe an. Ihr Gegenbild auf dem Gebiete der materialen Begriffe sind die fiktiven materialen Begriffe, z. B. der Begriff des vollkommenen Staates. Vgl. darüber 151.

253. Begriffsinhalt. Die Einheit und der Zusammenhang dessen, was in einem Begriffe Bedingung ist für die Bezeichnung durch das Begriffswort, macht den Inhalt des Begriffes aus. Jedes Element des Begriffsinhaltes, also jede Bedingung der Anwendung des Begriffswortes ist ein „Merkmal des

Begriffs". Sofern auch diese Merkmale wiederum herausgehoben oder für das Bewufstsein verselbständigt werden können durch besondere Begriffsworte, so dafs sie den Inhalt selbständiger Begriffe bilden, können sie im Vergleich zu dem Begriff, dessen Merkmale sie sind, Teilbegriffe heifsen.

254. Im engeren und weiteren Sinn. Unter dem Begriffsinhalt ist hier zunächst der im Begriff unmittelbar mitgedachte Inhalt, oder die Einheit und der Zusammenhang der im sprachgebräuchlichen Sinn des Begriffswortes unmittelbar eingeschlossenen Bedingungen seiner Anwendung gemeint. Von diesem „engeren" und eigentlich logischen Begriffsinhalt ist der „weitere" Begriffsinhalt zu unterscheiden, der auch diejenigen Merkmale in sich begreift, die von jenem untrennbar sind. Diese Untrennbarkeit ist bei Idealbegriffen Gegenstand der formalen Erkenntnis, also Untrennbarkeit für die Vorstellung; bei Wirklichkeitsbegriffen Gegenstand der auf die objektive Wirklichkeit übertragenen formalen (147) oder aber der materialen Erkenntnis. Soweit das letztere der Fall ist, soweit also die „sekundären" oder blofs dem „weiteren" Begriffsinhalte angehörigen Merkmale mit den „primären", oder den Elementen des „engeren" Begriffsinhaltes nur thatsächlich oder nach Aussage der in der objektiv wirklichen Welt gemachten Erfahrungen zusammengehören, kann der weitere Begriffsinhalt speziell als **empirischer** bezeichnet werden. Beim Begriff des gleichseitigen Dreiecks gehört die Gleichwinkeligkeit nur zum weiteren Begriffsinhalt oder ist ein sekundäres Merkmal des Begriffs; beim Begriff des zweifüfsigen ungefiederten lebenden Wesens (= Mensch) gehört das Vorhandensein der spezifisch menschlichen Eigenschaften lediglich zum empirischen Begriffsinhalt.

255. Begriffsumfang. Umfang des Begriffs ist der Inbegriff — die Allheit, Anzahl — der unterschiedenen Objekte, die den Bedingungen für die Anwendung des Begriffswortes genügen. Dieser Satz hat jedoch einen anderen Sinn bei empirisch als bei lediglich qualitativ bestimmten Begriffen, etwa: Bäume in meinem Garten, und: Bäume. Bei jenen ist der Umfang bestimmt durch die Allheit oder Anzahl der empirisch bestimmten **Einzelobjekte**: dieser, jener u. s. w. Baum in meinem Garten. Bei diesen ist der Umfang gleichbedeutend mit der Allheit oder Anzahl der qualitativ unterschiedenen Objekte, oder, da lediglich qualitativ bestimmte Objekte in mehreren Exemplaren vorkommen können, gleichbedeutend mit der Allheit oder Anzahl der unterschiedenen **Arten.** Der Umfang der empirisch bestimmten Begriffe ist jederzeit **empirischer Umfang**, in dem Sinne, dafs lediglich die auf die objektive Wirklichkeit gerichtete Erfahrung ihn feststellen kann. Der Umfang der lediglich qualitativ bestimmten Begriffe kann als **logischer und empirischer** gemeint sein. Der logische Umfang eines solchen Begriffes ist die Allheit der **möglichen**, d. h. überhaupt denkbaren Arten, der empirische Umfang die Allheit der thatsächlich oder nach Aussage der Erfahrung **gegebenen** Arten. Es leuchtet ein, dafs bei Idealbegriffen von einem empirischen Umfang neben dem logischen keine Rede sein kann.

256. Verhältnis des Inhaltes und Umfanges. Bei allen Einzelbegriffen fällt notwendig der Umfang mit dem Inhalt zusammen. Bei allgemeinen Begriffen ist jede Bereicherung des Begriffsinhaltes, falls sie zu ihm ein Element hinzufügt, das nicht mit ihm, sei es vermöge der Gesetzmäfsigkeit des Vorstellens, sei es nach Aussage der Erfahrung, **jederzeit verbunden** gedacht werden mufs, selbstverständlich eine Verengerung des Umfanges. Sie ist, wenn diese Voraussetzung nicht erfüllt ist, überhaupt mit keiner Veränderung des Umfangs verbunden. Die Linien zweiter Ordnung, und die Linien zweiter Ordnung, die als Schnitte einer Ebene und einer Kegelfläche vorgestellt werden können, sind dieselben Linien. Ebenso sind die Bäume in meinem Garten und die Obstbäume in der Mitte meines Gartens, wenn die Erfahrung lehrt, dafs die Bäume meines Gartens sämtlich Obstbäume sind und sämtlich in der Mitte meines Gartens stehen, dieselben Bäume. Der Satz, dafs der Umfang des Begriffes abnimmt, wenn der Inhalt desselben eine Bereicherung erfährt, oder zunimmt, wenn der Inhalt verarmt, ist danach selbstverständlich oder unrichtig.

257. Definition. Die Definition eines Begriffes ist die Bewufstwerdung seines Inhaltes, also der Vollzug des wechselseitigen — einerseits erklärenden, anderseits benennenden — Urteils, in dessen potentiellem Dasein der Begriff besteht. Vgl. 247. Insoweit der Begriffsinhalt, als Ganzes, kein möglicher selbständiger Gegenstand des Bewufstseins ist, sondern zu seiner Verselbständigung der Worte bedarf, d. h. also bei allen allgemeinen und abstrakten Begriffen, ist die Definition notwendig **Begriffsgleichung** oder wechselseitiges **Namenurteil**. Weiterhin ist natürlich auch da, wo der Begriffsinhalt als **Ganzes** für sich vorgestellt werden kann, die einzelnen **Merkmale** desselben aber nur **begrifflich** verselbständigt werden können, eine Definition, der es auf solche gedankliche Verselbständigung einzelner Merkmale ankommt, nur als Begriffsgleichung möglich. Versteht man endlich unter der Definition überhaupt, wie zu geschehen pflegt, erst die **sprachlich formulierte** Definition, so ist der begriffliche Charakter der Definition überall selbstverständlich, also jede Definition ohne Weiteres eine Begriffsgleichung. Solche begriffliche Definition geschieht in der Regel am einfachsten durch Bezeichnung des nächsthöheren oder nächstallgemeineren Begriffes, des „genus proximum", und der Merkmale, die den Inhalt des zu definierenden Begriffes von den Inhalten nebengeordneter Begriffe unterscheiden, oder der „differentia specifica". Durch solche Definition wird zugleich der Begriff in einfachster Weise in das System der Begriffe eingeordnet.

258. Das Verständnis des Begriffes. Solche Definitionen schliefsen aber ein Verständnis des Begriffes nur dann in sich, sind also nur dann eigentlich logische Definitionen, wenn alle in die Definition eingehenden Begriffe völlig verstanden sind. Ist dies nicht der Fall, so sind sie lediglich eine Art, Worte durch Worte zu ersetzen, die einer formalistischen „Logik" genügen mag, für die Erkenntnis aber wertlos oder als Mittel der Einschläferung des Denkens schädlich ist. Zum vollen Verständnis eines Begriffes gehört nun aber, wenn er konkreter Einzelbegriff ist, die volle Kenntnis des durch ihn bezeichneten Objektes; es gehört zu ihm, wenn er allgemeiner oder abstrakter Begriff ist, nicht nur das Bewufstsein aller einzelnen Elemente, die in seinen Inhalt eingehen, einschliefslich der Beziehungen, in denen sie für mein Bewufstsein zu einander stehen, sondern zugleich das Bewufstsein, welcher Sphäre des Bewufstseins oder welchem Gebiete der Erfahrung sie entstammen, und welches die psychologische Gesetzmäfsigkeit ist, nach der sie sich zu einander gefügt haben. Solches Verständnis mufs vor allem gefordert werden für die obersten Begriffe des Denkens, und es mufs vor allem, wie schon gelegentlich gesagt, gefordert werden von der Logik. Vgl. 161.

259. Arten der Definition. Die Unterscheidung zweier möglicher Arten der Definition: der Nominaldefinition oder der blofsen Worterklärung und der Realdefinition, d. h. derjenigen Definition, die die Existenz des Definierten in sich schliefse, ist unzulässig. Definitionen sind immer Nominaldefinitionen. Andererseits gehört das Bewufstsein, ob mit dem Worte ein blofser Gegenstand des Bewufstseins oder etwas der objektiv wirklichen Welt Zugehöriges gemeint sei, und weiterhin ebenso das Bewufstsein, welcher Sphäre des Bewufstseins oder der objektiven Wirklichkeit der Gegenstand der Definition angehöre, jedesmal zum Verständnis des Begriffes. Vgl. 258. — Nicht ein Gegensatz von Arten der Definition, sondern ein Gegensatz der zu definierenden Begriffe ist der Gegensatz der Existenzial- und der genetischen Definition, wenn unter der letzteren diejenige Definition verstanden wird, die zugleich die Beschreibung der Art, wie die Objekte des Begriffs entstehen, in sich schliefst, z. B. die Definition des Kreises als einer Linie, die durch Bewegung eines Punktes entstehe, dessen Abstand von einem festen Punkte unverändert bleibe. Solche genetische Definitionen sind am Platze und wertvoll, wenn es zu den durch den Begriff bezeichneten Objekten gehört, in bestimmter Weise geworden zu sein. Sie sind anderenfalls unzulässig. Dagegen ist die genetische Definition, wenn darunter die Definition verstanden wird, die die Genesis des Begriffes deutlich werden läfst, nicht nur überhaupt eine besondere Art der Definition, sondern die für das volle Verständnis des Begriffs jedesmal geforderte Art derselben. — Versteht man weiter unter „Essentialdefinition" diejenige Definition, die sich auf die Angabe der „primären", unter der abgeleiteten diejenige, die sich auf die Angabe „sekundärer" Merkmale beschränkt (vgl. 254), so verdient jene erstere allein den Namen einer Definition. Die Definition des Menschen als des zweibeinigen ungefiederten lebenden Wesens etwa ist keine Definition, wenn auch dadurch für den Wissenden der Mensch genügend gekennzeichnet sein mag. Die ausdrückliche Hinzufügung aber der sekundären zu den primären Merkmalen ist als Bereicherung des Verständnisses wertvoll. — Endlich ist wohl berechtigt der Gegensatz der synthetisch gebildeten und der analytischen Definition, d. h. der Definition, die in der Erklärung besteht, es solle ein Wort in einem bestimmten Sinne genommen werden und der Definition, die sich auf einen feststehenden Sprachgebrauch stützt. Jene Definition ist nach früherem kein Urteil. Sie wird dazu erst, nachdem einmal durch eine solche Willenserklärung ein Sprachgebrauch geschaffen ist. — Neben der Definition stehen als unter Umständen höchst wertvolle Arten, das Verständnis des Begriffes zu vermitteln, die Umschreibung, Verdeutlichung durch Beispiele, Herbeiziehung von Analogieen, die Illustration durch den Gegensatz, bildliche Wendungen u. dgl.

260. **Die Division des Begriffs** ist die Einteilung seines Umfangs. Die sprachliche, also begriffliche Einteilung geschieht durch sich ausschliefsende (disjunkte) Begriffe, deren Umfänge den Umfang des einzuteilenden Begriffs ausfüllen. Dafs die einteilenden Begriffe diesen beiden Forderungen genügen, ist unmittelbar einleuchtend einmal dann, wenn die einteilenden Begriffe nur zwei sind und sich wie A und non-A verhalten, d. h. dadurch sich unterscheiden, dafs ein und dasselbe Merkmal A beim einen sich findet, beim anderen fehlt; und zweitens dann, wenn die einteilenden Begriffe durch Merkmale geschieden sind, die sich als verschiedene Modifikationen oder Besonderungen eines und desselben Merkmals M des einzuteilenden Begriffs darstellen. In jenem Falle ist das Vorhandensein oder Nichtvorhandensein des Merkmals A, in diesem das Merkmal M der einheitliche Einteilungsgrund. Die Logik fordert aber im Interesse der Klarheit der Einteilung, dafs sie nach einem einheitlichen Einteilungsgrund — in jenem oder in diesem Sinne — geschehe. Damit ist nicht ausgeschlossen, dafs verschiedene, nach verschiedenen Einteilungsgründen vollzogene Einteilungen nebeneinander bestehen und „sich kreuzen". Aufserdem können die einteilenden Begriffe selbst wiederum Gegenstand einer weiteren Einteilung (Untereinteilung oder Subdivision) sein u. s. w. — Der Vollzug der Einteilung ist jedesmal ein einteilendes Urteil. Die Einteilung kann eine logische oder empirische sein. Vgl. 255 u. 138. Der wissenschaftliche Wert einer Einteilung ist jedesmal abhängig von dem wissenschaftlichen Wert der einteilenden Begriffe. Vgl. 267.

Kapitel XXIX. Begriffsverhältnisse und Wert der Begriffe.

261. Umfangsgleichheit. Begriffe können im engeren Sinne als **identisch** bezeichnet werden, wenn ihre **engeren**, von dem Begriffswort **unmittelbar** geforderten Inhalte und damit selbstverständlich auch ihre Umfänge zusammenfallen, und nur die Begriffsworte verschiedene sind: „Rechtwinkeliger Rhombus" und „Gleichseitiges Rechteck". Sie sind im weiteren Sinne identisch oder **äquipollent**, wenn mit dem durch das Begriffswort unmittelbar geforderten Inhalte des einen der des anderen, sei es vermöge der Gesetzmäfsigkeit des Vorstellens, sei es nach Aussage der Erfahrung, jederzeit **verbunden** gedacht werden mufs: „Gleichseitiges Dreieck" und „Gleichwinkeliges Dreieck" bezw. „Mensch" und „Zweibeiniges ungegliedertes lebendes Wesen. Das Zusammenfallen der Umfänge ist in diesem Falle nicht mit dem Verständnis der Begriffsworte unmittelbar gegeben, sondern Sache einer hinzutretenden Erkenntnis der Objekte.

262. Unterordnung. Ein Begriff B ist einem Begriff B_1 **übergeordnet**, dieser jenem **untergeordnet**, wenn im Begriff B_1 der Inhalt von B durch ein Merkmal **bereichert** ist, das mit dem Inhalt von B weder vermöge der Gesetzmäfsigkeit des Vorstellens, noch auf Grund der Erfahrung verbunden gedacht werden mufs, oder umgekehrt, wenn im Inhalte von B der Inhalt von B_1 um ein solches Element **vermindert** erscheint, und demnach der Umfang des Begriffes B_1 einen Teil des Umfanges von B ausmacht. In jener Inhaltsbereicherung oder Steigerung der Bedingungen für die Anwendung des Begriffswortes vollzieht sich ein Akt der „Determination", in dieser Inhaltsverminderung oder Herabminderung der Bedingungen der Anwendung des Begriffswortes ein Akt der „Abstraktion" (248). Untergeordnete oder niederere Begriffe entstehen also durch Determination, übergeordnete oder höhere durch Abstraktion. Sind Begriffe generelle oder Gattungsbegriffe, so wird der übergeordnete im Vergleich zum untergeordneten speziell als dessen zugehöriger **Gattungsbegriff**, der untergeordnete im Vergleich zum übergeordneten als ihm zugehöriger **Artbegriff** bezeichnet. Sollen mehrfache Stufen der Unter- oder Überordnung bezeichnet werden, so dienen dazu allerlei weitere Namen, wie Klasse, Ordnung, Familie etc.

263. Nebenordnung etc. Begriffe heißen einander **nebengeordnet**, wenn ihre Umfänge selbständige, also nicht ineinander übergreifende Teile des Umfanges eines höheren Begriffes sind: **sich kreuzend**, wenn sie einen Teil ihres Umfanges gemein haben. Einander **kontradiktorisch entgegengesetzt** sind zwei Begriffe, wenn der eine, ohne im übrigen näher bestimmt zu sein, lediglich den Inhalt des anderen ausschließt: „Das Weiße" und „Das Nichtweiße".

264. Begriffsverhältnisse als Vorstellungsverhältnisse. Anders geartet als diese eigentlichen Begriffsverhältnisse sind diejenigen, die nicht erst zwischen den Begriffen, sondern schon zwischen den Vorstellungselementen desselben bestehen. Begriffe sind **unverträglich** oder **disjunkt**, wenn sie unverträgliche Elemente in sich schließen, d. h. wenn im engeren oder weiteren Inhalt des einen Begriffs ein Element vorkommt, das in den Inhalt des anderen nicht ohne Veränderung desselben, als nicht ohne Aufhebung dieses Begriffes eingefügt werden könnte. Begriffe heißen **verträglich**, wenn nichts dergleichen der Fall ist. Unverträglichkeit von Begriffen ist Bedingung ihrer Nebenordnung. Unverträglich ist „Weiß" und „Rot", ebensowohl aber „Farbig" und „Raumlos", „Cäsar" und „Eines natürlichen Todes gestorben" u. s. w. — Begriffe sind einander **konträr entgegengesetzt**, wenn sie innerhalb einer Reihe einander nebengeordneter Begriffe qualitativ soweit als möglich voneinander abstehen. Vgl. 208. **Disparat** oder unvergleichbar sind Begriffe um so mehr, je allgemeiner im Vergleich mit ihnen der höhere Begriff sein muß, der sie zumal in sich schließen soll. Disparate Begriffe sind „Rund" und „Süß", in noch höherem Maße „Rund" und „Tugendhaft".

265. Kategorien als oberste Begriffe. Die fortgesetzte Begriffsüberordnung führt schließlich zu höchsten Begriffen, die auch wohl als allgemeinste Kategorien bezeichnet werden. Der oberste und allgemeinste Begriff ist der des **Objektes des Bewußtseins** überhaupt; die ihm nächststehenden die Begriffe des Bewußtseinsobjektes als solchen, und des Bewußtseinsobjektes als Gegenstandes des Bewußtseins der objektiven Wirklichkeit, oder kurz: der Gegensatz des bloß **Vorgestellten** und des **Wirklichen**. Dem durch alle Begriffsüberordnung oder Unterordnung hindurchgehenden Gegensatz des konkreten und abstrakten Begriffs entspricht weiterhin der Begriffsgegensatz des **selbständigen Objektes** des Denkens und der **unselbständigen Elemente oder Bestimmungen** desselben. Dabei sind unter den selbständigen Objekten des Denkens das eine Mal die selbständig **vorstellbaren Objekte** — der Ton, die Melodie, die gefärbte Fläche —, das andere Mal die nach Aussage unserer materialen Erkenntnis **relativ selbständigen**, nämlich relativ selbständig **existierenden Dinge** oder die relativ selbständigen **Substanzen** zu verstehen. Ebenso sind die „unselbständigen Elemente" oder „Bestimmungen" das eine Mal die Elemente, ohne welche Objekte nicht **vorstellbar** sind, das andere Mal diejenigen, welche die in der objektiv wirklichen Welt gemachte **Erfahrung** uns nötigt den Dingen oder Substanzen zuzuerkennen. Zu diesen zwei oder vier Kategorien treten dann vermittelnd die **Beziehungen**, die wiederum doppelter Art sind, nämlich in der **Vorstellung** gegebene **Beziehungen** und **Denkbeziehungen**. Die ersteren sind die Beziehungen von **Raum und Zeit**, die letzteren die **logischen Relationen** — Beziehungen von Grund und Folge — und die durch unsere ordnende Thätigkeit des Zusammenfassens, Sonderns, Vergleichens entstehenden Beziehungen oder die **subjektiven Kategorien**. Als Arten der logischen Relation, also als der logischen Relation überhaupt untergeordnete Begriffe stellen sich dar die Kategorien der Ursache und Wirkung, des Substrates und der Eigenschaft, Kraft, Thätigkeit etc. Als **Modifikationen** der logischen Relation können endlich bezeichnet werden die Kategorien der **Modalität**: Thatsächlichkeit, Notwendigkeit, Möglichkeit (Wahrscheinlichkeit).

266. Grammatische Kategorien. Von diesen logischen Kategorien sind wohl zu unterscheiden die grammatischen Kategorien, d. h. die obersten Wortarten. In ihnen spiegeln sich die logischen Kategorien weder vollständig noch in gesetzmäfsiger Weise. In die Grammatik, nicht in die Logik gehören auch die sogenannten **kategorialen Verschiebungen**, d. h. die Vertauschungen von Wortklassen, vor allem die Substantivierung von Eigenschaften, Vorgängen, Thätigkeiten: Gehen — Gang. Dieselben haben, solange keine Verschiebung des Sinnes damit verbunden ist, keinerlei logische Bedeutung.

267. Wert der Begriffe. Die Wendung, Begriffe bezeichneten das „Wesen" der Objekte, entstammt einer mystischen Vorstellung von einem in den Objekten liegenden besonderen Kern oder „Wesen" derselben. In Wahrheit gehört zum Wesen eines Objektes alles, was zu dem Objekte gehört. Zudem müfste, da dieselben Objecte vielen Begriffen angehören können, ein Objekt viele „Wesen" haben können. Dafs der Begriff jederzeit die wesentlichen, d. h. für den Begriff wesentlichen Merkmale der Objekte heraushebe, ist ebenso wahr als tautologisch. Zum Begriff gehört immer was für ihn „wesentlich" ist, oder zu ihm gehört. Dagegen ist es eine wertvolle Lehre, dafs der Begriff um so mehr Wert gewinne, je mehr er wesentliche, d. h. wichtige Merkmale heraushebe, sei es wichtig für unser Gefühl, sei es wichtig für die praktische Lebensführung oder die sittliche Wertschätzung, sei es endlich wichtig für die Erkenntnis. Merkmale sind aber wichtig für die Erkenntnis in dem Mafse, als sie in Gesetzmäfsigkeiten als Faktoren eingehen können. Da Gesetzmäfsigkeiten in generellen Urteilen zum Bewufstsein kommen, so können wir auch sagen: Begriffe haben Erkenntniswert in dem Mafse, als ihr Inhalt Subjekt oder Prädikat in generellen Urteilen sein oder in dieselben als entscheidendes Element eingehen kann. Eben danach bestimmt sich auch der Wert der Begriffseinteilungen (vgl. 260). Er ist um so gröfser, je mehr die einteilenden Begriffe mit ihren unterscheidenden Merkmalen in der bezeichneten Weise für die Erkenntnis bedeutungsvoll sind.

268. Begriff und Erkenntnis. Das Subjekt der generellen Urteile ist der allgemeine Grund seines Prädikates; aus ihm kann auf das Prädikat (= seine Folge) allgemein geschlossen werden. Für die Erkenntnis wertvolle Begriffe sind also solche, die eine allgemeine Erkenntnis oder eine Gesetzmäfsigkeit implicite in sich schliefsen. Die wissenschaftliche Begriffsbildung hat die Aufgabe, solche Begriffe zu bilden, es gehört zu ihren Funktionen, die gewonnenen allgemeinen Einsichten in feste Begriffe niederzulegen und so inhaltvolle und zugleich allgemeingültige Werte für das Denken und den Denkverkehr zu schaffen. Sie hat schliefslich ein System von Begriffen zu schaffen, in dem das System der Erkenntnis niedergelegt und sozusagen verdichtet ist. Der Begriff ist nicht Ausgangspunkt der Erkenntnis,

wohl aber kann ein solches System von Begriffen als ihr **End-
ziel** bezeichnet werden.

269. Begriffliches Denken. Bei allem dem ist doch, was
den Begriff zum Begriffe macht, das Wort und die logische
Bindung der Bewufstseinsinhalte an dasselbe. Begriffliches Denken
ist Denken mit Hilfe von Worten, rein begriffliches Denken
solches Denken, das für das Bewufstsein ganz und gar in stell-
vertretenden Worten sich vollzieht. In welchen Fällen das
Urteilen in Worten oder „Satzurteilen" sich vollziehen müsse, und
wie solche Urteile möglich seien, wurde gelegentlich gesagt
(vgl. 54 f.). Es ist aber schliefslich unser Denken der **Haupt-
sache** nach ein für das Bewufstsein nur in Worten (Symbolen)
sich vollziehendes, also, von den Worten abgesehen, ein **unbewufst** sich abspielendes. Wie überall, so verrät sich doch auch
hier der Wert, den das unbewufste Vorstellungsleben für uns
hat, dem Bewufstsein in begleitenden **Gefühlen**. Es verrät sich
der logische oder Erkenntniswert in den logischen Gefühlen;
dem Gefühl der Wahrheit, Gewifsheit, kurz der objektiven Notwendigkeit, wenn die Verbindungen und Folgen von Worten der
objektiven Notwendigkeit des Vorstellens gemäfs sind, dem Gefühl
der Unwahrheit, des Widerspruchs mit dem, was gilt oder ist, wenn
der eigene subjektive, also dem Denken entgegenstehende Vorstellungsverlauf oder die Mitteilung Anderer uns Verbindungen von
Worten aufnötigt, denen jene objektive Notwendigkeit des Vorstellens zuwiderläuft.

Abschnitt VIII. Die Erfahrung und die Gesetz- mäfsigkeiten des Denkens.

Kapitel XXX. Urteilsgründe.

270. Allgemeines. Vom Grunde des Prädikates oder der
Prädizierung im Urteil ist, wie schon gelegentlich · gesagt, zu
unterscheiden der Grund des Urteils. Darunter verstehen wir
hier dasjenige, was das Urteil als solches möglich macht, oder

was bewirkt, dafs Vorstellungsinhalte für andere Subjekte oder Prädikate sein können: Grund des Urteils in diesem Sinne ist die Erfahrung und die Gesetzmäfsigkeit des Geistes.

271. Erfahrung als Urteilsgrund. Erfahrung im allgemeinsten Sinne ist das Gegebensein, d. h. das Dasein von Etwas für mich oder als Gegenstand meines Bewufstseins. In diesem Sinne ist jedes Objekt irgend eines Urteils, es ist nicht minder jedes Urteil selbst, als Bewufstseinsvorgang, Gegenstand der Erfahrung. In eben diesem allgemeinen Sinne aber nehmen wir die „Erfahrung" auch, wenn wir sagen, die Erfahrung bilde den Grund von Urteilen. Dabei mufs nur mit dem Begriff des „Grundes" voller Ernst gemacht werden. Die Erfahrung kann ein Urteil „begründen", nur sofern sie selbst etwas vom Urteile Verschiedenes ist. Was begründet, ist immer Eines, was begründet wird, ein Anderes. Das Urteil etwa, jede Farbe (im engeren Sinne) habe einen Helligkeitsgrad, ist in der Erfahrung gegeben, oder ist eine Erfahrung; die Notwendigkeit, jede Farbe in der Vorstellung mit irgend einem Helligkeitsgrad zu versehen, besteht für mich nur, wenn ich sie erfahre oder erlebe. Aber dieses Erlebnis selbst ist nicht durch die Erfahrung bedingt; es liegt ihr nicht eine — von ihr selbst verschiedene — Erfahrung oder Art des Gegebenseins der Objekte im Bewufstsein zu Grunde.

272. Wahrnehmung als Urteilsgrund. Erfahrung ist Grund eines Urteils, dies heifst: sie ist Grund des Bewufstseins der objektiven Notwendigkeit eines Vorstellens oder einer Verbindung von Vorgestelltem. Unmittelbarer Grund des Bewufstseins der objektiven Notwendigkeit eines Vorstellens ist jederzeit die Wahrnehmung. Hier ist die Forderung, dafs der Grund von seiner Folge unterschieden sei, erfüllt. Der Akt der Wahrnehmung ist nicht jenes Bewufstsein selbst. Er ist an sich zunächst eine Art, wie Objekte für mein Bewufstsein zu stande kommen; dadurch ist nur zugleich das Bewufstsein, durch die Objekte im Vorstellen genötigt zu sein, ursprünglich bedingt. Das mit der Wahrnehmung verbundene Objektivitätsbewufstsein oder unmittelbare Bewufstsein der objektiven Wirklichkeit kann durch anderweitige Erkenntnis aufgehoben und in sein Gegenteil verkehrt werden. Dann bleibt doch der Akt der Wahrnehmung derselbe.

273. Erinnerung. Andererseits verbindet sich das Bewufstsein der objektiven Notwendigkeit des Vorstellens mit jeder Erinnerung, sei es der Erinnerung an Wahrgenommenes, sei es der Erinnerung an solches, das überhaupt einmal im Bewufstsein gegeben war. Grund des Objektivitätsbewufstseins ist hier das, was die Erinnerung zur Erinnerung macht, d. h. das ehemalige Gegebensein von Objekten im Bewufstsein. Zugleich involviert jede Art der Erinnerung, in dem Mafse als sie sich vervollständigt, das Bewufstsein der objektiven Notwendigkeit einer Verbindung von Objekten des Bewufstseins. Grund dieses Bewufstseins ist der Umstand, dafs die Objekte ehemals, sei es in der Wahrnehmung, sei es im Bewufstsein überhaupt, zusammentrafen oder sich zueinanderfügten, und vermöge dieses Zusammentreffens oder sich Zueinanderfügens sich zwischen ihnen „Associationen" knüpften. Das in der Erfahrung „begründete" Bewufstsein der objektiven Notwendigkeit einer Verbindung von Objekten beruht jederzeit auf solchen Associationen. Ein Urteil hat in der Erfahrung seinen Grund, oder ist „empirisch" begründet, dies heifst, wenn wir zusammenfassen, es beruht auf Wahrnehmung, auf Erinnerung, endlich auf Associationen, die in der Erfahrung geknüpft wurden. — Es braucht nicht gesagt zu werden, dafs solche Urteile jederzeit „materiale" Urteile sind.

274. A posteriori und a priori. Urteile, die in diesem Sinne in der Erfahrung begründet sind, können Urteile a posteriori heifsen. Dagegen können als Urteile a priori die Urteile bezeichnet werden, die oder soweit sie in demjenigen ihren Grund haben, was a priori, d. h. unabhängig von der Erfahrung im menschlichen Geiste sich findet. Im menschlichen Geiste findet sich nun aber a priori nichts als er selbst, d. h. seine Natur und eigenartige Gesetzmäfsigkeit. Rein a priori kann also nur das Urteil heifsen, das zwar — wie jedes Urteil — Objekte der Erfahrung zu Inhalten hat, bei dem aber das, was das Urteil macht, d. h. das Bewufstsein der objektiven Notwendigkeit des Vorstellens oder der Vorstellungsverbindung nur durch die Gesetzmäfsigkeit des Geistes begründet ist. Zugleich leuchtet ein, dafs in gewissem Sinne jedes Urteil, ja jeder Inhalt unseres Geistes a priori begründet sein mufs, also dem reinen A priori kein reines A posteriori entgegensteht. Nichts kann ja im Geiste sich finden, in dessen Dasein und Beschaffenheit nicht die Natur und Gesetzmäfsigkeit des Geistes sich verwirklichte. Farben würde es für unser Bewufstsein nicht geben, wenn nicht der Geist so beschaffen wäre, dafs er auf Lichtreize mit Farbenempfindungen antwortete und antworten müfste. Und kein Urteil kann vollzogen werden, ohne dafs der Geist in dieser Thätigkeit dem Gesetz seines Wesens gehorcht. Auch jeder Inhalt des Geistes, der der Wahrnehmung, Erinnerung, Association sein Dasein verdankt und insofern aposteriorisch ist, ist doch zugleich, sofern in ihm die Gesetzmäfsigkeit des Geistes in irgend welcher Art sich verwirklicht, a priori.

275. Apriorität der qualitativen formalen Urteile. Damit ist schon gesagt, dafs das „Apriori" von Urteilen verschiedene Stufen hat. Zunächst können alle qualitativen formalen Urteile (vgl. 146) Urteile a priori heifsen. Es könnte in ihnen die objektive Notwendigkeit nicht unbedingte Vorstellungsnotwendigkeit sein, wenn dieselbe nicht von Wahrnehmung, Erinnerung, Association unabhängig bestände. Doch bedarf diese Unabhängigkeit einer näheren Bestimmung. Das Kontinuum der möglichen Töne ist für uns entstanden durch die Wahrnehmung, also durch Erfahrung, und nachdem es einmal so entstanden ist, bestehen für uns apriorische formale Urteile, so das apriorische formale Urteil, das Tonkontinuum habe drei und nur drei Richtungen, oder Töne seien jederzeit durch ihre Höhe, Stärke und Klangfarbe vollständig bestimmt. Dies Urteil ist apriorisch, sofern es zum Vollzug desselben keiner Beobachtung der einzelnen Töne bedarf, sondern die Gesetzmäfsigkeit unseres Tonvorstellens, wie sie nun einmal thatsächlich besteht, es unmittelbar begründet und unmittelbar seine Gültigkeit verbürgt. Aber das Urteil ist nicht apriorisch in dem Sinne, dafs es in der Natur unseres Geistes von Hause aus begründet, oder eine Folge der reinen Gesetzmäfsigkeit unseres Geistes wäre. Wir hätten zunächst, wie keine Farbenvorstellungen (vgl. oben 274), so keine Tonvorstellungen ohne vorausgegangene entsprechende Wahrnehmungen. Nicht durch die jetzige Wahrnehmung bestimmter Töne oder die Erinnerung an sie, wohl aber durch den ehemaligen Vollzug dieser bestimmten Gattung von Wahrnehmungen ist das Urteil bedingt. Damit wäre doch die reine Apriorität noch nicht aufgehoben, wenn wir behaupten dürften, es könnte der Natur unseres Geistes zufolge für unser Bewufstsein Töne, die nach anderen Richtungen unterscheidbar wären, auch dann nicht geben, wenn statt der Tonreize, die thatsächlich auf uns gewirkt haben, oder aufser ihnen, ganz andere Tonreize, von denen wir begreiflicher Weise jetzt nicht zu sagen wissen, worin sie bestehen sollten, eine Wirkung auf den Geist geübt hätten. Dies ist aber natürlich nicht der Fall; wie der Geist solchen Reizen gegenüber sich verhielte, davon wissen wir ganz und gar nichts. So müssen wir dabei bleiben zu sagen, jenes Urteil beruhe auf einer Gesetzmäfsigkeit des Geistes, die für uns bestehe, nachdem wir einmal innerhalb einer gewissen Sphäre des Wahrnehmens, nämlich des durch den Gehörsinn vermittelten, auf Grund bestimmter Einwirkungen der Aufsenwelt diese bestimmten und keine anderen Wahrnehmungen vollzogen haben. Das fragliche Urteil ist insofern gewifs „apriorisch", aber die Apriorität selbst ist eine gewordene, auf Wahrnehmungen oder Erfahrungen gegründete, wir könnten sagen eine aposteriorische. Es ist nur in bedingter oder abgeleiteter Weise a priori.

276. Apriorität der Raumurteile. Nicht anders als mit den qualitativen formalen Urteilen verhält es sich nun mit den Urteilen über Räumliches, also insonderheit auch mit den geometrischen Urteilen. Die Raumanschauung ist, wie die Ton- oder Farbenvorstellung a priori gegeben zunächst in dem Sinne, dafs es in der Natur des Geistes liegt, gewisse Eindrücke, z. B. die des Gesichts- und des Tastsinnes, überhaupt in räumlicher Form zu ordnen. Sie ist es auch in dem Sinne, dafs wir an eine bestimmt geartete Raumanschauung, z. B. eine solche von drei Dimensionen, jetzt thatsächlich gebunden sind. Sie ist dagegen nicht a priori gegeben in dem Sinne, dafs es in der Natur des Geistes läge, Eindrücke überhaupt, welcher Art sie auch sein mögen, in die Raumform zu giefsen. Gehörsempfindungen haben für uns als solche, d. h. abgesehen von den sich damit verbindenden Gesichtsvorstellungen keinerlei räumliche Bestimmungen. Sie ist auch nicht a priori in dem Sinne, dafs wir behaupten dürften, es müfste der Natur des Geistes zufolge unsere Raumanschauung die Eigenschaften haben, die sie hat, auch wenn von Kindheit an ganz andere Gattungen von Eindrücken an den Geist gelangt oder zu den thatsächlichen Erfahrungen ganz andere hinzugetreten wären. Die Urteile über die allgemeinen Eigenschaften des Raumes und die spezielleren, geometrischen Urteile, die darauf beruhen, sind a priori, d. h. sie sind, weil der Geist ist, wie er ist, aber auch, weil die Erfahrungen sind, wie sie sind, oder waren, wie sie waren, d. h. weil die Erfahrungen zur Ausbildung keiner anderen Raumanschauung als der thatsächlich bestehenden Veranlassung gegeben haben. Wir sind in unserem räumlichen Vorstellen und demnach auch in unseren Raumurteilen an die Raumwahrnehmung gebunden, in derselben Weise, wie wir in unseren Tonvorstellungen an die Tonwahrnehmung gebunden sind. Eine vierte Dimension des Raumes etwa ist für uns unvorstellbar genau so, wie eine vierte Dimension der Tonwelt unvorstellbar ist, oder wie Töne überhaupt unvorstellbar wären für den, dem der Sinn des Gehörs völlig fehlte.

277. Apriorität der Zeit. Nicht ebenso verhält es sich dagegen mit den formalen Urteilen über die Zeit. Die Notwendigkeit der zeitlichen Ordnung der Bewufstseinsobjekte einschliefslich der allgemeinen Bestimmungen derselben besteht abgesehen von jeder Besonderheit unserer Bewufstseinsinhalte. Sie gehört, soweit wir wissen, zur Natur des vorstellenden Geistes, sofern er überhaupt vorstellender Geist ist. Sie ist in diesem Sinne rein a priori gegeben. Die formalen Zeiturteile, dafs alles Vorgestellte einer Zeit angehöre, dafs die Zeit nur eine einzige Dimension habe u. s. w. sind darum in ganz anderer Weise a priori, als die Raumurteile. Auch wenn wir annehmen, dafs durchaus andere Eindrücke an uns gelangt wären, als uns thatsächlich zu teil geworden sind, so bliebe doch die zeitliche Ordnung als notwendige Form unseres Vorstellens, wie unseres Fühlens und Wollens bestehen und unverändert dieselbe.

278. Apriorität subjektiver Urteile. Von den objektiven formalen Urteilen war bisher die Rede. Ihnen stehen die subjektiven entgegen. Unter ihnen sind zunächst diejenigen, die als selbständige Urteile auftreten können, also die Urteile der Vergleichung (im weitesten Sinne des Wortes) unbedingt a priori. Sie können es sein, weil die Gesetzmäfsigkeit, auf der sie beruhen, eine andere ist als die der objektiven Urteile, nämlich nicht eine Gesetzmäfsigkeit des Vorstellens, sondern die Gesetzmäfsigkeit unseres subjektiven Ordnens von vorgestellten Objekten, oder kurz unsere subjektive Denkgesetzmäfsigkeit. Das Urteil, Rot und Blau seien einander unähnlich, gilt freilich nur, weil Rot und Blau diese bestimmten Farben sind. Aber mit dieser Qualität des Vorgestellten hat es das reine subjektive Urteil der Vergleichung nicht zu thun. Es besteht im Bewufstsein — nicht dafs etwas diese von uns als Rot und Blau bezeichneten Qualitäten habe, sondern dafs wir diese Qualitäten in eine bestimmte gedankliche Beziehung zu einander setzen müssen, falls oder wofern sie irgendwo an einem Objekte unseres Bewufstseins vorkommen. Wir hätten gar keine Gelegenheit zu jenem subjektiven Urteil, wenn es für uns keine Farben gäbe, aber das Urteil würde damit, wofern nur die Gesetzmäfsigkeit des Geistes dieselbe bliebe, nicht unwahr. Es könnte auch nicht dadurch aufgehoben werden, dafs irgendwelche uns jetzt unbekannte Reize auf uns wirkten und ganz andere Farbenvorstellungen in uns zu stande kommen liefsen. — Dagegen sind die unselbständigen subjektiven Urteile, also die Urteile der Einheit, Mehrheit etc., a priori oder a posteriori, jenachdem sie formale oder materiale sind. Das Urteil, das in dem Bewufstsein besteht, ich müsse die drei Winkel eines Dreiecks in Eines zusammenfassen, falls ich sie 2 R gleichsetze, ist ein formales und apriorisches Urteil der Einheit; das Bewufstsein, das Mannigfaltige eines Baumes müsse zur Einheit zusammengefafst werden, wenn ihm der Name Baum zugeschrieben werden solle, ist ein materiales und aposteriorisches. Vgl. 186 ff.

279. Materiale Urteile a priori. Es steht aber neben dem Apriori der formalen Urteile oder kurz dem formalen Apriori auch ein Apriori materialer Urteile oder kurz ein materiales Apriori. Material a priori ist, was auf der Gesetzmäfsigkeit des Geistes beruht, nicht sofern er vorstellt oder Objekte zu Gegenständen eines subjektiven Ordnens macht, sondern sofern er etwas als objektiv wirklich denkt. Materiale Urteile a priori bestehen ebenso wie die subjektiven Urteile der oben zuerst bezeichneten Art lediglich in dem Bewufstsein, wie wir uns denkend verhalten müssen, falls gewisse Objekte des Denkens gegeben seien. Sie bestehen, genauer gesagt, im Bewufstsein einer Gesetzmäfsigkeit oder richtiger: der Gesetzmäfsigkeit des materialen Urteilens überhaupt. Ebendarum sind sie gleichfalls unbedingt a priori. Es gehört dahin etwa das Urteil, dafs jede Veränderung eine Veränderung, mit der sie zeitlich unmittelbar verknüpft sei, als Teilursache fordere.

280. Unmittelbare Urteile. Der Gegensatz der Urteile a posteriori und a priori wird gekreuzt von dem Gegensatz der unmittelbaren und der vermittelten Urteile. Unmittelbare Urteile sind einerseits die unmittelbar in der Erfahrung, d. h. der Wahrnehmung (Mitteilung) und Erinnerung begründeten, andererseits diejenigen, in denen unmittelbar eine Gesetzmäfsigkeit des Vorstellens oder Denkens uns zum Bewufstsein kommt. Jene, die unmittelbaren Erfahrungsurteile, sind notwendig Einzelurteile, diese, die unmittelbaren Urteile a priori, die denkbar allgemeinsten. Alle übrigen Urteile bewegen sich zwischen diesen beiden Polen.

281. Vermittelte Urteile. Es werden aber aus den unmittelbaren Erfahrungsurteilen andere Urteile durch Erweiterung oder Verallgemeinerung oder kurz durch Induktion; andererseits aus den unmittelbaren Urteilen a priori andere Urteile durch Ableitung oder Deduktion. Zwischen jenen induktiv gewonnenen Erfahrungsurteilen und diesen deduktiv gewonnenen Urteilen a priori steht endlich die Gattung der deduktiven Erfahrungsurteile, d. h. derjenigen Urteile, die aus den induktiv gewonnenen — allgemeinen und insonderheit generellen — Urteilen durch Ableitung oder Deduktion sich ergeben.

282. Urteile und „Gründe". Urteile, so sagten wir (270), haben ihren „Grund" in der Erfahrung und in der Gesetzmäfsigkeit des Geistes. Nach Früherem ist im Urteile das Subjekt „Grund" des Prädikates. Sind Urteile aus anderen gewonnen, so haben sie aufserdem ihren „Grund" in diesen. Von Gründen kann danach beim Urteil in dreifacher Weise die Rede sein. Von Gründen im letztbezeichneten Sinn oder von Begründung des Urteils durch begründende Urteile (Prämissen) war bereits bei den Folgerungsurteilen die Rede. Vgl. 123 ff.

Kapitel XXXI. Denkgesetze.

283. Traditionelles. Als Denkgesetze treten uns in der überlieferten Logik entgegen: die „Sätze" der Identität, des Widerspruchs, des ausgeschlossenen Dritten und endlich des zureichenden Grundes.

284. Satz der Identität. Der Satz der Identität in der Form: Jedes Objekt sei mit sich identisch, wurde von uns bereits als widersinnig oder tautologisch abgewiesen. Vgl. 200. Ebenso der Satz der Gleichheit: Jedes Objekt sei sich selbst gleich. Vgl. 204. Nur dafs es Objekte, oder abgeschlossene und für sich bestehende Einheiten eines Mannigfaltigen für unser Bewufstsein überhaupt gebe, kann, wie wir meinten, jener erstere Satz sagen wollen. Ebenso wertlos ist der Satz der Identität in der Form: Jedes Subjekt sei sein eigenes Prädikat — Omne subjectum est praedicatum sui — z. B.: Ein Haus ist ein Haus. In Wahrheit können wir zwar solche Sätze bilden, aber niemals urteilend einem Gegenstand diesen Gegenstand selbst als Prädikat zuordnen. Oder will der Satz nur sagen, wenn ein Gegenstand gedacht werde, so könne dies nicht geschehen, ohne dafs eben dieser Gegenstand gedacht werde, so ist damit wiederum nichts gesagt. Endlich mufs als tautologisch auch der Satz der Übereinstimmung: A, das B ist, ist B, bezeichnet werden. — Dabei ist überall vorausgesetzt, dafs in den bezeichneten Formeln in der That Gesetze des Denkens zum Ausdruck gebracht werden sollen. Handelt es sich nicht um Gesetze, sondern um **Forderungen**, so kann dem Satze der Identität sogar ein dreifacher Sinn gegeben werden; er kann gefafst werden einmal als die Forderung **konstanter** im Gegensatz zu schwankenden und zerfliefsenden **Vorstellungen**; zum anderen als die Forderung konstant und eindeutig festgehaltener **Begriffe**; endlich als die Forderung konstanter, d. h. solcher **Urteile**, die aufrecht erhalten werden können, oder kurz: objektiv gültiger Urteile. Im übrigen soll freilich auch nicht geleugnet werden, dafs im Satz der Identität bei freierer Interpretation ein wirkliches Gesetz des Denkens gefunden werden könnte. Davon unten (288).

285. Satz des Widerspruchs. Nicht ganz dem gleichen Urteile wie der Satz der Identität verfällt der Satz des Widerspruchs in seinen herkömmlichen Formulierungen. Der Satz zwar, A, das B sei, sei nicht ein non-B, schien uns schon bei früherer Gelegenheit nur dann nicht tautologisch, wenn er der Thatsache Ausdruck geben wolle, dafs es überhaupt Prädikate, die sich wie B und non-B verhalten, d. h. sich ausschliefsen oder widersprechen, gebe. Vgl. 207. Und Ähnliches gilt zunächst auch von der Formel: Kontradiktorische Urteile — S ist P, und: S ist nicht P —

können nicht beide wahr sein. Das Bewufstsein der Wahrheit des positiven Urteils S ist P, ist nichts als das Dasein oder der Vollzug dieses Urteiles selbst. Zum vollen Vollzug des positiven Urteils, S ist P, gehört aber die bewufste Abweisung der Zuordnung irgend eines non-P zu S, oder das Bewufstsein der objektiven Unmöglichkeit dieser Zuordnung. Und hierin eben besteht das Bewufstsein der Unwahrheit des Urteils, S ist nicht P. Ebenso liegt umgekehrt im vollen Bewufstsein der Wahrheit des negativen Urteils, S ist nicht P, das Bewufstsein der Unwahrheit des positiven Urteils, S ist P, mit enthalten. Jener Satz enthält also nicht ein Gesetz des Urteilens, sondern vielmehr eine Bezeichnung des Wesens des Urteilens oder des Wahrheitsbewufstseins. Er sagt, worin das positive und nicht minder, worin das negative Urteil bestehe, sofern er angiebt, welche wechselseitige Beziehung in ihnen unmittelbar mitenthalten liege. Aber eben als Ausdruck dieser Beziehung gefafst, hat der Satz Wert. Abgesehen davon kann der Satz des Widerspruchs auch genommen werden als der negative Ausdruck jener drei Forderungen, die wir oben in den Satz der Identität glaubten hineindeuten zu dürfen.

286. Satz des ausgeschlossenen Dritten. Die Kehrseite des Satzes des Widerspruches in der zweiten der soeben angegebenen Fassungen bildet der Satz: Kontradiktorische Urteile können nicht beide falsch sein. Auch dieser Satz erscheint zunächst als tautologisch. Das Bewufstsein der Unwahrheit eines Urteiles besteht eben im Vollzug des zu ihm kontradiktorischen Urteils, also im Bewufstsein der Wahrheit desselben. Wiederum aber hat der Satz, als Ausdruck dieser Thatsache, also als Wesensbestimmung des Bewufstseins der Unwahrheit gefafst, Wert. Beide eben bezeichneten Sätze vereinigen sich in dem Satz des ausgeschlossenen Dritten: Von zwei kontradiktorischen Urteilen ist entweder das eine oder das andere wahr; oder: S ist P oder es ist nicht P, ein Drittes giebt es nicht. In diesem Satz liegt der vollständige Ausdruck der Thatsache, die wir ehemals damit bezeichneten, dafs wir sagten, alles Urteilen bestehe in einem objektiv notwendigen sich Hinwenden zu einem Objekt P, das notwendig mit einem sich Wegwenden von anderen Objekten, nämlich allen non-P, gleichbedeutend sei, oder: in Bejahung und Verneinung stelle sich eine und dieselbe Sache, nur von verschiedenen Seiten dem Bewufstsein dar.

287. Satz des zureichenden Grundes. Tautologisch oder eine blofse Namenerklärung ist endlich auch der Satz vom zureichenden Grunde in der Formulierung: Mit dem Grunde sei die Folge gegeben, mit der Folge der Grund aufgehoben. Grund — in dem Sinne des „Satzes vom Grunde" — ist eben dasjenige, womit ein Anderes, das dann seine „Folge" heifst, gegeben ist, oder was nötigt, dies Andere zu denken; und die Notwendigkeit, etwas — ein F — zu denken, weil etwas anderes — ein G — gedacht wurde, besagt eben, dafs dieser letztere Gedanke — der des G — aufgehoben, d. h. in sein kontradiktorisches Gegenteil verwandelt werde, wenn der erstere — der Gedanke des F — aufgehoben, d. h. in sein kontradiktorisches Gegenteil verwandelt wird. Wiederum aber hindert nichts in dem Satz vom zureichenden Grunde eben diese Wesensbestimmung des „Grundes", oder wenn man lieber will, den Ausdruck der Thatsache zu finden, dafs es solche „Gründe" giebt. Andererseits kann auch in den Satz vom Grunde wiederum eine dreifache Forderung hineingelesen werden, nämlich einmal die Forderung, dafs in jedem Urteile das Subjekt den zureichenden Grund des Prädikates enthalte, zum Anderen die Forderung, dafs Urteile in der Erfahrung und der Gesetzmäfsigkeit des Denkens zureichend begründet seien, endlich die Forderung, dafs Urteile, soweit möglich, in anderen Urteilen „begründet", dafs sie vor allem aus generellen Urteilen ableitbar seien und dadurch in das geordnete System der Erkenntnis sich als Glieder einfügen. Vgl. 282.

288. Die Denkgesetzmäfsigkeit. Allen diesen tautologischen „Gesetzen" des Denkens oder diesen für das Denken mehr oder weniger wichtigen Bestimmungen, die darum doch eben nicht als Gesetze bezeichnet werden dürfen, steht nur ein einziges wirkliches Gesetz des Denkens gegenüber. Es ist das Gesetz, das schliefslich auch in jenen „Sätzen", vor allem dem der Identität und des Widerspruchs und dem Satz vom zureichenden Grunde, als eigentlicher Sinn derselben gefunden werden kann. Sein Inhalt ist kein anderer, als eben die Gesetzmäfsigkeit des Denkens selbst. Gesetzmäfsigkeit ist Konstanz oder Konsequenz; Gesetzmäfsigkeit des Denkens besteht, wenn unter gleichen Voraussetzungen Gleiches gedacht werden mufs, wenn aus Gleichem Gleiches fürs Denken sich ergiebt, oder gleiche Gründe für das Bewufstsein gleiche Folgen haben. Dafs es sich in unserem Denken so verhält, dies ist es, was der Satz von der Gesetzmäfsigkeit des Denkens, dies einzige Denkgesetz, besagt. Zugleich findet dasselbe eine vierfache Anwendung entsprechend der vierfachen Verschiedenheit der Voraussetzungen unseres Urteilens oder unseres Bewufstseins der Notwendigkeit, etwas zu denken.

289. Denkgesetzmäfsigkeit in objektiven formalen Urteilen. Die Notwendigkeit des Denkens ist in objektiven formalen Urteilen Notwendigkeit, etwas vorzustellen, und diese Notwendigkeit unterliegt jedesmal der Voraussetzung, dafs etwas anderes vorgestellt werde; die Gründe der Notwendigkeit etwas vorzustellen, so können wir auch sagen, bestehen bei der fraglichen Urteilsgattung immer im einfachen Dasein von Vorstellungen oder Vorstellungselementen. So hat die Notwendigkeit, im Dreieck zwei Winkel zusammen gröfser vorzustellen als den dritten, ihren Grund im Dasein eines Dreiecks in meiner Vorstellung, nämlich nicht dieses oder jenes Dreiecks, sondern eines Dreiecks überhaupt. Sofern ich dies weifs, d. h. sofern ich bei Gewinnung jener Einsicht nur die Natur des Dreiecks überhaupt im Auge hatte, oder nur aus ihr schlofs, gilt dies fragliche Urteil überhaupt oder allgemein. Es gilt allgemein eben vermöge jener allgemeinen Gesetzmäfsigkeit meines Denkens in ihrer Anwendung auf das Denken, das nur im Dasein von Vorgestelltem seinen Grund hat, oder in ihrer Anwendung auf das objektive formale Urteilen.

290. Gesetzmäfsigkeit der Erfahrungsurteile. Dagegen ist bei „Erfahrungsurteilen", d. h. Urteilen, die durch die Erfahrung begründet sind (271 ff.), Voraussetzung der Notwendigkeit, etwas zu denken, das Gegebensein eines Objektes in der Wahrnehmung oder Erinnerung, bezw. die erfahrungsgemäfse Verknüpfung (Association) von Objekten. Dafs Erfahrungsgründe notwendig allgemeine Gründe sind, dafs unmöglich ein Objekt auf Grund der Erfahrung mich zum Vollzug eines Gedankens nötigen und zugleich eben dieses Objekt es unterlassen könne, mich zu dem Gedanken zu nötigen, das ist es, was das allgemeine Denkgesetz in seiner Anwendung auf Erfahrungsurteile besagt. Das Gesetz in dieser Anwendung ist das „Kausalgesetz". Näheres über dies Gesetz und seine Besonderungen s. in Kap. XXXII.

291. Gesetzmäfsigkeit des subjektiven Urteilens. Im Gegensatz zu den objektiven Urteilen überhaupt ist es für alle subjektiven Urteile charakteristisch, aufser den, sei es in der Wahrnehmung oder Erinnerung, sei es im Bewufstsein überhaupt gegebenen Objekten eine besondere Thätigkeit des Ordnens oder ein besonderes „Operieren" mit Objekten vorauszusetzen. Dem entsprechend lautet das Denkgesetz in seiner Anwendung auf die subjektiven Urteile: Gleiches zum Gegenstand einer gleichen ordnenden Thätigkeit oder gleicher Denkoperationen gemacht ergiebt Gleiches. Zugleich besondert sich dieser allgemeine Satz je nach der besonderen Natur der ordnenden Thätigkeit: Gleiches mit Gleichem zusammengefafst oder in gleicher Weise geteilt, Vergleichung gleicher Objekte etc. ergiebt Gleiches. Selbstverständlich ist im letzteren Falle vorausgesetzt, dafs auch das Vergleichen dasselbe sei; d. h. die letztbezeichnete Besonderung des Denkgesetzes gilt nur abgesehen von subjektiven Schwankungen oder etwaigen Unterschieden der Schwierigkeit und Leichtigkeit des Vergleichens. — Besondere Fälle der Anwendung des Denkgesetzes auf subjektive Urteile sind die arithmetischen Regeln: Gleiches zu Gleichem addiert, von Gleichem subtrahiert, mit Gleichem multipliziert, durch Gleiches dividiert, oder alle diese Regeln in Eines zusammengefafst: Gleiches zum Gegenstand gleicher Rechenoperationen gemacht, ergiebt Gleiches.

292. Abstrakt logische Denkgesetzmäfsigkeit. Endlich begegnet uns das Denkgesetz als allgemeines Gesetz des Schliefsens ohne Anwendung auf besondere Voraussetzungen. Es besagt als solches, dafs wir das, was wir denken müssen, zu denken genötigt sind, nicht in diesem oder in jenem, sondern in jedem Zusammenhang der Gedanken, dafs der Gedanke, der gilt, Geltung hat, gleichgültig, von welcher Seite wir ihn betrachten, wie wir ihn mit anderen verbinden, oder in welchen gedanklichen Zusammenhang mit anderen wir ihn einordnen. Wir bezeichnen diese Seite der Gesetzmäfsigkeit des Denkens mit dem besonderen Namen der abstrakt logischen Gesetzmäfsigkeit. Sie beherrscht insbesondere die gewöhnlich speziell sogenannten „unmittelbaren" Schlüsse und das syllogistische Schliefsen; ebenso wie die Denkgesetzmäfsigkeit in ihrer Anwendung auf Erfahrungsurteile die Induktion, in ihrer Anwendung auf die subjektiven Urteile das Rechnen, in ihrer Anwendung auf objektive formale Urteile die Geometrie beherrscht.

Kapitel XXXII. Die Erfahrung und das Kausalgesetz.

293. Sätze der Kausalität. Der Satz, dafs jede Wirkung, d. h. jedes Verursachte, eine Ursache fordere, wurde schon früher als tautologisch bezeichnet. Die Regel: Gleiche Ursachen, gleiche Wirkungen, ist nicht sowohl eine Regel, als die Bezeichnung eines Merkmals des Ursachbegriffs. Wir reden, wie wir sehen werden, von Ursachen erst, wenn uns die Gesetzmäfsigkeit ihrer Verbindung mit der Wirkung feststeht. Im übrigen pflegt das Gesetz der Kausalität zunächst aufzutreten als Gesetz der Kausalität des Geschehens: Jedes Geschehen habe ein Geschehen, mit dem es zeitlich unmittelbar zusammenhänge, zur Ursache. Wir sahen schon, dafs das verursachende Geschehen genauer als Teilursache des verursachten Geschehens zu bezeichnen sei. Ob der unmittelbare zeitliche Zusammenhang des verursachten und des verursachenden Geschehens als unmittelbare Folge des ersteren auf das letztere gefafst werden müsse, oder ob er auch in einem Verhältnis der Gleichzeitigkeit beider bestehen könne, lassen wir hier einstweilen dahingestellt (vgl. 309). Es fordert aber nicht nur das Geschehen oder die Veränderung, sondern auch das Anderssein eine Ursache: Es mufs eine Ursache haben, dafs diese Rose weifs, jene rot ist. Endlich scheint uns überhaupt jedes Dasein an eine Ursache gebunden. Was jetzt ist, mufs entweder schon vorher gewesen, oder in diesem Momente durch eine von ihm verschiedene Ursache ins Dasein gerufen sein. Im ersteren Falle hat es wenigstens sein eigenes Dasein im vorangehenden Momente zur Bedingung seines jetzigen Daseins. Ob man diese Bedingung ausdrücklich als Ursache bezw. Teilursache seines jetzigen Daseins bezeichnen oder sich damit begnügen will, es eine „Bedingung" desselben zu nennen, thut natürlich logisch nichts zur Sache.

294. Wahrnehmungsurteile. Das Kausalgesetz ist, wie schon oben gesagt (290) die Anwendung des Denkgesetzes auf Erfahrungsurteile; es ist die Verwirklichung der allgemeinen Denkgesetzmäfsigkeit diesen Urteilen gegenüber. Erfahrungsurteile nun sind zunächst Wahrnehmungsurteile. Das einfache oder primitive Wahrnehmungsurteil ist das Bewufstsein der objektiven Wirklichkeit eines wahrgenommenen Gegenstandes; es ist Existenzialurteil, also ein Urteil ohne den Gegensatz von Subjekt und Prädikat. Ist uns in der Wahrnehmung nicht ein Objekt, sondern eine Mehrheit nebeneinander bestehender Objekte gegeben, so haben wir das Bewufstsein der objektiven Wirklichkeit nicht nur dieser Objekte als solcher, sondern ebensowohl ihrer räumlichen und zeitlichen Ordnung. Aber auch damit ist der logische Gegensatz von Subjekt und Prädikat noch nicht gegeben: Ich mufs noch nicht ein Objekt einem anderen zuordnen, weil dies andere von mir vorgestellt und als objektiv wirklich betrachtet wird, sondern die Wahrnehmung ist der unmittelbare Grund, dafs ich eines und das andere und mit ihnen zugleich die räumlichzeitliche Ordnung als wirklich denke. Meine Wahrnehmung mag noch so umfassend sein, das Wahrnehmungsurteil bleibt doch immer ein Existenzialurteil oder eine Menge von solchen, ohne die Abhängigkeitsbeziehung oder logische Relation, die das vollständige Urteil kennzeichnet.

295. Erfahrungsassociation. Diese Abhängigkeitsbeziehung oder dies Bewufstsein, ein Objekt denken zu müssen, weil ein anderes gedacht wird, kommt erst zu stande durch die auf Grund des Zusammenseins in der Wahrnehmung sich knüpfenden Associationen. Das Gesetz der Erfahrungsassociation oder Association auf Grund des Zusammentreffens im Bewufstsein —, auch wohl nicht eben geschickt „Berührungsassociation" genannt — besagt, dafs Objekte, die im Bewufstsein zusammentreffen oder zu einander hinzutreten, ein Ganzes bilden, der Art, dafs das erneute Gegebensein eines Teiles dieses Ganzen mit der Tendenz der Wiederkehr der anderen Teile in eben der Ordnung und Folge, wie das Ganze sich bildete oder die Teile ehemals sich zueinander fügten, verbunden ist.

296. Logische Bedeutung derselben. Diese Tendenz schliefst keine Vorstellungsnotwendigkeit in sich. Hat sich in meiner Wahrnehmung (oder Vorstellung) zu einem S ein P in bestimmter Art hinzugefügt, habe ich etwa an einem Baume Blüten gesehen, so hindert mich nichts, dem S nachher in meiner Vorstellung statt des P alle möglichen non-P hinzuzufügen, etwa den Baum blütenleer vorzustellen. Es giebt keine Association, die als Zwang auf unser **Vorstellen** wirkte. Wohl aber wirken Erfahrungsassociationen zwingend in unserem materialen Urteilen; es liegt in ihrer Natur diesen **logischen** Zwang zu üben. S stellt sich meiner Erinnerung dar als ein objektiv Wirkliches und diesem objektiv **wirklichen** S als solchem **muſs** ich das P (zugleich in der ehemals wahrgenommenen Ordnung) hinzufügen; ich kann den Baum nicht blütenleer vorstellen (oder die Blüten zu ihm in eine andere Beziehung setzen), ohne eben damit den Baum in einen unwirklichen, d. h. meinem Wirklichkeitsbewuſstsein oder dem, was der Inhalt meiner Erfahrung von mir fordert, widerstreitenden zu verwandeln.

297. Erinnerungsurteil der Folge. Noch etwas Anderes aber ist **durch die Association** und eben damit in der **Erinnerung** gegeben. Wir kommen hier auf bereits früher (90) Gesagtes. Ein P sei auf ein S in der Wahrnehmung **gefolgt**. Ich habe dann in meiner Erinnerung zunächst das Bewuſstsein, P sei objektiv wirklich — nicht irgendwo in der Welt, sondern sofern es als auf jenes — als wirklich gedachte — S folgend von mir vorgestellt wird. S ist also zunächst für mich realer und Realitätsgrund des P (85); nicht schlechthin, sondern innerhalb dieses Aktes meiner Erinnerung, oder sofern nur dieser Akt der Erinnerung in mir wirksam ist. Daſs P auf S in der **Wahrnehmung folgte**, dies begründet aber weiterhin die Tendenz der Wiederkehr oder Reproduktion des **S P** in eben dieser **Folge**. Damit ist wiederum keine Vorstellungsnotwendigkeit gegeben. Ich kann in meiner Vorstellung ebensowohl von P zu S übergehen. Aber ich kann dies — soweit nämlich die Association besteht und wirksam ist — nicht, ohne zugleich das Bewuſstsein zu haben, daſs ich damit willkürlich verfahre und mich zu dem durch die Erfahrung vorgeschriebenen oder durch die Objekte der Erfahrung selbst geforderten Gang des Vorstellens in Gegensatz stelle. Mein reproduzierendes Vorstellen ist, sofern es die **Folge S P der Objekte umkehrt**, kein objektives oder durch die Objekte bedingtes. Es kann sich mir als objektives darstellen, nur wenn es dem Gange der Wahrnehmungen folgt. Nun war in der Wahrnehmung das Dasein des S Voraussetzung für das Dasein des P. Entsprechend ist auch in meinem objektiven reproduzierenden Vorstellen das Dasein des S Voraussetzung für das Dasein des P; der Gang meiner Erinnerung führt, falls er als durchaus objektiv, also als eigentliche „Erinnerung" sich darstellen soll, von S zu P, nicht umgekehrt. Damit erscheint S für mich zugleich als **objektiv notwendige (reale) Bedingung**; es ist dies, eben sofern es in meinem **objektiven** Vorstellen als solche Bedingung sich darstellt. Dies war ja (90) der Sinn der objektiv notwendigen Bedingungen. Wiederum ist S objektiv notwendige Bedingung zunächst nur **innerhalb dieses Aktes meiner Erinnerung**. Anderweitige Erfahrungen können machen, daſs S überhaupt aufhört, für mich Voraussetzung oder Bedingung des P zu sein. Aber davon ist hier noch keine Rede. Wir setzen hier einstweilen **nur das S und P als gegeben voraus**.

298. Erinnerungsurteil der Koexistenz. Dagegen konnte ich, wenn in meiner Wahrnehmung oder dem der Erinnerung zu Grunde liegenden Erleben S und P gleichzeitig gegeben waren, damals ebensowohl von P zu S wie von S zu P übergehen. Entsprechend kann ich auch in meinem reproduzierenden Vorstellen, ohne das Bewuſstsein der vollen Objektivität desselben zu verlieren, ebensowohl von P zu S, wie von S zu P übergehen. Es erscheint mir aber in meiner Erinnerung dies P als etwas objektiv Wirkliches wiederum nicht **überhaupt** oder an irgend welcher Stelle der Welt, sondern an S, oder sofern ich es mit S gleichzeitig vorhanden (und zugleich irgendwie räumlich damit verbunden) vorstelle. Das Bewuſstsein der Wirklichkeit des P hat also das Bewuſstsein der Wirklichkeit des S und der bestimmten Beziehung zu ihm zunächst wiederum zur realen Bedingung. In gleicher Weise ist P „reale" Bedingung des S. S und P sind demnach im Akte meiner Erinnerung oder in meinem Erinnerungsurteil **für einander reale Bedingung**. Sie sind aber zugleich, weil sie in einem objektiven Vorstellen sich wechselseitig bedingen, wechselseitig oder für einander **objektiv notwendige Bedingungen**. Damit ist wiederum nicht gesagt, daſs sie auch objektiv gültige Bedingungen seien. Hier wie vorhin (297) ist der Akt der Erinnerung zunächst für sich betrachtet;

er ist gedacht als durchaus für sich bestehend, ohne die Korrekturen, die ihm sonstiges Denken angedeihen lassen mag. Die Frage, was aus ihm wird, wenn andere Erinnerungen hinzutreten, ob dann die objektiv notwendige Bedingung überhaupt noch als Bedingung sich behaupte, bleibt hier wie oben einstweilen dahingestellt.

299. Übergang zum Kausalgesetz. Die Ursache ist die Einheit und der Zusammenhang der objektiv notwendigen realen Bedingungen eines objektiv Wirklichen; solche Bedingungen können aber ursprünglich nur in Akten der Erinnerung oder in Erinnerungsurteilen vorkommen. Darum mufs die Betrachtung des Kausalgesetzes vom Urteil der Erinnerung ausgehen. Die Kritik des naiven und unlogischen Ursachbegriffes ist dabei vorausgesetzt (vgl. Kap. XX f.).

300. Das Erinnerungsurteil als allgemeines Urteil. Sei T irgend ein von mir in irgend welchem Momente beobachteter Thatbestand, und U der Inbegriff und zeiträumliche Zusammenhang der „zugehörigen" Umstände, d. h. alles dessen, was mit T in meiner Beobachtung — soweit eben diese Beobachtung reichte — gleichzeitig gegeben war und dem T unmittelbar voranging, oder kurz: die Einheit und der vollständige zeiträumliche Zusammenhang der Erfahrungsobjekte, denen sich in diesem gegebenen Falle in meiner Erfahrung das T unmittelbar an- oder einfügte. Zugleich werde im Folgenden wiederum von allen sonstigen Erfahrungsobjekten, die mir schon früher gegeben waren, oder später in den Umkreis meiner Erfahrung eintreten mögen, zunächst abgesehen, also der hier bezeichnete räumliche und zeitliche Zusammenhang von Objekten der Erfahrung einen Augenblick für die Betrachtung isoliert. — Indem sich T dem U anfügte, entstand für mich die Association U T. Auf Grund derselben besteht für mich zunächst das Einzelurteil: Dies U ist T oder unter diesen bestimmten Umständen U war T. In ihm ist U für mich der reale Grund des T oder enthält ihn in sich: diesem U, sofern es eben dieses wirkliche U ist, mufs ich das T als ein gleichfalls der objektiven Wirklichkeit zugehöriges, zuordnen. Das U ist ein einzelnes; die Vorstellung des U die Vorstellung eines bestimmten einzelnen U, d. h. eine Vorstellung, die aus der Wahrnehmung eines bestimmten und einer bestimmten Stelle der objektiv wirklichen Welt zugehörigen U entstammt. Aber die Vorstellung dieses U unterscheidet sich trotzdem in nichts von der Vorstellung jedes beliebigen U, das in der Welt vorkommen mag, und jenem U völlig gleich, obzwar numerisch von ihm verschieden ist. Die Vorstellung U als solche ist lediglich die Vorstellung eines U von bestimmter Beschaffenheit. So giebt es für uns überhaupt zwar Vorstellungen, die von diesen oder jenen einzelnen Objekten stammen, aber Vorstellungen sind an sich niemals Vorstellungen dieser oder jener, sondern jederzeit Vorstellungen solcher oder solcher Objekte: Vorstellungen sind, wie schon gelegentlich (243) gesagt, jederzeit allgemein, sofern sie beliebig viele Objekte von bestimmter Beschaffenheit zumal repräsentieren können. So ist auch die Vorstellung des U die Vorstellung eines „solchen", oder die Vorstellung aller möglichen dem beobachteten U gleichen U. Sie ist, genauer gesagt, die Vorstellung „solcher" und in „solchen" räumlichen und zeitlichen Beziehungen zu einander und zu T stehender Objekte. Dann ist notwendig auch die Association UT, da sie nun einmal Association zwischen Vorstellungen, und nicht zwischen ihnen entsprechenden, aufserhalb des Geistes bestehenden Dingen ist, Association zwischen einem solchen U und einem solchen T. Damit ist das Urteil gegeben: Ein solches U ist T, oder: unter solchen Umständen findet T statt. Das Einzelurteil der Erinnerung UT ist also zugleich ein allgemeines, alle möglichen U und T der Welt umfassendes; so gewifs die Vorstellungen U und T notwendig allgemeine sind, d. h. alle U und T der Welt umfassen. Es wird für mein Bewufstsein zu einem allgemeinen, wenn ich mir dieser in ihm liegenden Allgemeinheit bewufst werde.

301. Die Gesetzmäfsigkeit der Welt. In diesem allgemeinen Urteil ist das U für mich allgemeiner realer Grund des T oder enthält denselben in sich. Es verhielte sich nicht so, das Urteil wäre kein allgemeines, wenn nicht die allgemeine Gesetzmäfsigkeit des denkenden Geistes bestände, d. h. wenn das, was mich nötigt, etwas zu denken, mich zugleich auch nicht dazu nötigen könnte. Umgekehrt besteht das allgemeine Urteil, weil diese allgemeine Gesetzmäfsigkeit besteht und auch angesichts der Erfahrungsurteile standhält. — U wird Grund des T durch die Association. Die Gesetzmäfsigkeit des denkenden Geistes ist also hier Gesetzmäfsigkeit des auf Association beruhenden Denkens oder logische Gesetzmäfsigkeit der Association. Auf sie gründet sich alle Gesetzmäfsigkeit des Weltzusammenhangs; diese Gesetzmäfsigkeit ist nichts anderes, als der Weltzusammenhang unter die logische Gesetzmäfsigkeit der Association befafst.

302. Der Widerspruch der Erfahrungsurteile. Im Vorstehenden ist gesagt, was aus der Erfahrungsassociation UT als solcher, oder rein für sich betrachtet, folgt, oder was aus ihr folgen würde, wenn sie für sich bestände und wirkte. Es ist dabei abgesehen von allem dem, was die Association in ihrem Bestande und damit auch in ihrer Wirkung bedrohen mag, insbesondere von allen Erfahrungen und Erfahrungsassociationen, in denen an ein völlig gleiches U irgend ein non-T sich knüpfen könnte. Nehmen wir jetzt an, eine solche Gegenerfahrung werde vollzogen; es knüpfe sich eine Erfahrungsassociation UT_1, wobei T_1 irgend ein non-T repräsentiere. Sofern die Association UT für mich besteht, besteht für mich das allgemeine Urteil UT, sofern diese Gegenassociation besteht, besteht für mich ebenso das allgemeine Urteil UT_1. Beide können nicht zusammen oder in einem Akt des Denkens vollzogen werden; sie bilden also einen Widerspruch. Dieser Widerspruch ist nur lösbar, wenn ich beide U als ungleich denken kann, oder wenn sie in meinem Bewufstsein in ungleiche sich verwandeln können. Dies geschieht, wenn die erneute Beobachtung in dem U, das mit T verbunden war, ein Moment oder eine nähere Bestimmung zeigt, die es von dem mit T_1 verknüpften U unterscheidet, so dafs nun beide als voneinander verschiedene U, etwa als $U\alpha$ und $U\alpha_1$ einander gegenübertreten können. Die Gegenassociationen UT und UT_1 haben sich jetzt in die nebeneinander bestehenden Associationen $U\alpha\,T$ und $U\alpha_1\,T_1$ verwandelt; an die Stelle der widersprechenden Urteile UT und UT_1 sind die verträglichen Urteile $U\alpha\,T$ und $U\alpha_1\,T_1$ getreten. Beide sind allgemeine Urteile. Die voneinander verschiedenen U sind für mich — als Ganzes oder als Einheit der in ihnen enthaltenen Momente — allgemeine reale Gründe der voneinander verschiedenen T.

303. Verursachung des Andersseins. Der Widerspruch zwischen UT und UT_1 wurde gelöst durch die Entdeckung des α und α_1. Dafs U, an das T sich knüpfte, das Element α, U, an das T_1 sich knüpfte, das Element α_1 in sich enthält, oder dafs die U in solcher Weise sich unterscheiden, ist für mich die Bedingung oder notwendige Voraussetzung für die Denkbarkeit der verschiedenen T. Jener Unterschied ist aber zugleich notwendige Voraussetzung — nicht in einem blofs **subjektiven**, sondern in einem **objektiven**, der Art, wie die Gegenstände meiner Erfahrung in der Erfahrung sich zu einander fügten, entsprechenden Vorstellen; er ist also **objektiv** notwendige Voraussetzung oder Bedingung der Verschiedenheit der T. Die allgemeinen realen Gründe nun sind, soweit sie zugleich objektiv notwendige Bedingungen sind, „Ursachen" (vgl. 90). Es ergiebt sich demnach aus dem Denkgesetz das Kausalgesetz des Andersseins: Jedes Anderssein oder jede Verschiedenheit des in der Erfahrung (Wahrnehmung, Erinnerung) Gegebenen mufs durch ein Anderssein in den zugehörigen Umständen, d. h. in den Zusammenhängen des objektiv Wirklichen, in welche sich jenes Verschiedene unmittelbar einfügt, „verursacht" sein. Oder: Jede Besonderheit oder unterscheidende Bestimmung — T oder T_1 — eines in der Erfahrung Gegebenen fordert eine Besonderheit in den zugehörigen Umständen als Ursache, genauer: als Teilursache.

304. Objektiv gültige reale Gründe. In der durch das Moment α des Widerspruchs mit $U T_1$ entkleideten Association $U \alpha T$, oder dem durch jenes α ohne Widerspruch vollziehbar gewordenen Urteil $U \alpha T$ ist nun aber $U \alpha$ zunächst nur in subjektiv gültiger Weise allgemeiner realer Grund des T; oder: es ist allgemeiner realer Grund des T, soweit einstweilen meine Erfahrung mich geführt hat. Damit ist nicht ausgeschlossen, dafs sich in weiterer Erfahrung auch gegen dies $U \alpha T$ wiederum Gegenassociationen $U \alpha T_1$ oder $U \alpha T_2$ kehren, die den Widerspruch von neuem entstehen lassen oder auch dies $U \alpha T$ wiederum undenkbar machen. Dann ist eine neue nähere Bestimmung des $U \alpha$, etwa zu $U \alpha \beta$, erforderlich. Damit ist dann zugleich das Element β gleichfalls zu einem Element der Ursache für das T oder für das T-sein des U geworden. Und dieser Prozefs geht weiter, bis eine Bestimmung des U gewonnen ist, die so beschaffen ist, dafs unter Voraussetzung derselben das T dem U in objektiv gültiger Weise, d. h. ohne die Gefahr weiterer Gegenassociationen, oder weiterer widersprechender Erfahrungsurteile zugeordnet werden kann. Das so bestimmte U, — es heifse Ua —, ist dann objektiv gültiger allgemeiner und realer Grund des T. — In der hier angedeuteten Weise, d. h. in der Wechselwirkung einander widersprechender Associationen oder Erfahrungsurteile entstehen überhaupt für uns die objektiv gültigen allgemeinen und realen Gründe von Erfahrungsthatsachen. Das Treibende ist allemal der Widerspruch. Der Widerspruch wiederum hat den Grund seiner Möglichkeit in dem allgemeinen Denkgesetz.

305. Objektiv gültige Ursachen. Mit dem Vorstehenden ist wiederum nicht gesagt, dafs nun nur jenem objektiv gültigen realen Grunde des T als Ganzem das T zugeordnet werden dürfe. Angenommen, es verhielte sich so, d. h. die Erfahrung lehrte, dafs in Ua kein Moment fehlen dürfe, ohne dafs eben damit der Thatbestand T unterbliebe, dann wäre jedes Moment des Ua Teilursache, also Ua als Ganzes Ursache des T. Angenommen aber, ich mache Erfahrungen, denen zufolge das T sich einstellt unter Umständen, die von Ua dadurch, und zugleich nur dadurch sich unterscheiden, dafs in ihnen ein bestimmtes Element oder irgend welche nähere Bestimmung wegfällt, dann scheidet dies Element oder diese Bestimmung aus dem Zusammenhang der realen Bedingungen des T. Ua ohne dies Element ist jetzt die Ursache oder der Realgrund des T. Durch jede solche Erfahrung bilden sich engere Associationen zwischen dem T und den zugehörigen Umständen. Gewährt schliefslich die Erfahrung keine Möglichkeit weiterer Verengerung mehr, dann ist die wirkliche oder objektiv gültige Ursache des T gewonnen. — So entstehen überhaupt aus der Wechselwirkung der Erfahrungsurteile — der einander widersprechenden und derjenigen, die sich in der eben angegebenen Weise korrigieren — die Ursachen oder diejenigen Erfahrungsassociationen, die wir mit dem besonderen Namen der ursächlichen Verknüpfungen bezeichnen. Die kausalen Beziehungen repräsentieren eine in jener Wechselwirkung entstandene Auslese aus den Erfahrungsassociationen überhaupt; sie sind diejenigen Associationen, die sich in jener Wechselwirkung schliefslich behaupten.

306. Ursache der Veränderung. Vom Anderssein ist die Veränderung nur ein Spezialfall. Sie ist Anderssein an einem Gegenstand oder unter irgend welchen Umständen U in aufeinanderfolgenden Momenten. Auch dies Anderssein erfordert ein Anderssein in jenen Umständen. Der Übergang eines T in ein T_1 erfordert den Übergang des U, in dessen Zusammenhang T in der Erfahrung sich einfügte, in ein davon verschiedenes U_1, in dessen Zusammenhang das nachfolgende T_1 in der Erfahrung eingeordnet erscheint. Wie jener Übergang, so ist dieser eine Veränderung. Wiederum ist mit dieser letzteren Veränderung — U in U_1 — jene erstere — T in T_1 — nachdem einmal die Erfahrung den Zusammenhang beider geknüpft hat, für mich allgemein gegeben. Da andererseits die Veränderung von U in U_1 notwendige und zwar objektiv notwendige Voraussetzung oder Bedingung ist, wenn der Übergang von T in T_1 ohne Widerspruch soll gedacht werden können, so ist jene Veränderung die Teilursache für diese. Es gilt also das Kausalgesetz der Veränderung: Jede Veränderung (jedes Geschehen) erfordert eine Veränderung in den „zugehörigen" (300) Umständen als Teilursache. — Wie die zunächst subjektiv gültige Teilursache der Veränderung zur objektiv gültigen sich verhalte, wie andererseits sie sich zur vollen objektiv wirklichen Ursache ergänze, braucht (nach 304 f.) nicht besonders gesagt zu werden.

307. Kausalgesetz des Daseins. Jedes einzelne Objekt in der Welt hat seine, es von anderen unterscheidende Besonderheit und jedes solche Objekt müssen wir denken, nicht schlechtweg, sondern unter Voraussetzung irgend welcher Umstände oder in dem Zusammenhange, in dem es nach Aussage der Erfahrung sich findet. Es fällt damit von selbst das Dasein jedes solchen Objektes unter das Kausalgesetz des Andersseins; es mufs eine Ursache dafür bestehen, dafs es das ist, was es ist und nicht etwas davon Verschiedenes. Ebenso fällt das Entstehen und Vergehen der einzelnen Objekte, als Veränderung eines Zusammenhanges von Objekten, unter den Begriff und das Kausalgesetz der Veränderung. — Das Denkgesetz besteht aber, als allgemeines Gesetz des Denkens, auch gegenüber demjenigen, das von uns gedacht werden mufs — nicht in einem bestimmten Zusammenhang von oder mit bestimmten Erfahrungsobjekten, sondern schlechtweg. D. h. es besteht auch hinsichtlich des aus der Erfahrung gewonnenen reinen Existenzialurteils. Grund des Bewufstseins, ein Objekt denken zu müssen, ist im reinen Existenzialurteil nur dieses Objekt selbst. Die allgemeine Gesetzmäfsigkeit des Denkens mufs sich danach hier darstellen als die Notwendigkeit, dies Objekt überhaupt zu denken. Es besteht das Gesetz: Was unbedingt ist, d. h. so, dafs der Gedanke, es sei, an keine aufser ihm liegenden Voraussetzungen gebunden ist, ist unbedingt, d. h. dessen Existenz kann in Gedanken nicht aufgehoben werden. Solche Existenzialurteile fällen wir, wie wir gesehen haben, ursprünglich auf Grund jeder Wahrnehmung; schliefslich aber bleibt nur ein einziges absolutes Existenzialurteil bestehen, nämlich dasjenige, das die Welt als Ganzes oder den letzten transzendenten Weltgrund zum Gegenstand hat. Dieser Weltgrund also kann dem Denkgesetze gemäfs nicht als nicht sciend, also nicht als entstehend oder vergehend gedacht werden. Im übrigen reicht die Gewifsheit der unveränderten Dauer von Objekten — etwa der Atome — genau soweit, als die Erfahrung Gewifsheit giebt, dafs keine veränderlichen Bedingungen ihres Daseins aufser ihnen bestehen. Es leuchtet aber ein, dafs die letztere Gewifsheit niemals eine absolute sein, sondern immer nur innerhalb der Grenzen der Erfahrung bestehen kann. Dafs irgend welche Substanz aufser der absoluten beharren müsse, ist kein Denkgesetz, es sei denn, dafs man unter der Substanz eben das Beharrliche versteht. Nur dies trifft zu, dafs die Wissenschaft das keinen veränderlichen Bedingungen Unterliegende und darum Beharrliche oder die „Substanzen" in diesem Sinne zu suchen habe.

308. Causa sui. Wie schon oben gesagt, mufs, was nicht durch anderes geworden ist, in jedem Moment schon gewesen sein. Dafs es war, ist notwendige, und zwar wiederum objektiv notwendige Voraussetzung, und damit zugleich, sofern diese Voraussetzung die einzige ist, Ursache dafür, dafs es ist. Es ist in diesem Sinne die Bezeichnung der absoluten Substanz als der „Causa sui" logisch völlig berechtigt.

309. Zeitliche Beziehung zwischen Ursache und Wirkung. Verstehen wir unter Ursache, wie wir hier jederzeit thun, die eigentliche oder unmittelbare Ursache, so mufs die Wirkung mit der Ursache zeitlich unmittelbar zusammenhängen, da sich in der Erfahrung nun einmal nur das zeitlich unmittelbar Zusammenhängende unmittelbar associativ verknüpfen kann. Die Frage, ob die Ursache der Wirkung vorangehe, oder mit ihr gleichzeitig sei, ist dahin zu beantworten, dafs genau genommen in jedem Falle, wo etwas eine Ursache aufser sich hat, beides zutreffen mufs, da jedes Objekt sich sowohl in einen simultanen als in einen successiven Zusammenhang von Erfahrungsobjekten einfügt. Für das Geschehen ist zunächst in jedem Falle ein vorangehendes Geschehen als Teilursache erforderlich. Ein Geschehen vollziehe sich oder beginne in einem Momente M, und ein anderes, durch das es bedingt ist, falle damit zeitlich vollkommen zusammen. Dann ist dem Kausalgesetze nicht genügt. Dies zweite Geschehen fordert gleichfalls ein Geschehen als Teilursache u. s. w. Fällt dies Geschehen wiederum mit dem ersten zeitlich zusammen u. s. w., so gewinnen wir schliefslich das Bild eines neuen Gesamtweltzustandes, der im Moment M sich vollzieht oder beginnt. Dieser fordert nun aber erst recht ein Geschehen als Teilursache und dies kann nun jedenfalls nur ein dem Moment M vorangehendes Geschehen sein. Dasselbe ist aber als Teilursache für den Eintritt jenes Gesammtweltzustandes zugleich Teilursache und zwar unmittelbar vorangehende Teilursache jenes ersten Geschehens. So ist es zwar nicht ausgeschlossen, dafs ein Geschehen an ein anderes, mit ihm völlig gleichzeitiges gebunden sei; dafs aber dies, und mit ihm zugleich jenes in einem gegebenen Momente ins Dasein tritt, fordert jederzeit zugleich ein vorangehendes Geschehen, durch das der Zeitpunkt seines Eintritts bestimmt ist. Dafs daneben überall simultane Teilursachen bestehen, wurde schon gesagt. Vgl. 172. Was das dauernd Bestehende betrifft, so mufs die von ihm verschiedene Ursache mit ihm dauern, oder sie ist nicht seine Ursache. Das Dasein des Dauernden in einem Momente hat dann, wie gleichfalls schon gesagt, jederzeit das gleichzeitige Dasein dieser Ursache einerseits, andererseits das Dasein seiner selbst und dieser Ursache im vorangehenden Momente zur Bedingung oder Teilursache.

310. Gesetz der Beharrung. Nur ein anderer Ausdruck für das Denkgesetz bezw. eine besondere Anwendung desselben ist das wissenschaftliche Gesetz der Beharrung (der Trägheit, die lex inertiae), dafs jedes Objekt in dem Zustande, in dem es sich befindet, zu beharren „strebe". Es strebt zu beharren, d. h. es bleibt, was oder wo es ist, sofern nicht etwas da ist oder geschieht, das Ursache sein kann seiner Veränderung. Zu den Bestimmungen von Objekten, die zu beharren streben, d. h. nicht ursachlos in andere übergehen, gehört auch der einmal bestehende Bewegungszustand oder die einmal bestehende Art des Geschehens an ihnen überhaupt, ja selbst wiederum die Art der **Veränderung** — etwa die gesetzmäfsige Beschleunigung — dieses **Geschehens**. Überall hat das „**Gesetz**" der Beharrung, Trägheit, Konstanz, der nicht ohne Ursache sich verändernden Art oder Gesetzmäfsigkeit des Geschehens, seinen Grund in der Beharrung, „Trägheit", Konstanz, Gesetzmäfsigkeit des Denkens oder **ist** diese Konstanz, „Trägheit" unseres Denkens angewandt auf die **Erfahrungsurteile**.

311. Weltzusammenhang. Alles was ist und geschieht, ist für uns ohne Widerspruch denkbar nur unter der Voraussetzung dessen, was war und geschah; dies wiederum nur unter der Voraussetzung dessen, was war und geschah, und so ins Endlose. Und alles, was ist und geschieht, ist und geschieht, soviel wir wissen, nur im Zusammenhange mit anderem, das gleichzeitig ist oder geschieht, dies wiederum nur im Zusammenhange mit anderem u. s. w. Alles Einzelne hat sein Dasein nur als Punkt in jenem endlosen Zusammenhang nach rückwärts und diesem schliefslich allumfassenden wechselseitigen Zusammenhang in die Breite. Es ist die Aufgabe der Wissenschaft, diesen doppelten allgemeinen Zusammenhang, zugleich auch wieder innerhalb desselben in beiderlei Richtung die relativ selbständigen und geschlossenen oder engeren Zusammenhänge zu erkennen.

Kapitel XXXIII. Gesetz der Kontinuität.

312. Kontinuität und Erfahrung. Der bezeichnete Zusammenhang der Dinge ist ein notwendiger, darum noch nicht ohne weiteres ein stetiger, d. h. ein Zusammenhang des ohne Unterbrechung und Sprung fortgehenden Daseins und Geschehens. Es beruht aber auch die Notwendigkeit, ihn in solcher Weise stetig zu denken auf dem Kausalgesetz, also dem allgemeinen Gesetze unseres Denkens. Sehen wir von demselben einen Augenblick ab, so wäre es denkbar, dafs es in der Welt nichts gäbe als Objekte, die verschiedenen voneinander getrennten Zeitpunkten angehören, und nur in ihnen existieren, dafs also die Welt in lauter Momentexistenzen sich auflöste. Dieser Gedanke wird nicht widerlegt durch die unvermeidliche Kontinuität unseres Vorstellens. Diese besteht zunächst lediglich für das unmittelbare Bewufstsein: Alles Vorgestellte ordnet sich zeitlich, und eine Zeit, die nicht mit Vorstellungsobjekten ausgefüllt wäre, wäre unvorstellbar, existierte also für unser unmittelbares Bewufstsein nicht. Dies schliefst aber nicht aus, dafs wir Lücken in unserem Vorstellungskontinuum als thatsächlich vorhanden denken und unter Umständen vorhanden denken müssen. Es giebt ja Zustände völliger Bewufstlosigkeit. Andererseits ist durch die Kontinuität der Vorstellungen die der Wahrnehmungen nicht mitgegeben. Es wäre möglich, dafs sich in den stetigen Zusammenhang der Vorstellungen immer nur diskontinuierliche Wahrnehmungen einschöben. Es ist lediglich eine Thatsache der Erfahrung, dafs dies nicht der Fall ist, sondern überall Wahrnehmungen aufeinanderfolgender Momente zusammenfliefsen, und so ein „identisches", nämlich für die Wahrnehmung identisches Objekt (vgl. 219) ergeben. Endlich aber schliefst auch diese Kontinuität des Wahrnehmens nicht aus, dafs das so Wahrgenommene überall Lücken seines Daseins habe, die nur eben der Wahrnehmung sich entziehen.

313. Kausalgesetz und stetige Dauer. Erst das Kausalgesetz macht solche Gedanken unmöglich. Zunächst sofern es fordert, dafs jedes Objekt, das in irgend einem Momente da ist, in jedem weiteren Moment da sei, falls nicht wechselnde Bedingungen seines Daseins im einen und seines Nichtdaseins in einem anderen Momente vorhanden sind. Ob nun letzteres der Fall ist oder nicht, kann nur die Erfahrung entscheiden. Wir haben aber zunächst Anlafs, solche wechselnde Bedingungen auszuschliefsen, wenn Gleiches, das uns in aufeinanderfolgenden Momenten gegeben ist, zusammenfliefst, wenn uns also in der unmittelbaren Erfahrung eine stetige Folge des Gleichen — stetig nämlich eben für die unmittelbare Erfahrung oder nach Aussage des unmittelbaren Bewufstseins — gegeben ist. Diese stetige Folge wird dann durch das kausale Denken in eine gedachte oder erkannte, in die stetige und unveränderte Dauer eines Objektes, nicht nur unseres Bildes von ihm, verwandelt. Zugleich dehnen wir diese unveränderte Dauer aus über die Dauer der unmittelbaren Erfahrung hinaus. Die trotz der in der unmittelbaren Erfahrung gegebenen Kontinuität denkbaren Lücken in Objekten und die Lücken zwischen zeitlich getrennten Erfahrungen gewinnen so ihre Ausfüllung. Aber auch die Vereinigung der Inhalte zeitlich getrennter Erfahrungen zu einem Zusammenhang des stetig Dauernden muſs durch die Erfahrung ermöglicht sein. Die Erfahrung ermöglicht sie, indem sie es geschehen läſst, daſs in der Erinnerung aufbewahrte und zugleich als stetig weiter existierend gedachte Objekte früherer Erfahrungen mit Inhalten neuer Erfahrungen verschmelzen oder sich identifizieren. Ohne jenes unmittelbare Zusammenflieſsen oder Verschmelzen des in der Erfahrung in aufeinanderfolgenden Momenten Gegebenen, also jene in der unmittelbaren Erfahrung gegebene Stetigkeit einerseits, und diese Verschmelzung des in unterbrochener Erfahrung Gegebenen andererseits bestände für unsere Erkenntnis keine Kontinuität oder „Identität" im Zusammenhange dessen, was in verschiedenen Zeitpunken unserer Erfahrung sich darstellt. Zugleich bestände für unsere Erkenntnis überhaupt keine Kontinuität des Daseins, also auch keine wirkliche Identität des Successiven (219) ohne das Kausalgesetz. — Sofern im Begriff der Dauer die Stetigkeit oder Ununterbrochenheit des Daseins, nicht die scheinbare oder für die unmittelbare Erfahrung bestehende, sondern die wirkliche oder erkannte, schon enthalten liegt, kann gesagt werden, daſs auch Dauer nicht ein möglicher unmittelbarer Gegenstand der Erfahrung sei, sondern nur als Ergebnis des kausalen Denkens für uns bestehe.

314. Das Geschehen und die Erfahrung. Die Dauer, von der wir hier reden, ist die unveränderte, also die Dauer im Gegensatz zum Werden, Geschehen, sich Verändern. Es gilt aber, was von jener soeben gesagt wurde, ebensowohl von diesem. Ein Werden oder Geschehen ist zunächst nicht jedes Auftreten eines Objektes in meiner Erfahrung und Auftreten eines anderen Objektes in einer folgenden Erfahrung, also nicht jeder in der Erfahrung gegebene Wechsel. Zum Geschehen gehört notwendig der Zusammenhang zwischen dem, was war, ehe das Geschehen sich vollendete, und dem, was durch dasselbe geworden ist, es gehört dazu der Übergang des einen in das andere, die Kontinuität oder stetige Folge des Verschiedenen. Eine solche muſs zunächst wiederum in der unmittelbaren Erfahrung gegeben sein, wenn die Erkenntnis eines Geschehens entstehen soll.

Aber diese in der Erfahrung gegebene Stetigkeit der Folge des Verschiedenen schliefst — ebenso wie die unmittelbar erlebbare Stetigkeit der Folge des Gleichen — die wirkliche Stetigkeit oder die Stetigkeit im Objekte selbst nicht in sich. Das Geschehen, das sich als stetiges darstellt, könnte gedacht werden als in Wahrheit sich auflösend in beliebig viele zeitlich getrennte Akte eines absolut plötzlichen Geschehens. Ein solcher „Akt" des Geschehens bestände einfach darin, dafs ein Objekt oder irgend ein Etwas, wir wollen es O nennen, das bis zu einem bestimmten Zeitpunkt nicht existiert hat, von diesem Zeitpunkt an existiert; es bestände in der Thatsache, dafs in einem Zeitpunkt oder von einem Zeitpunkte an das Dasein eines Objektes O an die Stelle des Nichtseins desselben getreten ist, oder an die Zeit des Nichtseins des O eine Zeit des Daseins desselben sich angefügt hat. Der Grenzpunkt zwischen beiden Zeiten wäre der mathematische Zeitpunkt, in dem das ganze momentane „Geschehen" sich zusammenfafste. — In dem Gedanken eines solchen Sachverhaltes läge an sich ebenso wenig ein Widerspruch, als ein Widerspruch in dem Gedanken liegt, dafs die Ausdehnung einer Linie oder eines Körpers nach irgend einer Richtung bis zu einem mathematischen Punkte gehe, und jenseits desselben nicht mehr stattfinde bezw. umgekehrt.

315. Das Geschehen und das Kausalgesetz. Erst das Kausalgesetz läfst diese Art, das „Geschehen" zu denken, unmöglich erscheinen. Das Kausalgesetz fordert für jedes Geschehen nicht nur überhaupt ein Geschehen, sondern ein unmittelbar vorangehendes Geschehen als Teilursache oder als das, wodurch seine Ursache, nämlich das Ganze seiner Ursache, vollendet wird (vgl. 309). Als solche Teilursache nun kann ein momentanes Geschehen, wie es eben beschrieben wurde, nicht fungieren. Der plötzliche Eintritt jenes O etwa ins Dasein kann nicht die Teilursache sein, wodurch die Ursache für den Eintritt eines O_1 vollendet wird. Der mathematische Zeitpunkt, in dem wir O ins Dasein treten liefsen, kann, eben als mathematischer Zeitpunkt, dem Zeitpunkt, in dem O_1 ins Dasein tritt, nur vorangehen, wenn er von ihm durch irgend welches Zeitintervall getrennt ist. Dann aber ist das Vorangehen kein unmittelbares, jenes Geschehen also nicht (unmittelbare) Ursache des Eintritts des O_1, oder genauer: nicht das diese Ursache vollendende Geschehen. Soll dies der Fall sein, so muſs der Eintritt des O als in irgend welchem Zeitraum stetig sich vollziehend gedacht werden. Sofern er in irgend welchem Zeitraum sich vollzieht, hat er einen zeitlich verschiedenen Anfangs- und Endpunkt; er kann demnach als Ganzes seiner Wirkung — dem Eintritt des O_1 — zeitlich vorangehen, und doch zugleich in seinem Endmoment mit diesem letzteren oder dem Anfangsmoment desselben zeitlich zusammenfallen. Und als stetiges Geschehen muſs er gedacht werden, da sein Zerfallen in eine Reihe von Sprüngen oder momentanen Akten des Geschehens (im vorhin bezeichneten Sinne) den obigen Widerspruch nur vervielfachte. Der letzte dieser Akte müſste als die eigentliche oder unmittelbare Ursache (genauer Teilursache) des verursachten Geschehens betrachtet werden, könnte aber nach dem eben Gesagten nicht als solche gelten. Ebenso wenig könnte irgend einer dieser Akte in einem vorangehenden gleichartigen Akte seine Ursache haben.

316. Stetiges Geschehen. Dagegen ist durch den Gedanken der Stetigkeit der Widerspruch beseitigt. In der Natur des stetigen Geschehens liegt es, in jedem ihm angehörigen Zeitpunkt, also unendlich oft, einen einfachen „Akt" des Geschehens, d. h. das Dasein von Etwas, das vorher nicht war, in sich zu schlieſsen. Das stetige Geschehen besteht aber nicht aus diesen „Akten", sondern besteht im Übergang von einem zum anderen, so wie die Zeit nicht aus Zeitpunkten, sondern im Fortschritt von Punkt zu Punkt besteht. Damit stellt sich auch die zeitliche Folge des stetigen Geschehens und der von ihm hervorgebrachten Wirkung dar als ein Übergang jenes Geschehens zu dieser Wirkung oder ihrem Anfangsmoment. Hierdurch ist beiden Forderungen genügt: daſs das verursachende Geschehen seiner Wirkung vorangehe, und daſs kein Zeitintervall zwischen ihnen liege. Das stetige Geschehen kann zerlegt werden in Elemente, aber nur in solche, die selbst wieder ein stetiges Geschehen sind, also ihrerseits wiederum aus solchen Elementen bestehen u. s. w. ins Endlose. Jedes solche Element hat in einem vorangehenden ebensolchen Element seine unmittelbare Ursache. Das stetige Geschehen repräsentiert also ins Endlose Zusammenhänge von

Ursache und Wirkung. Es ist **stetiger Kausalzusammenhang**. Alles Geschehen, das ein nachfolgendes Geschehen verursacht, muſs als ein solcher stetiger Kausalzusammenhang, oder als einem solchen angehörig, gedacht werden.

317. Stetiger Zusammenhang des Geschehens. Sofern wir die Stetigkeit in den Begriff des Werdens, des Geschehens, der Veränderung schon einzuschlieſsen pflegen, kann gesagt werden, daſs es — ebenso wie eine Dauer — ein Werden, ein Geschehen, eine Veränderung für uns erst auf Grund des Kausalgesetzes giebt. Auch die in der unmittelbaren Erfahrung gegebene und für unser unmittelbares Bewuſstsein bestehende Stetigkeit des Wechsels wird dadurch erst zu einer wirklichen oder **erkannten**. Sind wir zur Erkenntnis irgend welcher **Gesetzmäſsigkeiten** des stetigen Geschehens gelangt, so erweitert sich zugleich für unser Denken der Umkreis des stetigen Geschehens über die Erfahrung hinaus. Wiederum (313) werden dadurch zugleich Lücken zwischen Erfahrungen ausgefüllt. Aber auch hier ist die Frage, welche Erfahrungsobjekte durch solche Ausfüllung zu einem Zusammenhang des stetigen Geschehens zusammengeordnet werden können, nur auf Grund der Erfahrung zu beantworten. Nur soweit das Kausalgesetz einen stetigen Zusammenhang des Geschehens fordert, wissen wir von einem solchen. Das Kausalgesetz fordert ihn überall, also besteht er überall. Die Erkenntnis aber, welche Erfahrungsobjekte diesem, welche jenem **bestimmten** stetigen Kausalzusammenhange des Geschehens und damit überhaupt einem bestimmten stetigen Zusammenhange des Geschehens angehören, ist Sache der Erfahrung. Daſs in der unmittelbaren Erfahrung stetige Folgen des Verschiedenen sich darstellen, daſs andererseits sich Erfahrungen finden, die in ein in früherer Erfahrung gegebenes und in Gedanken fortgeführtes stetiges Geschehen sich einfügen, d. h. mit einem Punkte desselben verschmelzen oder sich identifizieren lassen, ist für solche Erkenntnis Voraussetzung.

318. Gesetz der Kontinuität. Schlieſslich läſst sich das hier (312—317) Gesagte zusammenfassen in das Gesetz der Kontinuität: Alles, was ist, besitzt endlose stetige Dauer, soweit nicht eine Ursache seines Entstehens und Vergehens und seiner Veränderung besteht, und: Alles, was wird, oder ins Dasein tritt, ordnet sich einem ins Endlose nach rückwärts gehenden Kausalzusammenhange des Geschehens ein, der eben als solcher in jedem Teile stetiger Kausalzusammenhang ist. Dies Gesetz ergiebt sich aus dem Kausalgesetz oder der allgemeinen Gesetzmäfsigkeit des Denkens. Zugleich ist doch in jedem Falle festzuhalten, dafs die Erkenntnis, welche Objekte der Erfahrung sich zu einem bestimmten Zusammenhang des stetig Dauernden oder zu einem bestimmten stetigen Zusammenhang des Geschehens zusammenordnen, schliefslich auf der in der unmittelbaren Erfahrung gegebenen Stetigkeit der Folge gleicher bezw. verschiedener Objekte und der Verschmelzung des in der Erfahrung Gegebenen mit den Ergebnissen des kausalen Denkens beruht.

Abschnitt IX. Induktion und Deduktion.

Kapitel XXXIV. Die Induktion.

319. Der Schlufs. Der Schlufs ist die mittelbare Gewinnung eines Urteils, d. h. die Gewinnung eines Urteils aus anderen. Genauer gesagt wird im Schlufs ein Urteil niemals aus wirklichen, sondern jederzeit aus möglichen anderen Urteilen gewonnen, d. h. es wird gewonnen aus solchen psychischen Thatbeständen, die in Urteilen zum Bewufstsein kommen können, und freilich auch, falls der Schlufs ein durchaus bewufster sein soll, in solchen zum Bewufstsein kommen müssen. Niemals läfst etwa ein Urteilsakt einen anderen aus sich hervorgehen. Die Urteile, aus denen im Schlufs das neue Urteil gewonnen wird, sind die begründenden Urteile oder die „Prämissen", dies Urteil selbst heifst Schlufsurteil („Schlufssatz", conclusio) des Schlusses.

320. Vier Schlufsarten. Jeder Schlufs setzt eine Gesetzmäfsigkeit voraus, der zufolge das Schlufsurteil aus den Prämissen sich ergiebt. Es giebt demgemäfs soviele Arten von Schlüssen, als es Arten der Denkgesetzmäfsigkeit giebt. Schlüsse sind Erfahrungsschlüsse, Vorstellungs- (oder objektiv formale) Schlüsse, subjektive Schlüsse (= Schlüsse der subjektiven Ordnung), endlich abstrakt logische Schlüsse, jenachdem die treibende Gesetzmäfsigkeit in ihnen die Gesetzmäfsigkeit der **Erfahrungsurteile** oder die Gesetzmäfsigkeit unseres **Vorstellens**, oder die Gesetzmäfsigkeit des **subjektiven Urteilens**, oder endlich die **abstrakt logische** Gesetzmäfsigkeit ist. Vgl. 288 ff. Wir beginnen mit den Erfahrungsschlüssen. Sie sind Schlüsse der **Induktion**.

321. Induktion. Induktion im engeren Sinne (vgl. 334) ist die Gewinnung eines **allgemeinen** Urteils aus in der Erfahrung begründeten **Einzelurteilen** bezw. die Gewinnung eines **allgemeineren** Urteils aus solchen **allgemeinen** Urteilen. Die Logik unterscheidet ursprünglich die vollständige Induktion oder Induction durch vollständige „Aufzählung", und die unvollständige Induktion. Eine Induktion heifst vollständig, wenn alle in dem schliefslich gewonnenen allgemeinen Urteil enthaltenen Einzelurteile (oder weniger allgemeinen Urteile) beim Vollzug der Induktion bereits als vollzogen vorausgesetzt sind; sie heifst unvollständig, wenn das allgemeine Urteil nur auf **einige** dieser Urteile sich gründet. Danach kann die vollständige Induktion in nichts anderem bestehen, als einer Zusammenfassung von Einzelurteilen. Das Ergebnis derselben ist ein **universales Urteil**. Solche Zusammenfassung ist kein Schlufs und sollte darum auch nicht Induktion heifsen. — Im Gegensatz zu dieser vollständigen geht die wissenschaftliche Induktion auf **generelle** Urteile aus, also solche, die gelten von einer Gattung in allen ihren möglichen, wenn auch nicht oder noch nicht in der Erfahrung gegebenen Beispielen. Sie kann eben deswegen nicht umhin, eine **unvollständige** zu sein. Sie ist doch in anderem, nämlich im logischen Sinne eine vollständige, wenn sie genügt, ein gesichertes Ergebnis zu Tage zu fördern. Ein Beispiel einer vollständigen Induktion wäre es, wenn ein Astronom die Bahnen aller bekannten Planeten einzeln beobachtete und berechnete, und das Ergebnis in dem allgemeinen Urteil zusammenfafste, alle diese Bahnen seien elliptisch. Dieses Verfahrens bedarf es für uns nicht mehr, weil längst aus wenigen Beobachtungen und Berechnungen der Schlufs der unvollständigen, darum doch logisch durchaus vollständigen Induktion gezogen werden konnte, dafs alle Planeten, auch die erst noch zu entdeckenden, in solchen Bahnen sich bewegen müssen.

322. Induktion und Ursache. Generelle Erfahrungsurteile beruhen, wie früher (76) gesagt, immer auf der Erkenntnis eines

Kausalzusammenhanges. So enthält beispielsweise in dem generellen Urteile, Alle Planeten bewegen sich in elliptischer Bahn, das Planetsein die Ursache der elliptischen Form der Bahn in sich. Auf Gewinnung einer solchen kausalen Erkenntnis muſs also die Induktion, nämlich die unvollständige aber wissenschaftliche Induktion ausgehen. Es können aber nur solche generelle Urteile, in denen, wie in dem eben erwähnten, das Subjekt die Ursache oder den Realgrund des Prädikates darstellt, oder in sich enthält, aus der Iduktion unmittelbar sich ergeben. Nur generelle Urteile, bei denen diese Bedingung erfüllt ist, tragen den Grund ihrer Allgemeinheit unmittelbar in sich; sie thun es nach der Regel, daſs gleiche Ursachen gleiche Wirkungen haben. Ist dagegen das Subjekt eines Urteiles eine Wirkung oder reale Folge, das Prädikat die Ursache derselben, so kann das Urteil generell sein nur unter der Voraussetzung, daſs das Prädikat zugleich als die einzig mögliche Ursache bezw. die in allen Fällen notwendige Teilursache des Subjektes erkannt ist. Die Erkenntnis aber, daſs ein A einzig mögliche Ursache eines B sei, setzt die Erkenntnis, daſs A überhaupt Ursache des B sei, sie setzt also das generelle Urteil, Immer wenn A ist, muſs auch B sein, schon voraus. Eben damit setzt sie auch die Induktion schon voraus, durch welche dies generelle Urteil einzig gewonnen werden konnte. Zu dieser Induktion muſs dann noch ein weiterer Denkprozess hinzutreten, wenn A als einzig mögliche Ursache des B erkannt werden, und demnach das generelle Urteil entstehen soll, Immer wenn B sei, müſse A sein.

323. Induktionsprozeſs. Nach dem Gesagten besteht die Aufgabe der Induktion in der Gewinnung von generellen Urteilen, deren Subjekt den Realgrund oder die Ursache des Prädikates in sich enthält. Der Weg, auf dem solche Urteile gewonnen werden, ist in Kap. XXXII beschrieben. Die Ableitung des Kausalgesetzes war nichts anderes, als die Beschreibung dieses Weges. Wir sahen, daſs dem allgemeinen Denkgesetze zufolge jedes einzelne Erfahrungs- oder Erinnerungsurteil ein allgemeines und genauer ein generelles Urteil von Hause aus unmittelbar in sich schlieſst. Damit ist die Voraussetzung aller Induktion bezeichnet. Wären Einzelurteile nicht ohne weiteres generelle, so könnten nimmermehr aus Einzelurteilen generelle Urteile werden. Das Einzelurteil schliefst aber ein allgemeines in sich nur an sich, d. h. abgesehen von dem Widerspruch, den andere Erfahrungsurteile dagegen erheben mögen. Daraus ergiebt sich die Aufgabe der Induktion, das Einzelurteil so umzuwandeln, dafs sein natürlicher Anspruch, zugleich allgemeines Urteil zu sein, ohne solchen Widerspruch bestehen bleiben kann.

324. Induktion als Determination. Genauer ist aber die Aufgabe der Induktion eine doppelte. Sei T das Prädikat des gesuchten generellen Urteils, so gilt es zunächst die Umstände U zu beobachten, unter denen das T sich findet, und weiterhin festzustellen, ob der Anspruch des Erfahrungsurteils UT, zugleich als allgemeines Urteil Geltung zu haben, anderen Erfahrungen gegenüber sich behauptet, oder ob Gegenerfahrungen, d. h. solche, in denen an U ein non-T geknüpft erscheint, diesem Anspruch widersprechen. Solche Gegenerfahrungen bezeichnen wir als „negative", dagegen die Erfahrungen, die jenen Anspruch bestätigen, als „positive Instanzen" für die Verallgemeinerung jenes Urteils. Da es dem Denkgesetze gemäfs unmöglich ist, dafs unter den Umständen U das T einmal stattfindet und ein ander Mal nicht stattfindet, es sei denn, dafs dem U in beiden Fällen verschiedene nähere Bestimmungen zukommen, so gilt es, genauer gesagt, solche Instanzen oder Erfahrungen aufzusuchen, in denen sich das U bald mit diesen, bald mit jenen näheren Bestimmungen behaftet, oder bald mit diesen, bald mit jenen anderweitigen Umständen verbunden darstellt, und zuzusehen, wie es dabei jedesmal mit dem Eintritt des U bestellt sei. Die Bedeutung der bei solchem relativen Wechsel der Umstände gewonnenen negativen Instanzen besteht darin, zu weiterer und weiterer Ergänzung der Bedingungen des T, oder zu immer weiterer „Determination" des realen Grundes desselben zu nötigen. Die positiven Instanzen, die T an U unter Voraussetzung immer anderer Nebenumstände geknüpft zeigen, haben lediglich die Bedeutung zu zeigen, welche Determinationen nicht erforderlich sind.

325. Induktion als Reduktion. Andererseits besteht die Aufgabe der Induktion in der Gewinnung der Erkenntnis, welche Elemente des ursprünglichen oder bereits auf Grund negativer Instanzen näher determinierten U fehlen können, ohne dafs T ausbleibt. Dies geschieht durch Aufsuchung solcher Erfahrungen, in denen das ursprüngliche oder bereits determinierte U gegeben ist, nur so, daſs jetzt dieses, jetzt jenes Element, oder jetzt diese, jetzt jene nähere Bestimmung desselben fehlt. Solche Erfahrungen haben, wenn sie positive Instanzen sind, die Bedeutung, Elemente aus dem Zusammenhang der Bedingungen, unter denen T allgemein gedacht werden darf, auszuscheiden oder den realen Grund des T zu „reduzieren". Sie haben, sofern sie negative Instanzen sind, die Bedeutung, die Unmöglichkeit einer Reduktion zu erweisen, also Elemente als endgültige Bedingungen des T erscheinen zu lassen. Jede Reduktion der Bedingungen erweitert die Allgemeinheit des induktiv gewonnenen allgemeinen Urteils, sowie jede Determination sie verengert. Im Wechsel der Verengerung und Erweiterung entsteht das induktiv zu gewinnende objektiv gültige allgemeine (generelle) Urteil mit T als Prädikat. Im Subjekt desselben ist zugleich die Ursache des T gewonnen.

326. Induktion und Induktionsschluſs. Unter Induktion ist hier der ganze Induktionsprozeſs verstanden. Von ihm unterscheiden wir den Induktionsschluſs, oder den Akt der Verallgemeinerung als solchen. Nach oben Gesagtem ist die Möglichkeit des Induktionsschlusses, d. h. die Thatsache, daſs Einzelurteile, für sich betrachtet, die Geltung von allgemeinen haben, Bedingung des Induktionsprozesses, nicht umgekehrt. Andererseits setzen die objektiv gültigen Induktionsschlüsse den Induktionsprozeſs voraus. Auch ein objektiv gültiger Induktionsschluſs ist freilich jederzeit vor aller Induktion möglich: Von jedem Ereignis, daſs ich einmal erlebt habe, weiſs ich ohne weiteres, daſs es unter Voraussetzung genau des gleichen unmittelbar vorangehenden Weltzustandes überhaupt immer wieder eintreten müſste. Nur wäre ein solcher Induktionsschluſs wertlos. Die Induktion geht aus auf generelle Urteile, in denen die Bedingungen der Prädizierung weniger und immer weniger individuell bestimmt sind, also allgemeinere und immer allgemeinere Bedeutung besitzen. Und diese allerdings schafft erst der Prozeſs der Induktion.

327. Hypothese und Gesetz. Wir vollziehen aber auch Induktionsschlüsse auf jeder Stufe des induktiven Prozesses.

Immer wieder verallgemeinern wir Thatsachen versuchsweise oder mit Vorbehalt der Bestätigung durch weitere Erfahrung. Solche versuchsweise Verallgemeinerungen können induktive Hypothesen heifsen. Hypothese überhaupt ist jede versuchsweise Annahme. Jede Hypothese ist wissenschaftlich berechtigt in dem Mafse, als bereits Erfahrungen ihr zu Grunde liegen und ihr Wahrscheinlichkeit verleihen (vgl. Kap. XLIII). Das allgemeine (generelle) Urteil, das aus dem induktiven Prozesse schliefslich hervorgeht und gegenüber allen möglichen oder einstweilen möglichen Erfahrungen standhält, ist nicht mehr blofse Hypothese, sondern hat ein Anrecht auf den Namen eines Gesetzes.

328. Deduktive Momente. Die Prüfung der Hypothese oder der Versuch ihrer „Verifikation" geschieht durch die versuchsweise Anwendung des allgemeinen Urteils, das den Inhalt der Hypothese bildet, auf weitere einzelne Erfahrungen. Diese Anwendung ist für sich betrachtet jedesmal ein deduktiver Schlufs und zwar ein Syllogismus. Er könnte so formuliert werden: Unter diesen Umständen U hat, wie ich versuchsweise annehme, T immer statt; in diesem besonderen Falle findet sich das U; also wird auch hier T sich einstellen. Nicht minder hat der Rückschlufs von dem eventuellen Nichtstattfinden des T in einem einzelnen Falle auf die Ungültigkeit der Hypothese den Charakter des Syllogismus. Er wird zum hypothetisch-kategorischen Syllogismus (vgl. Kap. XL), wenn jener eben bezeichnete Syllogismus in ein hypothetisches Urteil zusammengezogen wird: Falls an U allgemein T geknüpft sein sollte, so mufs dies auch hier der Fall sein; nun trifft die letztere Annahme nicht zu, also ist an U das T nicht allgemein geknüpft. Stellt sich jene Hypothese als ein quantitativ bestimmtes, also exaktes allgemeines Urteil dar, so tritt die Rechnung als Hilfsmittel des Syllogismus, also auch der Induktion, in ihr Recht.

329. Experiment. Nach der gegebenen Darlegung des Induktionsprozesses sind wiederholte Erfahrungen gleichen Inhaltes, es ist also die Vielheit der Instanzen als solche für die Induktion bedeutungslos. Nur die Verschiedenheit der Instanzen, insbesondere die Verschiedenheit des U, dient ihr; nur durch „Variation" der Umstände gelangt die Induktion zum Ziel. Die verschiedenen Umstände nun stellen sich der Beobachtung freiwillig dar oder müssen künstlich herbeigeführt werden. In der künstlichen Herbeiführung von Erfahrungen zum Zweck der Erkenntnis besteht das **Experiment**. Der besondere Wert desselben liegt darin, dafs die künstliche Herbeiführung der Umstände zugleich die genauere Beobachtung und Abgrenzung derselben zu ermöglichen pflegt. Das Experiment selbst wiederum hat um so mehr Wert, je planvoller es auf die Prüfung einer berechtigten und klar formulierten Hypothese hinarbeitet.

330. Induktive Rückschlüsse. Von dem vorhin so genannten Induktionsschlufs kann innerhalb des induktiven Prozesses eine zweite Art des induktiven Schlusses, unter dem Namen des induktiven Rückschlusses, unterschieden werden. Der Prozefs der Induktion ist der Fortschritt von hypothetischen zu immer weniger hypothetischen Induktionsschlüssen. Damit aber verbinden sich überall die induktiven Rückschlüsse. Das, was ihren Inhalt ausmacht, ist bereits bezeichnet. Es ist ein induktiver Rückschlufs, wenn uns der Widerspruch zweier Erfahrungen U T und U non-T nötigt, die beiden U verschieden zu denken und nun diesen verschiedenen U das T bezw. non-T zuzuschreiben. Es ist nicht minder ein induktiver Rückschlufs, wenn wir aus zwei Erfahrungen U_1 T und U_2 T die Einsicht gewinnen, was die beiden U unterscheide, sei nicht Bedingung des T. Dort ist das Ergebnis des Schlusses ein neues Doppelurteil, hier ein neues einfaches Urteil. Jenen vollziehen wir im Prozefs der „Determination", diesen im Prozefs der Reduktion; jener kann darum determinierender, dieser reduzierender Rückschlufs heifsen. Jeder Schlufs von der Besonderheit eines Objektes der Erfahrung auf die Besonderheit der Bedingungen desselben oder von einer Veränderung auf das Dasein einer Veränderung als Teilursache derselben ist ein induktiver Schlufs der ersteren, jede aus der Vergleichung verschiedener Erfahrungen gewonnene Überzeugung, dafs ein Umstand nicht zu den Bedingungen eines Thatbestandes gehöre, ist ein Schlufs der zweiten Art.

331. Analogieschlufs. Endlich können wir vom Induktionsschlufs im engeren Sinne und ebenso vom induktiven Rückschlufs den Analogieschlufs oder den induktiven Nebenschlufs oder Schlufs auf Nebengeordnetes unterscheiden. Wir vollziehen einen solchen, wenn wir von der Thatsache, dafs ein bestimmtes S —

ein S_1 — P ist, schliefsen, ein anderes S — ein S_2 — sei gleichfalls P, oder was dasselbe sagt, wenn wir aus der Thatsache, dafs einmal unter den Umständen U ein T stattfand, schliefsen, es werde das gleiche T unter denselben Umständen auch in einem bestimmten anderen Falle stattfinden. Ein solcher Schlufs setzt jederzeit die Möglichkeit des allgemeinen Urteils, S ist P, oder: Unter Voraussetzung des U findet T überhaupt statt, voraus. Vollziehen wir dies allgemeine Urteil, um dann daraus das Urteil: S_2 ist P, oder: An U ist auch im zweiten Falle T gebunden, abzuleiten, dann ist der Analogieschlufs die Verbindung eines Induktionsschlusses mit dem Syllogismus. Es ist aber nicht erforderlich, dafs uns das allgemeine Urteil als solches zum Bewufstsein komme. Wir können ebensowohl von dem einzelnen Urteile, S_1 ist P, zu dem einzelnen Urteil, S_2 ist P, unmittelbar übergehen, also von dem Rechte, mit S überhaupt P zu verbinden, ohne uns desselben ausdrücklich bewufst zu werden, unmittelbar **Gebrauch** machen. In diesem Falle ist der Analogieschlufs — zwar nicht eine besondere logische Schlufsart, aber doch eine besondere psychologische **Schlufsweise**. Wir können ihn auch bezeichnen als einen unvollständigen, weil nur auf ein einziges, nicht auf alle S ausgedehnten Induktionsschlufs.

332. Die Induktion im Zusammenhang der Erkenntnis. Die Induktion (im engeren Sinne) beantwortet uns die Frage, ob ein in der Erfahrung Gegebenes Ursache eines anderen in der Erfahrung Gegebenen sei. Sie ermöglicht dagegen nicht ohne weiteres die Beantwortung der umgekehrten Frage, welche Ursache einem Gegenstand der Erfahrung zu Grunde liege, oder wie das Dasein desselben sich „erkläre". Die Induktion schafft die Gesetze, aber sie sagt nicht zugleich, welchem als gültig erkannten Gesetze sich ein Thatbestand unterordnen müsse: sie schafft nicht für sich allein die die Thatsachen erklärende „Theorie". Dazu ist, wie schon oben (322) angedeutet, ein über die Induktion hinausgehender Denkprozefs erforderlich (vgl. darüber Kap. XL f.). Andererseits baut sich bei fortgeschrittener Erkenntnis nicht jede neue Induktion immer wieder so unmittelbar und voraussetzungslos auf den einzelnen Erfahrungen auf, wie wir dies oben zunächst annehmen mufsten. Nur die ersten Induktionen müssen so, jeder Hilfe bar, aus den letzten Elementen der

Erkenntnis entstehen. Dagegen finden spätere Induktionen schon allerlei Hilfen und Voraussetzungen ihres Zustandekommens vor. Allerlei Umstände, die den Anspruch erheben könnten, Teilursachen eines Thatbestandes zu sein, sind schon ein für allemal dieses Anspruches verlustig gegangen. Andererseits wecken erkannte Beziehungen zwischen Ursachen und Wirkungen die Vermutung analoger Beziehungen auf analogen Gebieten der Wirklichkeit. Solche Analogieschlüsse beruhen auf derselben Denkgesetzmäfsigkeit, die die Induktion ermöglicht. Insbesondere lassen analoge **Thatbestände** die Vermutung analoger **Ursachen** entstehen. Die Induktion findet dann die „Hypothese" schon vor; es ist Aufgabe der **Beobachtung**, die analogen „Ursachen" zu finden, und Aufgabe der **Induktion**, zu zeigen, dafs oder ob sie wirklich Ursachen heifsen dürfen. — Auch hier wiederum tritt dann die Aufgabe des Ausschlusses anderer möglicher Ursachen der fraglichen Thatbestände als etwas relativ Neues hinzu.

333. Begriffsinduktion. Als ein besonderer Fall der Induktion ist die Art, wie wir zu allgemeinen Begriffen gelangen, anzusehen. Der Begriff (vgl. 247) schliefst ein mögliches generelles Urteil in sich, in dem das Begriffswort Prädikat ist und die allgemeinen Bedingungen der Anwendung desselben das Subjekt ausmachen. Jeder Fall, in dem wir das Wort anwenden hören, bildet für die Gewinnung dieses Urteils eine positive, jeder Fall, in dem es uns als nicht zutreffend bezeichnet wird, eine negative Instanz. Das Moment der „Determination", das wir bei der Induktion herausgehoben haben, stellt sich dabei dar als Verengerung der Wortbedeutung oder als **begriffliche Determination**, die „Reduktion" als Erweiterung der Wortbedeutung oder als **begriffliche Abstraktion**. Jede Frage, ob einem Ding ein bestimmter Name zukomme, hat die Bedeutung eines **Experimentes**. — Das durch die Begriffsinduktion entstandene generelle Urteil enthält denn auch in seinem Subjekt die Ursache des Prädikates, sofern, wie wir gesehen haben, als das eigentliche Subjekt eines solchen (Benennungs-)Urteils nicht die Bewufstseinsobjekte, denen wir den Namen zuerkennen, als solche, sondern diese Bewufstseinsobjekte als Gegenstände eines auf ihre Benennung gerichteten **Willens** zu betrachten sind. In diesem Willen aber hat die Thatsache der Benennung ihre **Ursache**.

334. Induktion im weiteren Sinne. Es muſs nun aber hinzugefügt werden, daſs der Begriff der Induktion auch in weiterem, als dem oben vorausgesetzten Sinne genommen werden kann. Wir bezeichneten sie als Gewinnung allgemeiner (genereller) aus einzelnen Erfahrungsurteilen. Lassen wir diese Einschränkung fallen, und verstehen unter Induktion allgemein die Verallgemeinerung einzelner Urteile, dann verdankt jedes allgemeine Urteil sein Dasein einer Induktion. Alle allgemeinen Urteile können ja zunächst nur als einzelne gegeben sein. So überzeuge ich mich von der Gültigkeit des allgemeinen geometrischen Urteils über die Beschaffenheit des Dreiecks zunächst an einem einzelnen Dreieck; ich weiſs nur, wie schon oben bemerkt (289) unmittelbar, daſs das, was mein Urteil begründet, an Dreiecken allgemein vorkommt, daſs auch insbesondere die von mir vorgenommenen Hilfskonstruktionen bei Dreiecken allgemein möglich sind. Und damit ist die Verallgemeinerung unmittelbar gegeben; es bedarf nicht der Vermittelung durch den induktiven Prozeſs und der Wechselwirkung verschiedener Einzelurteile, in denen derselbe besteht. Danach mag die Induktion, von der hier die Rede ist, im Gegensatz zu jener, die wir zunächst so nannten, die „unmittelbare" heiſsen. Sie könnte auch mit Vorausnahme eines sogleich anzuwendenden Ausdrucks als analytische, die Induktion im engeren Sinne dagegen als die synthetische — weil durch ein Zusammen von Urteilen entstehende — bezeichnet werden. Nach oben Gesagtem (326) bildet doch die „analytische" Induktion auch für die synthetische die Voraussetzung.

Kapitel XXXV. Unmittelbare Schlüsse.

335. Deduktion. Bezeichnen wir, wie üblich, alle nicht induktiven Schlüsse als deduktive, so sind (nach 320) deduktive Schlüsse entweder Vorstellungsschlüsse oder Schlüsse der subjektiven Ordnung oder abstrakt logische Schlüsse. Dabei ist doch zu bedenken, daſs nur bei den letzteren jenes voraussetzungslose Deduzieren oder Ableiten des Schluſsurteils aus den Prämissen stattfindet, an das man bei dem Worte Deduktion wohl zunächst zu denken pflegt, daſs darum in jedem Falle die abstrakt logischen Schlüsse oder die Syllogismen im engeren Sinne deduktiv heiſsen müssen.

336. Unmittelbare und mittelbare. Mit vorstehender Einteilung kreuzt sich die Einteilung der Schlüsse in unmittelbare und mittelbare oder analytische und synthetische Schlüsse, der wir schon oben (334) bei der Induktion begegnet sind. Bei jenen wird aus einem Urteil ohne Hinzutritt eines zweiten, bei diesen aus der Verbindung (Synthese) von Urteilen das Schlufsurteil gewonnen.

337. Unmittelbare oder analytische Schlüsse. Genauer gesagt kommen die unmittelbaren Schlüsse dadurch zu stande, dafs ein und derselbe psychische Thatbestand, der einem Urteil (der Prämisse) zu Grunde liegt oder in ihm vorausgesetzt ist, zugleich (im Schlufsurteil) in anderer Weise, von einer anderen Seite her oder in einem anderen Grade der Vollständigkeit aufgefafst, betrachtet oder zum Bewufstsein gebracht wird. So bestand uns schon der unmittelbare Induktionsschlufs in der Bewufstwerdung der Allgemeinheit oder der generellen Bedeutung des psychischen Thatbestandes oder der Vorstellungsverbindung, die zunächst in einem Einzelurteile zum Bewufstsein gekommen war. In unmittelbaren Schlüssen wird danach psychisch nichts Neues geschaffen, wohl aber kann wesentlich Neues in ihnen zum Bewufstsein kommen. Es wäre verfehlt, sie blofse Umwandlungen von Urteilen zu nennen, da in der That in ihnen gar nichts „umgewandelt" wird. Sie können dagegen, weil sie aus einem psychischen Zusammenhang Seiten, Bestandteile, Momente für das Bewufstsein herauslösen, als analytische Schlüsse bezeichnet werden.

338. Analytische Vorstellungsschlüsse. Sehen wir von den analytischen Induktionsschlüssen in der Folge ab, so wird die erste Gattung dieser Schlüsse durch die analytischen Vorstellungs- (Anschauungs-, objektiv formalen) Schlüsse repräsentiert. Hier ist in der Prämisse, genauer dem ihr zu Grunde liegenden psychischen Thatbestand, das Schlufsurteil unmittelbar enthalten vermöge der **Gesetzmäfsigkeit des Vorstellens**. Ein einfaches Beispiel wäre der Schlufs von dem Urteil, ein B sei auf ein A gefolgt, auf das Urteil, A sei B voraufgegangen. Ich bezeichne in beiden dieselbe zeitliche Beziehung, nur von verschiedenen Seiten her betrachtet. Dafs aber die fragliche zeitliche Beziehung diese verschiedenen untrennbar miteinander verbundenen Seiten hat, dafs nicht etwa, wenn B auf A folgt, auch A auf B folgt, darüber belehrt uns nur die Anschauung. Nicht minder gehört hierher der Schluſs von dem Urteil, ein Dreieck sei gleichseitig, auf das Urteil, es sei gleichwinkelig. In der mit jenem Urteil gegebenen Vorstellung des gleichseitigen Dreiecks liegt die Gleichwinkeligkeit desselben Dreiecks, nämlich eben für die Vorstellung oder Anschauung, unmittelbar enthalten.

339. Analytische subjektive Schlüsse. Die Schlüsse der subjektiven Ordnung sind solche, die auf der Gesetzmäſsigkeit des subjektiven Urteilens beruhen. Hauptbeispiele für **analytische** Schlüsse der Art bilden die einfachen Umwandlungen von Gleichungen, die durch andere Zusammenordnung der Elemente oder dadurch entstehen, daſs ein Zahlsymbol mit verändertem Vorzeichen von einer Seite der Gleichung auf die andere gesetzt, oder ein Multiplikator der einen Seite in einen Divisor der anderen verwandelt wird, bezw. umgekehrt. Ein einfaches Beispiel wäre die Umwandlung von $3 + 2 = 5$ in $3 = 5 - 2$. Jenes erstere Urteil besteht in dem Bewuſstsein, die Folge von Setzungen, die die Dreizahl, vermehrt um die Folge von Setzungen, die die Zweizahl abschlieſsend zusammenfaſst, falle ohne Rest zusammen mit der Folge von Setzungen, die die Fünfzahl zur Einheit zusammenschlieſst. Sie fällt ohne Rest damit zusammen, dies heiſst: es giebt in der Fünfzahl keine Setzungen auſser denjenigen, die, sei es mit Setzungen der Dreizahl, sei es mit solchen der Zweizahl zusammenfallen. Darin liegt zugleich, daſs von den successiven Setzungen der Fünfzahl nur die mit den Setzungen der Dreizahl zusammenfallenden übrig bleiben, wenn die mit den Setzungen der Zweizahl zusammenfallenden auſser Betracht bleiben. Daſs dies letztere der Fall sei, dies ist aber der Sinn des Symbols $5 - 2$. Es sagt, eine Folge von Setzungen sei soweit gediehen, daſs es, wenn die Fünfzahl erreicht werden solle, noch der Hinzufügung einer Folge von Setzungen $= 2$ bedürfe. Das Urteil $3 = 5 - 2$ liegt demnach in dem Urteil $3 + 2 = 5$ unmittelbar enthalten. Es liegt doch zugleich darin enthalten nur vermöge der Gesetzmäſsigkeit unseres Zählens oder rechnenden Verfahrens. Vgl. 227.

340. Analytische abstrakt logische Schlüsse. Abstrakt logische Schlüsse sind solche, die keine Anschauung oder besondere subjektive ordnende Thätigkeit voraussetzen, also auch ohne Rekurs auf die Gesetzmäfsigkeit, sei es jener Anschauung, sei es dieser Thätigkeit, zu stande kommen. Die analytischen Schlüsse dieser Art sind mannigfaltig. Sofern der analytische Schlufs jederzeit in der Verwirklichung eines Urteils besteht, das als potentielles, d. h. in Gestalt des psychischen Thatbestandes, der in ihm zum Bewufstsein kommt, bereits gegeben ist, können hierher zunächst alle Umwandlungen irgendwie vorhandener potentieller Urteile in aktuelle gezogen werden.

341. Analytische Urteile. Es sind dann analytische Schlüsse schon die Herauslösungen von Urteilen aus Begriffen, die ja jederzeit potentielle Urteile darstellen, also die analytischen Urteile im Kantschen Sinne (vgl. 247; 156). Sie können wenigstens dann so genannt werden, wenn sie mit dem Bewufstsein verbunden sind, dafs sie in einem Begriff unmittelbar enthalten liegen; so das Urteil, Alle Körper sind ausgedehnt, wenn ich es nicht nur fälle, sondern mir bewufst bin, ich müsse es fällen, weil nun einmal der Sprachgebrauch das Merkmal der Ausdehnung in den Sinn des Wortes Körper aufgenommen habe. Ich schliefse dann aus dem Begriffe, oder urteile, weil der Begriff es fordert.

342. Urteilsanalysen. Nicht nur der Begriff ist ein potentielles Urteil, sondern in Urteilen können, wie wir gesehen haben, beliebig viele potentielle Urteile enthalten sein, die wir, um sie zu haben, nur herauszulösen brauchen. Gilt das Urteil, Der römische Feldherr Caesar sei zu einer bestimmten Zeit über den Rubikon gegangen, so „folgt" daraus, dafs der Feldherr, der dies that, Caesar hiefs, dafs der Caesar, der dies that, römischer Feldherr war, dafs der Flufs, über den er ging, der Rubikon war, u. s. w. Es hindert nichts, jede dieser „Urteilsanalysen" als einen analytischen Schlufs zu bezeichnen. Von ihnen zu unterscheiden sind diejenigen Urteilsanalysen, bei denen Teile oder Momente eines Urteils die in diesem Urteile bereits Gegenstand unseres aktuellen Urteilens sind, herausgehoben und zu Gegenständen eines besonderen Urteiles gemacht werden. So lassen sich aus jedem kategorischen materialen Urteile so viele Existenzialurteile herausheben, als dasselbe Inhaltselemente enthält. Hier kann von einem Schlufs nicht wohl geredet werden. Vgl. 44; 101.

343. Herkömmliche Arten unmittelbarer Schlüsse. Zu jenen unmittelbaren Schlüssen kommen endlich diejenigen, die die überlieferte Logik speziell als solche zu bezeichnen pflegt. Ihre Vorliebe für das abstrakte Schema und ihre geringe Aufmerksamkeit auf die eigentlich logischen Unterschiede macht es begreiflich, dafs sie vorzugsweise solche unmittelbaren Schlüsse aufzählt, die dem einmal feststehenden allgemeinen Schema — dem „S ist P" — und den ebenso feststehenden abstrakten Modifikationen desselben sich unmittelbar fügen. Diese Modifikationen entstehen, indem jenes „S ist P" bejahend oder verneinend und allgemein oder partikular gedacht wird, indem aufserdem — speziell in diesem Zusammenhange — neben den positiven S und P auch die negativen non-S und non-P in das Schema eingefügt werden. Wie in der Schlufslehre überhaupt, so werden auch hier die allgemein und partikular bejahenden und die allgemein und partikular verneinenden Urteile der Reihe nach durch die Symbole SaP, SiP, SeP und SoP bezeichnet.

344. Schlüsse der Äquipollenz. Zu diesen traditionell gegebenen unmittelbaren Schlüssen gehören zunächst die Schlüsse der Äquipollenz. Nach Früherem (60 f.) enthält der psychische Thatbestand, der einem positiven Urteile, S ist P, oder einem negativen Urteile, S ist nicht P, zu Grunde liegt, jederzeit alle möglichen negativen Urteile, S ist nicht dies oder jenes non-P, bezw. das unbestimmte positive Urteil, S ist irgend ein non-P, implicite in sich, und umgekehrt. Beide sind nur die Bewufstwerdung der beiden Seiten eines und desselben Thatbestandes. Dies gilt, mögen die Urteile allgemeine oder partikulare oder Einzelurteile sein. Die in solcher Weise zusammengehörigen Urteile nennt man nicht völlig korrekt äquipollent, die Ableitung des einen aus dem anderen unmittelbare Schlüsse der Äquipollenz.

345. Konversion. Ein unmittelbarer Schlufs durch Konversion ist die Gewinnung eines Urteils aus einem anderen durch Stellenvertauschung von Subjekt und Prädikat mit gleichbleibender Urteilsqualität. Durch Konversion entsteht aus SaP und ebenso aus SiP das neue Urteil PiS, aus SeP das Urteil PeS. Die Urteile SaP und SiP stimmen überein in dem Gedanken, dafs unter irgend welchen Bedingungen die Zusammenordnung SP vollzogen werden müsse. Eben dieser allgemeine Gedanke macht aber auch den Sinn des Urteils PiS aus, nur dafs bei ihm die Zusammenordnung SP von entgegengesetzter Seite her betrachtet wird. Ebenso wird in den Urteilen SeP und PeS der identische Thatbestand, dafs eine Zusammenordnung SP nicht vollzogen werden kann, lediglich von verschiedenen Seiten her ins Auge gefafst. — Man bezeichnet die Konversion, die mit keiner Veränderung der Qualität verbunden ist — also von SiP in PiS und von SeP in PeS — als conversio simplex, diejenige, die mit einer solchen verbunden ist — also von SaP in PiS — als conversio per accidens.

346. Kontraposition. Die objektive Notwendigkeit, einem S ein P zuzuordnen, hat, wie oben von neuem gesagt, zur notwendigen Kehrseite die Unmöglichkeit, dem S ein non-P zuzuordnen, oder die Zusammenordnung S non-P zu vollziehen. Diese letztere aber begründet das Urteil: non-PeS, oder: Alle non-P sind nicht S. Andererseits setzen die negativen Urteile SeP und SoP übereinstimmend die Notwendigkeit voraus, in gewissen Fällen die Zusammenordnung des S mit einem non-P, oder, von entgegengesetzter Seite her betrachtet, die Zusammenordnung irgend eines non-P mit S zu vollziehen. Die letztere Notwendigkeit aber kommt im Urteile: Einige non-P sind S, zum Ausdruck. Es folgt also aus SaP : non-PeS; aus SeP und SoP : non-PiS. Solche Schlüsse heifsen Schlüsse durch Kontraposition. Kontraposition ist Stellenvertauschung von Subjekt und Prädikat mit gleichzeitiger Verwandlung des Prädikatsbegriffes des ursprünglichen Urteils in den entsprechenden kontradiktorisch entgegengesetzten Begriff (vgl. 263).

347. Doppelte Kontraposition. Aus später einleuchtenden Gründen fügen wir hier den Schlüssen durch (einfache) Kontraposition diejenigen, die durch doppelte Kontraposition entstehen, als besondere Art hinzu. Aus SaP folgt, wie wir eben sahen, durch Kontraposition: non-PeS; daraus wiederum folgt non-SoP. Ebenso folgt aus SeP : non-SiP; aus non-SaP : SoP; aus non-SeP : SiP.

348. Subalternation ist das Verhältnis zwischen einem allgemeinen Urteil SaP oder SeP und dem ihm entsprechenden besonderen SiP bezw. SoP. Die allgemeinen und die ihnen entsprechenden besonderen Urteile werden mit Rücksicht aufeinander bezw. als propositiones subalternantes und propositiones subalternatae bezeichnet. Die auf Subalternation beruhenden Schlüsse sind die Schlüsse von der Wahrheit der allgemeinen Urteile auf die Wahrheit der ihnen entsprechenden besonderen. Diese heifsen Schlüsse ad subalternatam propositionem. Andererseits die Schlüsse von der Unwahrheit der besonderen Urteile auf die Unwahrheit der ihnen entsprechenden allgemeinen. Sie heifsen Schlüsse ad subalternantem propositionem. Die ersteren gelten, weil sie lediglich in der teilweisen Bewufstwerdung (bezw. Aussprache) des in den allgemeinen Urteilen enthaltenen Gedankens bestehen. Die letzteren, weil das Bewufstsein der Unwahrheit von SiP und SoP eben im Bewufstsein der Unmöglichkeit bezw. der Notwendigkeit, mit S ein P zu verbinden, besteht.

349. Opposition. Man bezeichnet Urteile als im Verhältnis der Opposition stehend, wenn sie sich wechselseitig ausschliefsen. Es stehen in diesem Verhältnis die zu einander kontradiktorischen Urteile, d. h. SaP und SoP; SeP und SiP. Aus der Wahrheit oder Unwahrheit eines Urteils „folgt", wie man sagt, die Unwahrheit bezw. Wahrheit des kontradiktorischen. In Wirklichkeit besteht vielmehr das Bewufstsein der Unwahrheit eines Urteils eben im Vollzug oder dem Bewufstsein der Wahrheit des kontradiktorisch entgegengesetzten. Da die allgemeinen Urteile SaP und SeP die entsprechenden partikularen Urteile SiP und SoP in sich schliefsen und mit der Aufhebung des partikularen Urteils auch das entsprechende allgemeine aufgehoben ist, so folgt zugleich aus der Wahrheit eines Urteils die Unwahrheit des „konträr" entgegengesetzten, aus der Unwahrheit eines Urteils die Wahrheit des „subkonträr" entgegengesetzten, wobei als einander konträr entgegengesetzt die Urteile SaP und SeP und als subkonträr die Urteile SiP und SoP bezeichnet werden.

350. Modale Konsequenz. Als Schlüsse der modalen Konsequenz endlich bezeichnet man die Schlüsse von der Wahrheit des apodiktischen auf die Wahrheit des entsprechenden assertorischen oder problematischen, von der Wahrheit des assertorischen auf die Wahrheit des problematischen, andererseits von der Unwahrheit des problematischen auf die Unwahrheit des entsprechenden assertorischen oder apodiktischen, von der Unwahrheit des assertorischen auf die Unwahrheit des apodiktischen Urteils. Diese

„Schlüsse" gelten, weil die höheren Stufen der Modalität oder der Begründung die niedrigeren in sich schliefsen oder voraussetzen, also diese mit jenen gegeben und jene mit diesen aufgehoben sind (vgl. über die Modalitätsstufen Kap. XLII f.).

Kapitel XXXVI. Mittelbare deduktive Schlüsse.

351. Arten derselben. Ein mittelbarer Schlufs ist ein solcher, in dem aus einem Urteil durch Vermittelung eines anderen ein neues Urteil sich ergiebt; oder kürzer: es ist die Verbindung (Synthese) von Urteilen zu einem neuen. Die deduktiven mittelbaren Schlüsse zerfallen ebenso, wie die unmittelbaren und gemäfs dem gleichen Einteilungsprinzip (vgl. 335 ff.) in Vorstellungs- (Anschauungs-, objektiv formale) Schlüsse, Schlüsse der subjektiven Ordnung (subjektive Schlüsse) und endlich abstrakt logische Schlüsse. Die letzteren fallen mit den Syllogismen der traditionellen Logik zusammen oder begreifen sie in sich. Bei der ersteren Gattung ergiebt sich das Schlufsurteil aus den Prämissen nicht ohne weiteres, sondern auf Grund der Anschauung und unter Voraussetzung der Gesetzmäfsigkeit derselben; bei der zweiten Gattung nicht ohne weiteres, sondern auf Grund einer zum Inhalt der Prämissen hinzutretenden subjektiv ordnenden Thätigkeit und gemäfs der besonderen für sie geltenden Gesetzmäfsigkeit. Nur bei der dritten Gattung bedarf es keines besonderen zu den Prämissen hinzutretenden Grundes ihrer Möglichkeit und keiner besonderen darauf bezüglichen Gesetzmäfsigkeit.

352. Synthetische Vorstellungsschlüsse. Was ein mittelbarer oder synthetischer Vorstellungsschlufs sei, ist in Obigem schon gesagt. Ein einfaches Beispiel wäre der Schlufs: B folgt auf A, C auf B, also folgt C auf A. Auch das Bewufstsein, innerhalb welcher Zeit C auf A folgt, wenn bekannt ist, wie rasch B auf A, und C auf B folgt, ist ein Schlufsurteil eines synthetischen Vorstellungsschlusses. Offenbar wäre es unmöglich, ohne die Anschauung aus der zeitlichen Beziehung einerseits zwischen B und A, andererseits zwischen C und B, irgend welche Beziehung zwischen C und A zu folgern. Die wichtigste Klasse der hierher gehörigen Schlüsse sind aber die synthetischen geometrischen Schlüsse. Die Geometrie kann auch den Syllogismus in ihren Dienst ziehen.

Aber die eigentlichen geometrischen Schlüsse sind nichts weniger als Syllogismen. Immer ist die räumliche Anschauung dasjenige, was erst den Schluſs zu stande kommen läſst. So folgt aus den Urteilen, eine Figur sei ein Kreis, an den Kreis sei in einem Punkte eine Tangente gezogen, es sei endlich der Berührungspunkt der Tangente mit dem Kreismittelpunkt geradlinig verbunden, für den Winkel, den die Tangente mit dieser Verbindungslinie einschlieſst, gar nichts, wenn nicht die Anschauung zu Hilfe kommt. Von einem Winkel ist ja in jenen Urteilen überhaupt nichts enthalten. Auch die analytische Geometrie sieht, wenn sie aus geometrischen Urteilen andere durch Rechnung ableitet, nicht ab von der Anschauung, sondern setzt dieselbe und die Gesetzmäſsigkeit derselben in der Deutung ihrer Zeichen überall voraus (240 f.). Sie thut dies schon, wenn sie a + a nicht als ein a und noch ein a, sondern als die Verbindung zweier Längen zu einer dritten von doppelter Gröſse deutet. Daſs es dergleichen überhaupt giebt, daſs gleiche Raumlängen nicht etwa nach Analogie gleicher Tonhöhen für das Bewuſstsein in eine einzige Linie von der Länge jeder der einzelnen zusammenflieſsen, schon dies kann nur die Anschauung lehren.

353. Synthetische Schlüsse der subjektiven Ordnung. Ebenso sind die **arithmetischen** Schlüsse, wenn sie synthetische Schlüsse sind, nichts weniger als Syllogismen, sondern synthetische **subjektive** Schlüsse oder Schlüsse der subjektiven Ordnung. Aus $x = y$ und $a = b$ folgt $x + a = y + b$ erst unter der Voraussetzung, daſs das x und das a, andererseits das y und das b jener Prämissen zu einander **addiert** und die Ergebnisse miteinander **verglichen** werden; und es folgt lediglich darum, weil die Gesetzmäſsigkeit des subjektiven Urteilens besteht, in unserem Falle insbesondere die Gesetzmäſsigkeit, derzufolge Gleiches zu Gleichem addiert Gleiches ergiebt. Es leuchtet hier von neuem die prinzipielle Eigenart des Rechnens ein und damit die logische Unmöglichkeit, das Denken überhaupt als einen Spezialfall des Rechnens zu fassen. Vgl. 225.

354. Syllogismus. Der Syllogismus ist, wie schon gesagt, der Schluſs, in dem aus der Verbindung von Urteilen ein neues Urteil gewonnen wird **ohne** Rekurs, sei es auf Erfahrung, sei es auf die Anschauung (Vorstellung), sei es auf unser subjektives

Ordnen, also auch ohne Voraussetzung der Gesetzmäfsigkeit des Geistes, wie sie sich, sei es in Erfahrungsurteilen, sei es in unserem Vorstellen, sei es endlich gegenüber unserem subjektiven Urteilen bethätigt. Auch der Syllogismus setzt die Gesetzmäfsigkeit des Geistes voraus, aber nur als die abstrakt logische Gesetzmäfsigkeit, deren Sinn früher bezeichnet wurde (vgl. 292). Diese Gesetzmäfsigkeit kann der Thatsache des Denkens selbst gleichgesetzt werden, sofern es ohne sie überhaupt kein Denken, d. h. kein objektiv bedingtes Vorstellen gäbe. Wir könnten eines Vorstellens gar nicht als eines objektiv bedingten inne werden, wenn nicht die Nötigung des Vorstellens mit den Objekten, deren Dasein dieselbe in sich schliefst, in gesetzmäfsiger Weise gegeben wäre. — Wir betrachten den Syllogismus genauer im folgenden Abschnitt.

Abschnitt X. Der Syllogismus.

Kapitel XXXVII. Wesen des Syllogismus.

355. Konstitution des Syllogismus. Der einfache Syllogismus ist die Verbindung zweier Urteile zu einem neuen Urteil. Voraussetzung desselben ist eine besondere Beziehung zwischen beiden Urteilen, die darin besteht, dafs das Prädikat des einen Urteiles im Subjekt des zweiten enthalten ist. Das Prädikat des zweiten Urteils ist damit zugleich Prädikat des Subjektes des ersten, d. h. für unser Bewufstsein objektiv notwendig daran gebunden. Nennen wir das Subjekt jenes ersten Urteils S, das Prädikat desselben m, das Prädikat des zweiten Urteils P, so ergiebt sich für die Beziehung zwischen den Prämissen des Syllogismus zunächst das Schema SmP. Der Syllogismus beruht auf der Bewufstseinsthatsache, dafs, wenn m an S, und P an m geknüpft ist, auch P an S geknüpft ist. Das Schlufsurteil kommt zu stande, indem wir uns dieser letzteren Thatsache für sich, d. h. ohne die Vermittlerrolle des m weiter zu berücksichtigen, bewufst werden. Wir bezeichnen dies symbolisch durch Einklammerung des m in unserem Schema. Der ganze Schlufsvorgang ist also symbolisch dargestellt in der Formel S(m)P; in Worten: S ist m; was m ist, ist P; also ist S P.

356. Syllogismus als Unterordnungsschlufs. Das Subjekt der zweiten Prämisse (mit P als Prädikat) wurde soeben nicht besonders bezeichnet. Bezeichnen wir es jetzt mit M, so bestehen hinsichtlich des Verhältnisses des M zu m zwei Möglichkeiten. Erstens: das Subjekt M der zweiten Prämisse greift über das Prädikat m der ersten über, d. h. das m-sein des S erschöpft nicht alle Fälle des M-seins überhaupt, sondern begreift nur irgend welche besondere Fälle desselben in sich. Da das P nicht an das M überhaupt gebunden sein kann, ohne eben damit zugleich an jedes beliebige näher determinierte M, also auch an jenes m gebunden zu sein, so kann das Schema S(m)P ebensowohl durch das Schema S(M)P ersetzt werden. Der Syllogismus ist unter der hier gemachten Voraussetzung ein Unterordnungsschlufs, nämlich ein Schlufs der Unterordnung eines Falles oder Umkreises von Fällen unter ein allgemeines Urteil oder eine Regel. Das Urteil MP bezeichnet die Regel; das M die Bedingungen der Regel; das Urteil, S ist (m oder) ein irgend wie näher determiniertes M, besteht, allgemein gesagt, im Bewufstsein, dafs in gewissen Fällen die Bedingung der Regel erfüllt sei. Das Schlufsurteil vollzieht die Konsequenz, d. h. es wendet die Regel auf die fraglichen Fälle an.

357. Syllogismus als Verknüpfungsschlufs. Die zweite Möglichkeit besteht darin, dafs das Subjekt M der zweiten Prämisse mit dem Prädikat m der ersten durchaus zusammenfällt. Es ist dann das Schema S(m)P ohne weiteres mit dem Schema S(M)P vertauschbar. Jenes Zusammenfallen ist möglich, wenn m und M dieselbe Gattung, bezw. denselben empirisch bestimmten Umkreis von Objekten, oder wenn sie dieselben Individuen repräsentieren. Z. B.: Die Rädelsführer bei jenem Verbrechen waren diejenigen, die später (bei einer bestimmten anderen Gelegenheit) dingfest gemacht wurden; die damals dingfest gemacht wurden, sind verurteilt worden; also sind die Rädelsführer bei jenem Verbrechen verurteilt worden; oder: Der Blitz schlug in diesen Baum; dieser Baum ist mein Eigentum; also hat der Blitz mein Eigentum getroffen. In jedem dieser Fälle ist das Urteil Sm oder

SM ein wechselseitiges, also rein umkehrbares. Wir bezeichnen die fraglichen Schlüsse, weil in ihnen nicht Fälle unter Regeln subsumiert, sondern, ohne solche Subsumtion, an ein Subjekt S durch Vermittelung seines Prädikates M ein neues Prädikat P geknüpft wird, einfach als Verknüpfungsschlüsse.

358. Identitätsschlüsse. Einen besonderen Fall der Verknüpfungsschlüsse bilden die Identitätsschlüsse. Sie entstehen, wenn auch das zweite Urteil — MP — ein wechselseitiges oder identisches ist. Auch das Schlufsurteil ist dann notwendig ein identisches: Die S sind die M; die M sind die P; also sind die S die P (= die P die S).

359. Einheitlicher Gesichtspunkt. Trotz der bezeichneten Verschiedenheit lassen sich die Verknüpfungs- und Identitätsschlüsse doch mit den Subsumtionsschlüssen unter einen Gesichtspunkt stellen. Dafs m und M zusammenfallen, ist ein Grenzfall des Enthaltenseins des m in M. Andererseits zerlegen sich, wie die identischen Urteile in Doppelurteile, so die Identitätsschlüsse in Doppelschlüsse S(M)P und P(M)S. In jedem Falle ist für alle diese Schlüsse das Schema S(M)P giltig und in gleicher Weise Ausdruck für die Thatsache, dafs P an M — ohne dafs es einer näheren Bestimmung des M bedürfte, also an M überhaupt —, dafs ebenso M an S, und dafs eben damit zugleich P an S objektiv notwendig gebunden ist.

360. Syllogismus als Bewufstseinsvorgang. Beim Syllogismus mufs noch besonders in Erinnerung gebracht werden, dafs in ihm, wie in jedem Schlufs, das Schlufsurteil gewonnen wird nicht aus wirklichen, sondern aus möglichen Urteilen, d. h. aus den psychischen Zusammenhängen zwischen vorgestellten Gegenständen, die uns in Urteilen als objektiv notwendig zum Bewufstsein kommen, aber auch vorhanden und das Schlufsurteil hervorzubringen fähig sind, wenn dies nicht der Fall ist. Natürlich aber ist zum vollständig bewufsten Vollzug des Schlusses der Vollzug jener Urteile erforderlich. Dagegen hat der Syllogismus als solcher, auch unter Voraussetzung des völlig bewufsten Vollzugs desselben, mit Begriffen und Sätzen nichts zu thun. Nur, wenn sich der Schlufs in die sprachliche Form kleidet, sind auch die Sätze und Begriffe selbstverständlich. Im übrigen gehören Begriffe und Sätze zum Schlufs, wenn die Urteile, in denen er sich vollzieht, Begriffs-, d. h. Namenurteile sind. Sie sind für den bewufsten Vollzug des Schlusses jederzeit erforderlich, wenn die in ihn eingehenden Urteile solche sind, die ihrer Natur nach nur als Satzurteile zum Bewufstsein kommen können (vgl. 54 f.).

361. Sprachliche Form des Syllogismus. Da dieselben Sätze verschiedenen Urteilen zum Ausdruck dienen können, so ist nicht zu erwarten, dafs die sprachliche Form des Schlusses jederzeit dem obigen Schema entspreche. So findet sich in dem vorhin angeführten Verknüpfungsschlufs — Der Blitz traf diesen Baum; dieser Baum ist mein Eigentum; also etc. — das Subjekt des zweiten Satzes nicht das Prädikat des ersten. Gedanklich oder logisch ist der Schlufs trotzdem dem Schema gemäfs. Was in jenem Schlusse erschlossen wird, ist, trotz der sprachlichen Form, nur dies, dafs der Gegenstand, in den der Blitz schlug (S), mein Eigentum (P) ist. Und dies wird daraus erschlossen, dafs jener Gegenstand dieser Baum (M), und dafs dieser Baum (M) mein Eigentum (P) ist. Die Schlufsfolgerung vollzieht sich also in Urteilen, die in den Sätzen nur verschoben zum Ausdruck kommen. So kann in der sprachlichen Form das obige Schema in verschiedenster Weise verschoben erscheinen.

362. Syllogistische Form anderer Schlüsse. Andererseits ist zu beachten, dafs jeder Schlufs überhaupt in die Form des Syllogismus gebracht werden kann, ohne dadurch, aufser für eine Logik, die Form und Sache grundsätzlich verwechselt, zum Syllogismus zu werden. Jeder Schlufs beruht auf einer Gesetzmäfsigkeit des Geistes, oder auf einer Art der Verwirklichung der Gesetzmäfsigkeit des Geistes. Werden wir uns dieser Gesetzmäfsigkeit bewufst, und fügen die Erkenntnis derselben, in einem Satz formuliert, den Prämissen irgend eines Schlusses als „Obersatz" (vgl. 363) hinzu, so kann der Schein entstehen, als ergebe sich das Schlufsurteil in der Weise des subsumierenden Syllogismus aus der Unterordnung eines Gegebenen unter diese Gesetzmäfsigkeit. So kann beispielsweise der induktive Rückschlufs von der Veränderung eines Objektes auf eine verursachende Veränderung in folgender syllogistischen Form dargestellt werden: Jede Veränderung fordert eine verursachende Veränderung; hier liegt eine Veränderung vor; also fordert sie eine verursachende Veränderung.

Dennoch liegt hier kein Syllogismus vor. Das Gesetz (die Regel), dem im subsumierenden Syllogismus ein Fall oder Umkreis von Fällen subsumirt wird, ist ein **erkanntes Gesetz**, nicht ein **Erkenntnisgesetz**; es ist ein Zusammenhang zwischen **Objekten**, nicht eine Beschaffenheit des denkenden Geistes; dafs ich **weifs**, es bestehe, nicht, **dafs es besteht**, macht das Schlufsurteil möglich. So folgt für mein Bewufstsein aus dem Menschsein des Cajus seine Sterblichkeit, weil ich **weifs**, alle Menschen seien sterblich, nicht etwa, weil es so **ist**. Dagegen ist die Gesetzmäfsigkeit der Erfahrungsurteile, der Anschauung, des subjektiven Urteilens, auf welcher die nichtsyllogistischen Schlüsse beruhen, eine Beschaffenheit des menschlichen **Geistes**; diese Schlüsse sind möglich, weil jene Gesetzmäfsigkeit **besteht**, gleichgültig, ob ich davon weifs oder nicht. So ist auch jener induktive Rückschlufs von der Veränderung auf die verursachende Veränderung nicht darum möglich, weil ich von der Notwendigkeit, der Veränderung eine verursachende Veränderung hinzuzufügen, **weifs**, sondern weil sie **besteht**. Dieser Gesetzmäfsigkeit entspricht aber beim Syllogismus nicht die **Regel** — im angeführten Beispiele: dafs alle Menschen sterblich sind —, sondern die abstrakt logische Gesetzmäfsigkeit, vermöge welcher aus dieser Regel das Schlufsurteil folgt. Der Versuch der Rückführung der Induktion und nicht minder der Vorstellungs- und subjektiven Schlüsse auf den Syllogismus ist eine Verwechselung der Gesetzmäfsigkeit des erkennenden Geistes, vermöge welcher geschlossen wird, mit den erkannten Regeln oder Gesetzen, aus denen geschlossen wird.

Kapitel XXXVIII. Herkömmliches.

363. Terminologie. Nach herkömmlicher, überall vom sprachlichen Gesichtspunkt beherrschter Terminologie heifst das Subjekt des Schlufsurteils (der Conclusio, des „Schlufssatzes") des Syllogismus der **Unterbegriff** (terminus minor), das Prädikat desselben der **Oberbegriff** (terminus major), die Prämisse, die den Oberbegriff als Urteilsglied in sich enthält, **Obersatz**, (propositio major), diejenige, die den Unterbegriff als Urteilsglied in sich schliefst, **Untersatz** (propositio minor); das den Schlufs vermittelnde Urteilselement (das M) der **Mittelbegriff** oder terminus medius. Wir bleiben bei diesen Bezeichnungen, obgleich sie ohne Ausnahme logisch unzulässig sind.

364. Die „Figuren". Innerhalb des üblichen Schlufsschemas steht der Obersatz im Gegensatz zu unserem Schema S(M)P zuerst, oder oben, der Untersatz zuzweit oder unten. Der Schlufs erscheint damit herkömmlicherweise zunächst in der Form:

$$\frac{\begin{array}{c}MP\\SM\end{array}}{SP}$$

Damit ist aber erst die traditionelle Grundform des Schlusses bezeichnet. Neben sie treten drei andere Formen, in denen Subjekt und Prädikat des Obersatzes oder des Untersatzes oder beider Prämissen ihre Stellen vertauscht haben. Es ergeben sich so im Ganzen vier Schlufsformen oder „Figuren" des Syllogismus. Schlüsse heifsen Schlüsse der ersten, der zweiten, der dritten, der vierten „Figur", je nachdem der Mittelbegriff M im Obersatz Subjekt und im Untersatz Prädikat, im Ober- und Untersatz Prädikat, im Ober- und Untersatz Subjekt, endlich im Obersatz Prädikat und im Untersatze Subjekt ist. Die vierte Figur heifst auch — nach Galenus, der sie zuerst herausgesondert haben soll — die Galenische Figur. Folgendes Schema zeigt die vier Figuren nebeneinander:

I.	II.	III.	IV.
MP	PM	MP	PM
SM	SM	MS	MS
——	——	——	——
SP	SP	SP	SP

365. Die Modi. Schlufsmodi sind die verschiedenen Formen oder Modifikationen des Schlusses, die sich ergeben, wenn die Prämissen in verschiedener Quantität und Qualität, also als bejahend allgemeine, oder verneinend allgemeine, oder bejahend besondere, oder verneinend besondere genommen werden. Die Einzelurteile sind dabei, ebenso wie bei den unmittelbaren Schlüssen, als Grenzfälle unter die allgemeinen mitbefafst.

366. Allgemeine Regeln. Die Untersuchung, welche Modi gültig sind, d. h. welche Voraussetzungen hinsichtlich der Quantität und Qualität der Prämissen SM bezw. MS, und MP bezw. PM erfüllt sein müssen, wenn aus ihnen ein Schlufs von der Form SP soll gezogen werden können, ergiebt gewisse allgemeine

Regeln, nämlich die Regeln, dafs aus blofs negativen und ebenso aus blofs partikularen Prämissen kein Schlufsurteil sich ergiebt — ex mere negativis, ex mere particularibus nil sequitur —, dafs endlich auch aus der Verbindung eines partikularen Obersatzes und eines verneinenden Untersatzes nichts erschlossen werden kann.

367. Gültige Modi. Die Zahl der gültigen Modi, die schliefslich übrig bleiben, beträgt in der ersten Figur 4, in der zweiten 4, in der dritten 6, in der vierten 5, zusammen 19. Wie sie beschaffen sind, ergiebt sich aus ihren scholastischen Namen, die in folgenden versus memoriales zusammengestellt sind:

Barbara, Celarent primae, Darii Ferioque;
Cesare, Camestres, Festino, Baroco secundae;
Tertia grande sonans recitat Darapti, Felapton,
Disamis, Datisi, Bocardo, Ferison; quartae
Sunt Bamalip, Calemes, Dimatis, Fesapo, Fresison.

Innerhalb dieser Namen bezeichnen jedesmal die drei Vokale der Reihe nach die Quantität und Qualität des Obersatzes, des Untersatzes, und des daraus sich ergebenden Schlufssatzes. So sagt etwa „Camestres", dafs in der zweiten Figur aus den Prämissen PaM und SeM das Schlufsurteil SeP sich ergebe. Über die Bedeutung der Vokale a, e, i, o vgl. 343.

368. Scholastische Reduktionen. Der Beweis für die Gültigkeit der Modi der Nebenfiguren, also der Modi der zweiten, dritten und vierten Figur, wird in der scholastischen Logik, wie schon bei Aristoteles, geführt durch Rückführung derselben auf Modi der ersten Figur, die ihrerseits als unmittelbar einleuchtend gelten. Welche Reduktion jedesmal stattfinden solle, ist durch bestimmte in jenen scholastischen Namen enthaltene Konsonanten angedeutet. So sagt insbesondere der Konsonant s, jenachdem er in einem der Namen auf den ersten, zweiten oder dritten Vokal folgt, dafs zur Rückführung des betreffenden Modus auf einen Modus der ersten Figur eine conversio simplex (345) der ersten oder der zweiten Prämisse oder des Schlufssatzes erforderlich sei. Der Konsonant p deutet in gleicher Weise an, welcher der drei Sätze zum gleichen Zweck einer conversio per accidens (345) unterzogen werden müsse. Der Buchstabe m sagt, es müsse aus dem fraglichen Modus zunächst durch eine metathesis praemissorum, oder Platzvertauschung der Prämissen ein Modus der ersten Figur,

aber mit vertauschtem S und P, hergestellt und nach diesem
Modus ein Schlufssatz von der Form PS gewonnen werden; ein
s oder p am Schlusse des betreffenden Namens belehrt dann
weiter darüber, ob hieraus durch conversio simplex oder durch
conversio per accidens ein Schlufssatz von der Form SP sich
ergebe. Weiterhin sagt der Buchstabe c, der Modus, in dessen
Namen er vorkommt, solle indirekt (durch conversio syllogismi)
bewiesen, d. h. es solle gezeigt werden, dafs die durch ihr kontradiktorisches Gegenteil ersetzte Conclusio dieses Modus zusammen
mit einer seiner Prämissen auf Grund eines Modus der ersten
Figur ein Urteil ergebe, welches der anderen Prämisse des zu
beweisenden Modus widerspreche. Diese letztere Prämisse ist die
erste oder zweite, jenachdem das c dem ersten oder zweiten
Vokal des Namens folgt. Endlich geben die grofsen Anfangs-
buchstaben B, C, D, F der Modi zu erkennen, ob die Reduktion
eine solche auf Barbara, oder Celarent oder Darii oder Ferio sei.

369. Andere Beweisarten. Der Versuch den scholastischen
Reduktionen dadurch zu entgehen, dafs man die Gültigkeit aller
Modi aus der Vergleichung der Umfänge oder Sphären der in
sie eingehenden Begriffe S, M, und P unmittelbar beweist, ist
sachwidrig, da ein solcher Beweis dem thatsächlichen Vorgang
des Schliefsens nicht entspricht (vgl. 369) und zum Ersatz dafür
ein Moment in den Schlufs einführt, das zum Schlufs als solchem
nicht hinzugehört. Wie Urteile an sich nicht unmittelbare Einordnungen von Gegenständen oder Begriffen in Begriffe, so sind
Schlüsse nicht mittelbare Einordnungen dieser Art. So ist es
sachwidrig, etwa den Schlufs, Alle S sind M; alle M sind P; also
sind alle S P, dadurch „beweisen" zu wollen, dafs man darauf
hinweist, wenn alle S in den Umfang des Begriffes M fallen,
und wiederum der ganze Umfang des M in dem Umfang des
Begriffes P eingeschlossen sei, so müssen auch alle S dem Umfang dieses letzteren Begriffes angehören. — Es können aber
auch solche „Umfänge" oder „Sphären" dem Bewufstsein im Grunde
gar nie anders als in Gestalt stellvertretender räumlicher Gebilde
gegenwärtig sein. Damit wird der Beweis in Wahrheit zu einem
blofsen Veranschaulichungsmittel, durch das niemals etwas bewiesen werden kann, da die Berechtigung, es anzuwenden, das
zu Beweisende jederzeit schon voraussetzt. Damit ist nicht aus-

geschlossen, dafs allerlei Veranschaulichungsmittel — durch Kreise, gerade Linien u. s. w. — wenn sie nichts anderes sein wollen, als eben Mittel der Veranschaulichung, diesem Zweck trefflich dienen mögen.

Kapitel XXXIX. Formen und Wert des Syllogismus.

370. Grund- und Hilfsschema. Da im Syllogismus das Urteil SP durch Vermittelung des M zu stande kommt, oder M dasjenige ist, wodurch das S und P des Schlufsurteils aneinander gebunden werden, so bezeichnen die Schemata S(M)P und P(M)S die Arten, wie der Syllogismus mit einem SP als Schlufsurteil in allen Fällen zu stande kommt. Jenes Schema sagt, dafs an das S das M und an das M das P, dafs also auch, M nunmehr aufser Betracht gelassen, an das S das P gebunden sei; dieses Schema sagt in entsprechender Weise, dafs an das P das M, an das M das S, dafs also auch an das P das S geknüpft sei. Wiederum ist von diesen beiden Schemata das erstere das Grundschema, das zweite das Hilfsschema. Der Fortgang von P durch M zu S führt unmittelbar nur zu einem Urteil PS. Da es sich hier um die Gewinnung eines Urteiles SP handelt, so hat das Hilfsschema nur Bedeutung, soweit aus dem Urteil PS ein Urteil SP sich ergeben kann.

371. Abgeleitete Formen. Damit ist schon gesagt, dafs wir einen Schlufs, dessen Prämissen vermöge der Stellung der S, M und P von diesen Schemata abweichen, in unserem Denken immer nur verwirklichen können, indem wir ihn auf eines der Schemata zurückführen, gleichgültig ob dies mit klarem Bewufstsein geschieht oder nicht. Die erste der oben bezeichneten Figuren stimmt mit unserem Grundschema im wesentlichen überein. Danach war der aristotelisch-scholastische Gedanke der Rückführung aller sonstigen Modi auf die der ersten Figur ein wohlberechtigter. Nur ist die Art der Rückführung nicht überall die natürlichste.

372. Beweis der Gültigkeit. Die Gültigkeit der dem Grundschema folgenden Schlüsse ist eines Beweises weder fähig noch bedürftig. Dafs dann, wenn P an M und M an S gebunden ist, durch M auch P an S gebunden ist, ist eine nicht weiter beweisbare, sondern nur erlebbare Thatsache. Für die Gültigkeit der abgeleiteten Formen liegt der Beweis in der Möglichkeit jener Rückführung.

373. Natürliche Modi. Berücksichtigen wir, dafs auch Urteile mit negativen Subjekten — Alles, was nicht S ist, ist M u. s. w. — gültige Urteile sind, so ergeben sich aus dem obigen Grundschema S(M)P 16 Modi, die wir als die erste Gruppe der Schlufsmodi oder als die natürlichen Modi bezeichnen können. Das gemeinsame Schema ist:

$$\begin{matrix} \text{Alle} \\ \text{Einige} \end{matrix} \bowtie \begin{matrix} S \\ \text{non-S} \end{matrix} \left(\bowtie \begin{matrix} M \\ \text{non-M} \end{matrix} \right) \bowtie \begin{matrix} P \\ \text{non-P} \end{matrix}$$

Wie bei dem einfachen Schema S(M)P, so ist natürlich auch hier vorausgesetzt, dafs M und non-M eben M und non-M, d. h. dafs sie nicht „einige" oder irgend welche irgend wie näher zu bestimmende M und non-M, seien, sondern entweder alle M bezw. non-M überhaupt, oder genau diejenigen, die in den Urteilen zwischen S (non-S) und M (non-M) gemeint sind. Nur unter dieser Voraussetzung kann ja P (non-P) durch M (non-M) an S (non-S) gebunden sein. Jene 16 Modi und ihre Konklusionen ergeben sich, wenn in jenem ausgeführten Schema beliebig Zeichen der oberen und unteren Reihe miteinander verbunden und dann M bezw. non-M in Gedanken aufser Betracht gelassen wird. Unter diesen Modi finden sich die 4 Modi der ersten Figur, Barbara, Celarent, Darii und Ferio, die demnach sämtlich natürliche Modi heifsen dürfen.

374. Die partikularen Modi. Es haben aber von diesen Modi nicht alle gleiches Recht. Die Urteile: Einige S (non-S) sind M (non-M) und ebenso die zugehörigen Schlufsurteile: Einige S (non-S) sind P (non-P) haben nicht S, sondern eben die „einigen S", oder das S unter Voraussetzung einer näheren Bestimmung, zum Subjekt. Die partikularen Modi, worunter wir eben diejenigen verstehen, denen diese Urteile angehören, sind also nicht Schlüsse besonderer Art, sondern Schlüsse über besondere Objekte. Sie verschwinden, wenn wir, wie es im Sinne des Schemas liegt, das Subjekt, nämlich das wirkliche Subjekt, allgemein mit S bezeichnen. Dennoch ist ihre Aufnahme unter die natürlichen Modi, oder ihre besondere Heraushebung berechtigt, sofern es für unsere Erkenntnis auch von Interesse ist zu wissen, ob einer Art von Gegenständen unter Voraussetzung einer näheren Bestimmung ein Prädikat zukomme, oder ob ihm dies Prädikat in keinem Falle zugeschrieben werden dürfe.

375. Hilfsmodi. Dasselbe, wie von den „einigen S" gilt auch von den non-S. Die Urteile, die ein solches zum Subjekt haben, sind gleichfalls Urteile, und demnach die Schlüsse, in denen sie vorkommen, Schlüsse über besondere Objekte. Die Aufnahme dieser Modi mit negativem Subjekt in die Reihe der natürlichen Modi oder ihre besondere Namhaftmachung hat dennoch Wert, sofern sie sich als Hilfsmodi darbieten zum Vollzug von Schlüssen mit positivem S. Davon sogleich.

376. Grundformen des Syllogismus. Es bleiben danach von jenen 16 natürlichen Modi nur 4 als „Grundmodi" übrig. Dieselben repräsentieren vier wesentliche und wesentlich verschiedene Formen des Syllogismus. Der erste dieser Modi — S(M)P — sagt, dafs ein S, weil es die Bedingung M des P-seins erfülle, P sei. Er ist der Modus der positiven Verknüpfung von Thatsachen durch Thatsachen und der Modus der positiven Unterordnung des Einzelnen unter Gesetze. Er ist darum, sofern die positive Erkenntnis das eigentliche Ziel unserer Erkenntnisbemühungen ausmacht, wiederum der eigentliche Grundmodus. Ihm steht an Bedeutung am nächsten der Modus S (non-M) non-P, der sagt, dafs dem S das P nicht zukomme, weil in ihm die Bedingungen des P-seins nicht erfüllt sind. Beide ergänzen sich, sofern es für unsere Erkenntnis nicht nur darauf ankommt, unter welchen Bedingungen etwas ist, sondern auch, welche Bedingungen erforderlich sind, damit etwas sei. — Beziehen sich diese Modi beide auf positive, so beziehen sich die zwei übrigen auf negative Bedingungen. Der Modus S(non-M)P fordert, dafs S als P gedacht werde, weil dasjenige nicht vorliegt, was es allein verhindern könnte, P zu sein. Der Modus S(M) non-P verbietet das S als P zu denken, weil in ihm die Voraussetzung verwirklicht ist, unter der allgemein P nicht gedacht werden kann. Dafs es überall für die Gegenstände unseres Denkens auch solche negative Bedingungen giebt, d. h. Thatsachen, die eine andere Thatsache, oder die Verwirklichung einer sonst geltenden Gesetzmäfsigkeit, unmöglich machen, dies giebt auch diesen Modi ihre besondere Bedeutung. Mit bereits in anderem Zusammenhang angewendeten Namen bezeichnen wir die vier Modi der Reihe nach als Modus ponendo ponens, tollendo tollens, tollendo ponens und ponendo tollens des Syllogismus.

377. Abgeleitete Modi. Diese 4 Modi, oder — wenn wir die partikularen und negativen Modi, streng genommen widerrechtlich, hinzunehmen — jene oben bezeichneten 16 Modi, sind die einzig möglichen Formen des einfachen Syllogismus mit einem Schlufsurteil S P. Alle übrigen Schlufsmodi sind Kombinationen irgend eines jener „natürlichen" Modi mit einem oder mehreren unmittelbaren Schlüssen. Sie sind gültig, sofern ihre Prämissen durch einen unmittelbaren Schlufs auf unser Grundschema zurückgeführt oder ihr Schlufssatz aus einem nach diesem Grundschema oder auch nach dem Hilfsschema gewonnenen Schlufssatz vermöge eines unmittelbaren Schlusses gewonnen werden kann. Wir machen im Folgenden in Übereinstimmung mit dem logischen Herkommen nur diejenigen Modi, in denen keine negativen Subjekte vorkommen, besonders namhaft.

378. Nebengruppe der natürlichen Modi. Zunächst ergiebt sich eine Nebengruppe jener 16 natürlichen Modi, wenn in dem obigen ausgeführten Schema (372) die 4 Urteile zwischen S und M ersetzt werden durch solche, die auf jene durch doppelte Kontraposition (347) zurückführbar sind. Die Zahl dieser Modi ist 8. Da die Folge der Urteilsglieder hierbei unverändert bleibt, so giebt es insgesamt 24 Modi der „ersten Form", d. h. der Form S M P. Dabei sind noch diejenigen unberücksichtigt gelassen, die sich ergeben, wenn aus den Schlufssätzen der 24 Modi andere Schlufssätze durch Subalternation (348) oder doppelte Kontraposition abgeleitet werden.

379. Zweite Gruppe der Modi. Eine zweite Hauptgruppe der Schlufsmodi entsteht, wenn an die Stelle der 4 in dem ausgeführten Grundschema enthaltenen Urteile zwischen M und P solche Urteile treten, die auf jene durch Konversion (345) oder Kontraposition (346) zurückführbar sind. Die fraglichen Modi haben die Form S M, P M, S P, also die Form der zweiten Figur. Die Zahl der Modi dieser zweiten Gruppe ist gleichfalls 16. Unter ihnen finden sich die 4 von der Logik anerkannten Modi der zweiten Figur: Cesare, Camestres, Festino, Baroco.

380. Nebengruppe. Wiederum können wir diesen Modi wegen der Gleichheit der Form diejenigen unmittelbar hinzufügen, die entstehen, wenn **gleichzeitig** die Urteile **zwischen S und M** durch solche ersetzt werden, die durch doppelte Kontraposition auf sie zurückgeführt werden können. Auch die Zahl der Modi der zweiten Form ist dann 24.

381. Dritte Gruppe. Eine dritte Gruppe der Schlufsmodi ergiebt sich, wenn an die Stelle der in dem ausgeführten Grundschema enthaltenen Urteile **zwischen S und M** solche treten, die auf diese durch Konversion oder Kontraposition zurückgeführt werden können. Es entstehen auf diese Weise 24 Modi der dritten Form, oder von der Form der dritten Figur: M S, M P, S P. Unter ihnen finden sich wiederum 4 anerkannte Modi, nämlich die Modi der dritten Figur: Darapti, Felapton, Datisi, Ferison; dagegen **nicht** Disamis und Bocardo.

382. Vierte Gruppe. Die vierte Gruppe der Schlufsmodi ergiebt sich, wenn in dem ausgeführten Grundschema sowohl die Urteile zwischen M und P, als die zwischen S und M ersetzt werden durch solche, welche auf diese durch Konversion oder Kontraposition zurückgeführt werden können. Es entstehen wiederum 24 Schlufsmodi und zwar solche der vierten Form oder von der Form der vierten Figur: M S, P M, S P; darunter die anerkannten Modi der vierten Figur: Bamalip, Calemes, Fesapo und Fresison; die drei letzteren unmittelbar, Bamalip erst vermöge einer Umwandlung der Conclusio durch doppelte Kontraposition.

383. Weitere Gruppen. Endlich entstehen weitere Modi oder Gruppen von solchen, wenn das Hilfsschema P(M)S zu Grunde gelegt und mit ihm in derselben Weise wie mit dem Grundschema verfahren wird. Diese Modi fallen aber zum Teil mit den Modi der vier bezeichneten Gruppen zusammen. Zu den selbständigen gehören diejenigen anerkannten Modi, deren „Obersatz" ein partikulares Urteil darstellt, also die Modi Disamis und Bocardo der dritten und der Modus Dimatis der vierten Figur. Dimatis ergiebt sich aus dem Hilfsschema ohne Umwandlung der Prämissen blofs durch Conversio simplex des Schlufssatzes; Disamis und Bocardo durch eine Conversio simplex bezw. Kontraposition der ersten Prämisse und des Schlufssatzes. — Aufserdem ist für Bamalip die Ableitung aus dem Hilfsschema durch Conversio per accidens des Schlufssatzes naturgemäfser als die eben (383) als möglich bezeichnete Rückführung auf das Grundschema.

384. Zusammengesetzte Schlüsse. Nach dem Gesagten müssen alle abgeleiteten Modi des Syllogismus, also alle aufser den „natürlichen", als zusammengesetzte Schlüsse bezeichnet werden. Ein zusammengesetzter Syllogismus im engeren Sinne entsteht, wenn das Schlufsurteil eines Syllogismus zur Prämisse für einen weiteren Schlufs wird. Man nennt eine solche Schlufskette einen Kettenschlufs oder Sorites, wenn in ihr alle Schlufsurteile aufser dem letzten unausgesprochen bleiben, der Schlufs also die Form gewinnt: A ist B; B ist C; C ist D; also ist A D.

385. Abgekürzte Formen. Ein Syllogismus, dessen eine Prämisse nicht ausdrücklich ausgesprochen wird, heifst Enthymem; ein solcher, dessen Prämissen durch Hinzufügung von Gründen erweitert werden, Epicherem. Das Epicherem ist in Wahrheit ein abgekürzter zusammengesetzter Syllogismus.

386. Schlufsfehler. Schlüsse, die gegen die logische Gesetzmäfsigkeit, auf welcher der Schlufs beruht, sich verfehlen, heifsen Fehlschlüsse oder Paralogismen; wenn die Absicht der Täuschung vorliegt: Trugschlüsse oder Sophismen. Die wichtigsten derselben beruhen entweder auf einer Verkennung der Fähigkeit der Prämissen, das Schlufsurteil zu begründen, oder auf einer Verkennung des Sinnes der Prämissen. Die letztere ist vor allem dann möglich, wenn die Prämissen oder irgend welche in sie eingehenden Begriffe mehrdeutig sind. Beruht der falsche Schlufs darauf, dafs irgend einer der in ihn eingehenden Begriffe (Worte, sprachlichen Formen) erst im einen, dann in einem anderen Sinne genommen wird, so treten an die Stelle der drei termini des Schlusses S, M und P in Wirklichkeit vier (oder mehr); der Schlufsfehler wird entsprechend als „quaternio terminorum" bezeichnet. Ein „Sprung" im Schliefsen ist jede unzureichende Begründung oder jeder nicht logisch zwingende Fortgang von Gedanke zu Gedanke.

387. Erkenntniswert des Syllogismus. Der Erkenntniswert des Syllogismus ist ein verschiedener, jenachdem der Syllogismus Verknüpfungs- oder Subsumtionsschlufs ist. Jener verknüpft für das Bewufstsein Thatsachen, die vorher für das Bewufstsein auseinander lagen und schafft so neue Voraussetzungen für eine über diese Thatsachen hinausgehende Erkenntnis, insbesondere auch neue Prämissen für allerlei sonstige Schlüsse. Dieser ordnet Thatsachen, einzelne oder umfassende, **Regeln** unter. Es ist aber wiederum der Erkenntniswert der Subsumtionsschlüsse ein wesentlich verschiedener, jenachdem die Regel eine **empirische**, also ein **universales** Urteil, oder ein Gesetz, also ein **generelles** Urteil ist. In jenem Falle wird durch den Schlufs kein Urteil gewonnen, das nicht schon der Bildung des universalen Urteils zu Grunde gelegen hätte. Der Schlufs schafft also nicht überhaupt, sondern blofs für denjenigen, dem das universale Urteil — genauer der universale Satz — ohne Angabe der einzelnen Urteile, die er in sich schliefst, mitgeteilt worden ist, neue Erkenntnis. Dagegen bringt der Syllogismus, der Thatsachen Gesetzen unterordnet, jederzeit und für jedermann eine Erkenntnis zuwege, wenn diese Thatsachen solche sind, die nicht zur Gewinnung des Gesetzes gedient haben. Nicht an Gesetzen **überhaupt** ist der Erkenntnis gelegen, sondern an solchen, die sich **anwenden** lassen, oder durch welche wir die Welt der Wirklichkeit denkend **beherrschen**. Insofern vollendet sich erst im Syllogismus der Zweck der Gesetze, und der sie hervorbringenden Induktion.

Abschnitt XI. Hypothetische und Einteilungsschlüsse.

Kapitel XL.   Hypothetische Schlüsse.

388. Überleitung. Es ist aber, wie wir schon gesehen haben (vgl. 362), die Induktion — wenn wir nicht den Begriff derselben willkürlich erweitern — keineswegs das genügende Mittel, alle Arten von generellen Urteilen zu erzeugen. Die Induktion führt zur Erkenntnis, dafs ein gegebener Thatbestand Ursache eines anderen sei, also zu generellen Urteilen, die gegebenen Thatbeständen allgemein bestimmte Wirkungen oder reale Folgen zuschreiben. Sie belehrt uns dagegen nicht ohne Weiteres darüber, welche Ursachen für einen gegebenen Thatbestand vorausgesetzt werden müssen, oder einzig vorausgesetzt werden können, also nicht zu den generellen Urteilen, die im Bewufstsein bestehen, dafs unter gewissen Voraussetzungen gewisse Ursachen mit Ausschlufs anderer angenommen werden müssen. Sofern das „Erklären" eben in diesem Bewufstsein besteht, wird die Aufgabe der Erklärung des Wirklichen nicht durch die Induktion und die auf den Ergebnissen derselben beruhende Deduktion ohne weiteres vollendet. Vielmehr ist dazu ein weiteres Denkverfahren erforderlich. Dasselbe verwirklicht sich in den gewöhnlich sogenannten hypothetischen und den disjunktiven Schlüssen, welche letztere richtiger als Einleitungsschlüsse bezeichnet werden.

389. Schlüsse aus hypothetischen Urteilen. Von hypothetischen Schlüssen kann zunächst in verschiedenem Sinne gesprochen werden. In keinem Falle dürfen hypothetische Schlüsse diejenigen heifsen, deren Prämissen allgemeine kategorische Urteile sind, die nur sprachlich die hypothetische Form oder eine ihr ähnliche angenommen haben (vgl. 176): „Wenn etwas S ist, ist es M; wenn etwas M ist, ist es P etc.", statt: Alles was S ist, ist M; was M ist, ist P etc. Dagegen können zweifellos als hypothetische Schlüsse die Schlüsse aus wirklichen hypothetischen Prämissen bezeichnet werden: Angenommen, S sei (A sei B), so ist M (ist C D); angenommen, M sei (C sei D), so ist P (ist E F); dann ist auch, wenn angenommen wird, S sei (A sei B), P (das E ein F). Solche Schlüsse bieten indessen für uns nichts Neues. Sie sind Syllogismen, nur eben Syllogismen mit hypothetischen Prämissen und demnach auch mit hypothetischem Schlufsurteil. Ihre Möglichkeit beruht auf eben der Thatsache, auf der die Möglichkeit des Syllogismus überhaupt beruht, nämlich der Thatsache, dafs das, was logisch an ein Anderes gebunden ist, auch an dasjenige gebunden ist, woran dies Andere seinerseits gebunden erscheint.

390. Hypothetisches Urteil als Schlufs. Der angeführte Syllogismus ist aber nicht ein einfacher Schlufs. Er kann es nicht sein, wenn, wie früher gesagt, jedes hypothetische Urteil in sich schon einen Schlufs, nämlich einen hypothetischen Schlufs darstellt (vgl. 132). Hierbei ist vorausgesetzt, dafs beim hypothetischen Schlufs der Begriff des Hypothetischen ebenso streng genommen wird, wie beim hypothetischen Urteil (vgl. 95; 130 f.). Ein hypothetischer Schluſs ist dann ein solcher, der nicht thatsächlich, sondern nur hypothetisch oder bedingungsweise vollzogen, d. h. in dem aus einem oder mehreren Urteilen auf Grund irgend welcher Gesetzmäſsigkeit nicht thatsächlich, sondern nur bedingungsweise ein anderes gewonnen wird. Dies aber ist bei jedem hypothetischen Urteil der Fall. So ist das ehemals angeführte hypothetische Urteil, Falls diese Substanz Wasserstoff ist, so muſs sie sich mit Sauerstoff zu Wasser vereinigen lassen, — ein hypothetisch subsumierender Syllogismus, d. h. die hypothetische Anwendung einer Regel — daſs der Wasserstoff jederzeit mit Sauerstoff zu Wasser vereinigt werden könne — auf einen Fall, nämlich die vorliegende Substanz. Das hypothetische Urteil ist das **Schluſsurteil** dieses hypothetischen Syllogismus, aber ein Schluſsurteil, das zugleich den ganzen hypothetischen Syllogismus in sich schlieſst. Hierin eben besteht die Eigentümlichkeit des hypothetischen Urteils. Das hypothetische Urteil bezeichnet die Stelle zwischen dem einfachen Urteil und dem thatsächlichen oder kategorischen Schluſs, an der Urteil und Schluſs noch Eines sind.

391. Arten desselben. Das angeführte hypothetische Urteil war ein hypothetischer **Syllogismus**. Hypothetische Urteile können aber ebensowohl jeder beliebigen sonstigen Schluſsart angehören. Die Unterscheidung der unmittelbaren und mittelbaren oder analytischen und synthetischen hypothetischen Urteile (Schlüsse) wurde schon früher vollzogen (133). Dazu tritt aber zweitens die Einteilung der hypothetischen Urteile in solche, die hypothetische Induktionsschlüsse, solche, die hypothetische Anschauungsschlüsse, solche, die hypothetische subjektive Schlüsse, und endlich solche, die hypothetische Syllogismen darstellen. Es wäre ein hypothetischer Induktionsschluſs, wenn ich mich berechtigt glaubte, eine Beobachtung zu verallgemeinern, falls gewisse andere Erfahrungen damit übereinstimmten, oder keine Geginstanz sich finde; ein hypothetischer subjektiver Schluſs läge in dem Urteil: Angenommen x sei $= y$, so ist auch $x + a = y + a$ u. s. w. So entsteht überhaupt ein hypothetischer Schluſs, also ein hypothetisches Urteil, oder ein hypothetisches Urteil, also ein hypothetischer Schluſs, jedesmal, wenn irgend welche Prämissen, ohne Entscheid über ihre Gültigkeit, also lediglich versuchsweise von uns angenommen werden und uns zum Bewufstsein kommt, welches Schlufsurteil vermöge irgend welcher Gesetzmäfsigkeit daraus sich ergäbe.

392. Gemischt hypothetische Schlüsse. Der reine mit dem hypothetischen Urteil zusammenfallende hypothetische Schlufs giebt nun aber, ebenso wie der Schlufs aus hypothetischen Prämissen, an und für sich keine Erkenntnis davon, was ist und nicht ist, so sehr er solche Erkenntnis voraussetzt. Das Gleiche gilt auch von gewissen Verbindungen hypothetischer und kategorischer Prämissen zu Schlüssen, etwa: Falls S ist, ist M; immer, wenn M ist, ist P (oder: alle M sind P); also ist, falls S ist, auch P. Dagegen verhält es sich völlig anders mit den Verbindungen hypothetischer und kategorischer Prämissen, die in der alten Logik und teilweise auch von Neueren speziell als „hypothetische" Schlüsse bezeichnet werden, von uns speziell als hypothetisch-kategorische bezeichnet werden sollen.

393. Hypothetisch-kategorischer Schlufs. Diese Schlufsart tritt auf in zwei Formen. Ist das hypothetische Urteil (vgl. 95) ein Urteil unter Voraussetzung einer Bedingung, von der in dem hypothetischen Urteil selbst dahingestellt bleibt, ob sie erfüllt sei, so kann das im hypothetisch-kategorischen Schlufs als zweite Prämisse zu einem solchen Urteil hinzutretende kategorische Urteil das eine Mal in dem Bewufstsein bestehen, dafs die Bedingung erfüllt sei, das andere Mal im Bewufstsein, dafs das durch sie bedingte Urteil nicht bestehe. Im ersten Falle folgt die Gültigkeit des bedingten Urteils: Falls S M ist, ist es P; S ist M; also ist es P. Im zweiten Falle ist das Ergebnis das Bewufstsein der Unmöglichkeit, dafs die Bedingung erfüllt sei: Falls S M ist, ist es P; S ist nicht P; also ist S auch nicht M.

394. Herkömmliche Modi. Jene erste Form des hypothetisch-kategorischen Schlusses wird bezeichnet als Modus ponens, die zweite als Modus tollens. Diese Namen stehen aber in Widerspruch mit dem Begriff des Modus beim Syllogismus. Nicht mit den Modi, sondern mit den Figuren des Syllogismus stehen die bezeichneten beiden Formen des hypothetisch-kategorischen Schlusses in Analogie. Wir wollen sie darum auch als erste und zweite Figur oder Form desselben bezeichnen. Da die hypothetische Prämisse des hypothetisch-kategorischen Schlusses jedesmal vier Möglichkeiten in sich schliefst — unter Voraussetzung der eben gewählten Formeln: Falls S ist, ist M; falls S nicht ist, ist M; falls S ist, ist M nicht; falls S nicht ist, ist M nicht — so kann jede der beiden Figuren wiederum in vier Formen vorkommen. Diese vier Formen sind den Modi des Syllogismus analog, und sollen darum von uns allein als Modi bezeichnet werden. Sie werden von Einigen, jenachdem in ihnen durch eine bejahende oder verneinende kategorische Prämisse ein bejahender oder verneinender Schlufssatz erzielt wird, als Modi ponendo ponentes, ponendo tollentes, tollendo ponentes, tollendo tollentes bezeichnet.

395. Wesen des hypothetisch-kategorischen Schlusses. Der hypothetisch-kategorische Schlufs nimmt zusammen mit dem einteilend-kategorischen, von dem nachher, eine eigenartige Stellung unter den Schlufsarten ein. Dafs die hypothetische Prämisse an sich schon ein hypothetischer Schlufs ist, dies ist es, was diese Eigenart bedingt. Die Synthese, die sonst innerhalb des Schlusses vollzogen wird, ist hier in der hypothetischen Prämisse schon vollzogen; obgleich nur eine der Prämissen, schliefst dieselbe doch zugleich die logische Beziehung der Prämissen schon in sich; sie ist nichts anderes, als die hypothetische Vorausnahme des ganzen Schlusses. Die kategorische Prämisse hat nur die Aufgabe, den Schlufs in einen kategorischen umzuwandeln. Jeder kategorische Schlufs, welcher Schlufsart er auch angehören mag, läfst sich durch diese hypothetische Vorwegnahme des ganzen Schlusses in einen hypothetisch-kategorischen verwandeln und jeder hypothetisch-kategorische Schlufs läfst sich in einen kategorischen und jene Zuthat auflösen. So kann der kategorische Syllogismus: S ist M; M ist P; also ist S P, umgewandelt werden in den hypothetisch-kategorischen: Falls S M ist, ist es (als dies M) P; S ist M; also ist S P. Umgekehrt ist in dem hypothetisch-kategorischen Syllogismus: Falls dies Bild eine Nachahmung ist, ist es das Werk eines sehr geschickten Nachahmers; es ist eine Nachahmung; also ist es das Werk eines sehr geschickten Nachahmers, — ein vollständiger kategorischer Syllogismus enthalten. Die Regel, der in diesem kategorischen Syllogismus das Bild subsumiert wird, dafs nämlich ein Bild, das ein solches Original in solcher Weise nachahme, allemal einen geschickten Nachahmer voraussetze, ist in jenem hypothetisch-kategorischen Schlusse zwar nicht ausgesprochen, aber doch — und darauf allein kommt es an — notwendig mitgedacht.

396. Stellung desselben. Sofern der Schluſs, der in der hypothetischen Prämisse des hypothetisch-kategorischen Schlusses hypothetisch vorausgenommen ist, jeder beliebigen Schluſsart angehören kann, erscheint auch der hypothetisch-kategorische Schluſs bald dieser bald jener Schluſsart zugehörig. Er ist, wenn man will, eine Nebenart oder Nebenform aller Schluſsarten, nicht etwa bloſs des Syllogismus. Zugleich repräsentiert er doch an sich, und nachdem die hypothetische Prämisse einmal gegeben ist, eine völlig selbständige Schluſsweise. Das Schlieſsen ist hier nicht wie bei den verschiedenen bisher betrachteten Schluſsarten ein Schlieſsen unter besonderen Voraussetzungen oder nach einer besonders gearteten Gesetzmäſsigkeit, sondern ein Schlieſsen in einem völlig neuen Sinn; nicht Herstellung einer neuen logischen Beziehung für das Bewuſstsein, sondern Übertragung bereits gegebener Beziehungen auf den Boden der Thatsächlichkeit, eben damit nicht Schaffung eines neuen Urteils, sondern überhaupt erst eines wirklichen Urteils. Dies setzt den hypothetisch-kategorischen Schluſs zu allen sonstigen Schluſsarten auch wiederum in prinzipiellen Gegensatz. Dem Syllogismus steht er nur insofern näher als den anderen, als auch bei ihm keine andere als die abstrakt logische Gesetzmäſsigkeit vorausgesetzt ist.

397. Selbständige Modi. Innerhalb des hypothetisch-kategorischen Schlusses stehen die beiden oben unterschiedenen Formen oder „Figuren" mit ihren Modi nicht gleichwertig nebeneinander. Jeder Modus der zweiten Figur ist auf einen Modus der ersten zurückführbar und gilt nur vermöge dieser Rückführbarkeit. Gelten etwa die Prämissen: Falls S ist, ist P, und: P ist nicht, so folgt daraus das Nichtstattfinden des S nur, weil in jenem hypothetischen Urteil zugleich an den Gedanken, P finde nicht statt, der Gedanke, daſs S nicht stattfinde, gebunden ist, oder weil jenes Urteil die Umwandlung (Kontraposition) in: Falls P nicht ist, ist S nicht, zuläſst. Ersetzen wir aber jenes Urteil durch dieses, so stellt sich der Schluſs dar in der Form: Falls P nicht ist, ist S nicht; P ist nicht; also ist S nicht, d. h. als ein Modus der ersten Figur. Es haben danach nur die vier Modi der ersten Figur das Recht, als selbständige Modi zu gelten. Die der zweiten Figur müssen als abgeleitete oder Nebenmodi bezeichnet werden. Jene ersteren lassen sich zusammenfassen in der Formel: Falls S (non-S) gilt, gilt P (non-P); Nun gilt S (non-S); also gilt P (non-P). Sie sind es, die wir hier mit Verwendung der oben erwähnten Namen und in Analogie mit früheren Fällen ihrer Anwendung speziell durch die Namen: Modus ponendo ponens, ponendo tollens, tollendo ponens; tollendo tollens auszeichnen und unterscheiden.

398. Erkenntniswert. Die Schlußweise, die der hypothetisch-kategorische Schluß repräsentiert, ist für unser Denken oder den Fortschritt unseres Erkennens von hoher Bedeutung. Sie gelangt zur Geltung überall da, wo wir wissen, welche Bedingungen für ein Urteil bestehen, während doch zunächst nur gewisse Bedingungen gegeben sind, die übrigen nachträglich erst als erfüllt erkannt werden. Wiederum ist dabei die Bedeutung jener vier Modi eine wesentlich verschiedene. Es ist etwas Anderes, ob das Bewußtsein, ein Thatbestand müsse unter einer Bedingung als stattfindend gedacht werden, oder ob das Bewußtsein, er könne unter einer Bedingung nicht als stattfindend gedacht werden, die hypothetische Prämisse des Schlusses bildet und demnach die Verifikation eines Thatbestandes oder die Widerlegung eines Gedankens das Schlußergebnis ausmacht. Ebenso ist es ein wesentlicher Unterschied, ob jene „Bedingung" im Stattfinden oder im Nichtstattfinden eines Thatbestandes besteht, also auch die Verifikation bezw. Widerlegung auf dem Bewußtsein des Stattfindens oder Nichtstattfindens eines Thatbestandes beruht, oder kurz gesagt, ob sie eine positive oder negative ist. In die hiermit bezeichneten vier Funktionen teilen sich aber jene vier Modi. Zugleich handelt es sich bei allen das eine Mal um Verifikation bezw. Widerlegung von einzelnen Thatsachen oder um Verifikation bezw. Widerlegung von allgemeinen Urteilen oder Gesetzen.

399. Modus der positiven Verifikation. Der positiv verifizierende Modus ist der Modus ponendo ponens: Dieser kommt als solcher zur Geltung einmal, wenn die Vermutung besteht, daß in einem gegebenen Falle die Bedingung erfüllt sei, unter der vermöge irgend welcher Gesetzmäßigkeit ein bestimmtes Urteil gefällt werden müßte, und diese Vermutung dann durch die Erfahrung bestätigt wird. Es ist ein Beispiel dieser Thatsachenverifikation, wenn ein Arzt für die Krankheit, die er in einem gegebenen Falle vermutet, die Symptome sucht und findet. Er sucht sie, weil für ihn das hypothetische Urteil besteht, die Krankheit müsse vorliegen, falls die Symptome auffindbar seien. — Der anderen Funktion des fraglichen Modus begegnen wir überall in induktiven Prozessen: die Vermutung, dafs ein Thatbestand unter gewissen Bedingungen allgemein stattfinde, wird bestätigt durch die einzelnen Beobachtungen. Die Anweisung, diese aufzusuchen bezw. künstlich (im Experiment) herbeizuführen ist gegeben durch das hypothetische Urteil, der Thatbestand müsse als allgemein stattfindend gedacht werden, falls diese bestimmten Beobachtungen gemacht werden können. In beiden hier unterschiedenen Fällen der Anwendung des Modus ponendo ponens geht dem Suchen nach den verifizierenden Momenten die Vermutung oder die Hypothese voran. In beiden Fällen bezeichnet der Modus die Art, wie wissenschaftliche Untersuchung stattfinden soll, nämlich nicht blind, sondern an der Hand irgendwie begründeter Vermutungen oder Hypothesen. Die Hypothese ist im ersteren Falle eine deduktive, d. h. die Vermutung, dafs in einem bestimmten Falle eine allgemein feststehende gesetzmäfsige Beziehung verwirklicht sei, im zweiten Falle eine induktive, d. h. die Vermutung, dafs eine allgemeine gesetzmäfsige Beziehung bestehe. Das hypothetische Urteil ist dort die versuchsweise Deduktion auf einen Fall, hier die versuchsweise Induktion; das Ergebnis des Schlusses dort der Vollzug der Deduktion, hier der Vollzug der Induktion; der ganze hypothetisch-kategorische Schlufs dort deduktiven, hier induktiven Charakters.

400. **Modus der negativen Verifikation.** Der positiv verifizierende Modus wird hinsichtlich jeder dieser beiden Arten seiner Anwendung ergänzt durch den negativ verifizierenden Modus, d. h. den Modus tollendo ponens. Die besondere Bedeutung desselben gründet sich einmal auf das Vorhandensein negativer Bedingungen, d. h. darauf, dafs das Stattfinden von Thatsachen vom Nichtstattfinden anderer abhängig sein kann. Ich weifs etwa auf Grund einer allgemeinen Einsicht, ein wissenschaftlicher Versuch müsse gelingen, falls nicht diese oder jene bestimmten Störungen vorliegen. Ich überzeuge mich dann, dafs dieselben **nicht**

vorliegen. — Andererseits gewinnt der fragliche Modus Bedeutung im Prozeſs der Induktion, wenn die Möglichkeit der Verallgemeinerung einer Beobachtung nur noch daran hängt, daſs gewisse Gegeninstanzen nicht vorliegen, oder wenn die Verallgemeinerung erlaubt wäre, falls sich darthun ließe, daſs die Beobachtungen genügend vollständige seien, um den Gedanken an Gegeninstanzen überhaupt auszuschließen. Die Verallgemeinerung findet statt, sobald diese verneinenden Urteile gefällt werden können.

401. Modus der positiven Widerlegung. Nicht minder wichtig ist andererseits die Funktion der Modi tollentes. Wir widerlegen von uns selbst oder anderen aus irgend welcher Regel abgeleitete Vermutungen über das Stattfinden von Thatsachen, indem wir zeigen, daſs Umstände obwalten, die jene Regel unanwendbar machen, oder ihre Geltung verhindern. Wir thun dies nach einem Modus ponendo tollens, wenn wir zunächst die Beziehung zwischen der Gesetzmäſsigkeit und jenen Umständen kennen, uns aber erst nachträglich durch Beobachtung überzeugen, daſs die Umstände wirklich vorliegen. — Andererseits gehört zum induktiven Prozeſs die Korrektur unserer hypothetischen Verallgemeinerungen, falls sich negative Instanzen ergeben. Das Bewuſstsein, falls gewisse Thatsachen bestehen, sei die Hypothese hinfällig, veranlaſst uns zuzusehen, ob sie bestehen. Der Modus ponendo tollens bezeichnet die Art, in methodischer Weise vermutete Thatsachen und vorläufige induktive Verallgemeinerungen abzuweisen.

402. Modus der negativen Widerlegung. Wiederum ist der Modus tollendo tollens eine Art von ergänzendem Nebenmodus des Modus ponendo tollens. Wir wissen das eine Mal, daſs aus einer behaupteten Thatsache auf Grund bekannter Gesetzmäſsigkeit eine Folgerung sich müſste ziehen lassen; falls sie sich nicht ziehen läſst, ist die Thatsache unmöglich. Es ergiebt sich dann, daſs die Folgerung angesichts der Erfahrung sich nicht ziehen läſst. Andererseits widerlegen sich unsere hypothetischen Verallgemeinerungen, wenn Thatsachen, die, falls sie gelten, stattfinden müſsten, nicht stattfinden. Diese Art der Widerlegung deckt sich nicht mit der Widerlegung allgemeiner Annahmen, von der vorhin (401) die Rede war. Es ist nicht dasselbe, ob ein positives Geschehen, das mit einer Annahme unverträglich ist, diese widerlegt, oder ob das einfache Ausbleiben eines erwarteten Erfolges dieses Ergebnis hat.

Kapitel XLI. Einteilungsschlüsse.

403. Allgemeines. Wie die in der Logik gewöhnlich sogenannten disjunktiven Urteile zwar nicht eine besondere Gattung von Urteilen neben den kategorischen und hypothetischen, aber doch eine besondere Modifikation oder Art des Auftretens dieser letzteren bezeichnen, so sind auch die sogenannten disjunktiven Schlüsse nicht eine besondere Art von Schlüssen neben den kategorischen und hypothetischen, wohl aber repräsentieren sie eine besondere Art des Vorkommens dieser Schlufsarten, die für die Erkenntnis besondere Bedeutung besitzt. Die disjunktiven Urteile mufsten wir genauer als einteilende bezeichnen; ebenso müssen die „disjunktiven" Schlüsse richtiger Einteilungsschlüsse heifsen. Einteilungsschlüsse sind, zunächst allgemein gesagt, Schlüsse, in denen einteilende Urteile als Prämissen vorkommen. Sie zerfallen aber in wesentlich verschiedene Arten. Vgl. 136 ff.

404. Schlüsse der Untereinteilung. Zunächst können als Einteilungsschlüsse diejenigen bezeichnet werden, in denen aus einer Verbindung von einteilenden Urteilen ein neues ebensolches Urteil entsteht: A ist B oder C; B ist B_1 oder B_2; C ist C_1 oder C_2; also ist A entweder B_1 oder B_2 oder C_1 oder C_2. Solche Schlüsse bezeichnen den Fortgang von Einteilungen zu Untereinteilungen. Ihr Analogon auf dem Gebiet der hypothetischen Schlüsse haben sie in den Syllogismen aus hypothetischen Prämissen (389). Sie sind gleichfalls Syllogismen, nur eben mit eigenartigen Prämissen. Ihr besonderer Erkenntniswert liegt darin, dafs sie uns nicht nur Einteilungen von Objekten des Denkens, sondern ein einheitliches System von solchen vergegenwärtigen. Im übrigen ist ihr Wert bedingt durch das, was überhaupt den Wert der Einteilungen bedingt (vgl. 267).

405. Einteilend-kategorische Schlüsse. Es können aber auch in Schlüssen einteilende Prämissen mit hypothetischen und kategorischen in verschiedener Art sich verbinden. Die Verbindung eines kategorischen Urteils S M mit einem einteilenden „M ist P_1 oder P_2" etwa, läfst das Subjekt jenes Urteils mittelbar zum

Gegenstand einer Einteilung werden. Von diesem Schluſs nun ist wohl zu unterscheiden der Schluſs, den wir speziell als einteilend-kategorischen bezeichnen. Er steht in Parallele mit dem hypothetisch-kategorischen und ist identisch mit dem, der in der Logik sonst als disjunktiv-kategorischer oder auch wohl einfach als „disjunktiver" Schluſs bezeichnet zu werden pflegt. In ihm tritt zu einem einteilenden Urteil, S ist P_1 oder P_2 oder P_3 u. s. w., als zweite Prämisse ein kategorisches Urteil, das entweder dem S eines jener P zuschreibt, oder aber ihm alle auſser einem abspricht. Jenachdem besteht das Schluſsurteil in dem Bewuſstsein, daſs dem S keines der übrigen P, oder daſs ihm das eine, ihm nicht abgesprochene P, zukomme. Es bestehen also zwei verschiedene Formen des einteilend-kategorischen Schlusses; sie entsprechen den beiden Figuren des hypothetisch-kategorischen Schlusses. Ein Beispiel wäre der Schluſs: Die spezifisch geometrischen Schlüsse müssen Erfahrungs- oder Anschauungs- oder subjektive oder abstrakt logische Schlüsse sein; sie sind der ersteren Art; sie gehören also keiner der letzteren Arten an. Oder: Sie gehören weder zur zweiten noch zur dritten noch zur vierten Art; sie müssen also zur ersten Art gehören.

406. Wesen desselben. Die einteilenden Urteile wurden ehemals (vgl. 137 ff.) von uns geschieden in kategorisch und hypothetisch einteilende. Jene teilen den Subjektsumfang S in die P_1, P_2 etc.: Die S sind teils P_1, teils P_2 etc.; diese lassen hinsichtlich desselben oder derselben S die Wahl zwischen verschiedenen möglichen Prädikaten: S ist entweder P_1 oder P_2. Die einteilende Prämisse des einteilend-kategorischen Schlusses nun, von dem wir hier reden, kann nur der letzteren Art angehören. Sie ist danach wie jedes hypothetisch einteilende Urteil eine Zusammenfassung von hypothetischen Urteilen. Dann kann auch der einteilend-kategorische Schluſs nichts anderes sein, als ein besonderer Fall des hypothetisch-kategorischen; es gilt von ihm alles, was über die Besonderheit des letzteren oben gesagt wurde. Dies nimmt ihm doch nicht seine besondere Bedeutung. Dieselbe besteht in der durch die kategorische Prämisse herbeigeführten Entscheidung jener Wahl, oder der Entscheidung zwischen den sich ausschlieſsenden Möglichkeiten der Prädizierung.

407. Die Modi. Die erste der oben unterschiedenen Formen des einteilend-kategorischen Schlusses pflegt als Modus ponendo tollens, die zweite als Modus tollendo ponens bezeichnet zu werden. Es leuchtet ein, dafs dem letzteren der höhere Erkenntniswert zukommt. Jener setzt die positive Einsicht, was S sei, voraus, und wehrt lediglich falsche, weil mit dieser Einsicht unverträgliche Urteile ab; dieser giebt positive Einsicht, indem er die entgegenstehenden Möglichkeiten abweist.

408. Nebenform. Neben den bisher betrachteten **reinen** einteilend-kategorischen Schlufs stellen wir, ihrer besonderen logischen Bedeutung wegen, eine unreine Nebenform desselben. In ihr tritt zu der einteilenden Prämisse mit **allgemeinem** Subjekt eine kategorische Prämisse, die ein **bestimmtes** S oder bestimmte S zum Subjekt hat: Die S sind P_1 oder P_2; dies bestimmte S ist P_1 (ist nicht P_2); also ist dasselbe nicht P_2 (ist es P_1). Hierbei kann die einteilende Prämisse ein hypothetisch oder kategorisch einteilendes Urteil sein. Im ersteren Falle entscheidet der Schlufs wiederum die Wahl zwischen verschiedenen möglichen Prädikaten, nur eben lediglich mit Rücksicht auf das bestimmte S. Im letzteren Falle dagegen besitzt der Schlufs die besondere Bedeutung, das bestimmte S in eine Klasse der S einzuordnen bezw. es aus gewissen Klassen der S auszuschliefsen; er entscheidet über die Zugehörigkeit zu Klassen des S. Z. B.: Schlüsse sind Anschauungs- oder Erfahrungs- oder subjektive oder abstrakt logische Schlüsse; die spezifisch geometrischen Schlüsse gehören zur ersteren, also zu keiner der drei letzteren Gattungen; oder: sie gehören zu keiner der drei letzten, also zur ersten Gattung.

409. Einteilend-kategorischer Schlufs und Induktion. Es hat aber in erster Linie jener **reine** einteilend-kategorische Schlufs und zwar speziell als Modus tollendo ponens für das Werden unserer Erkenntnis wesentliche Bedeutung. Dabei sind vor allem wichtig solche Fälle, in denen das zur (hypothetisch) einteilenden Prämisse als zweite Prämisse hinzutretende kategorische Urteil nicht unmittelbar der Erfahrung entnommen werden kann, sondern selbst erst durch einen Schlufs, und zwar durch einen hypothetisch-kategorischen Schlufs gewonnen werden mufs. Der einteilend-kategorische Schlufs, der in solcher Weise hypothetisch-kategorische Schlüsse in sich aufnimmt, oder — da er selbst in einem solchen besteht — sich in ein Ineinander hypothetisch-kategorischer Schlüsse verwandelt, kommt wiederum zunächst zur Geltung im induktiven Prozefs. Indem der induktive Prozefs aus den einen Thatbestand begleitenden Umständen die Ursache des Thatbestandes herauslöst, entscheidet er über die verschiedenen zunächst nebeneinander bestehenden Möglichkeiten, dafs diese oder jene Kombination von Umständen die Ursache repräsentiere. Die Sicherheit der Induktion, vor allem die Planmäfsigkeit des Experimentes, erfordert die **vollständige** Einteilung dieser Möglichkeiten, mag dieselbe auch erst allmählich, im Laufe der Untersuchung, vollzogen werden können; die Ausschliefsung der der Wirklichkeit nicht entsprechenden Möglichkeiten geschieht, wie schon gesagt (vgl. 401), durch hypothetisch-kategorische Schlüsse. Der ganze Prozefs erscheint schliefslich als ein einteilend-kategorischer Schlufs, der durch allerlei hypothetisch-kategorische Schlüsse vermittelt ist.

410. **„Erklärung" der Thatsachen.** Doch, wie öfter gesagt, nicht darum allein handelt es sich für unser Erkennen, in dem in der Erfahrung Gegebenen gesetzmäfsige Beziehungen, also Verknüpfungen von Ursachen und Wirkungen aufzufinden, sondern auch darum, von Thatsachen, die zunächst nur als nackte Thatsachen gegeben sind, auf ihre notwendigen oder einzig möglichen Ursachen zurückzuschliefsen, oder Sicherheit zu gewinnen, was, mit Ausschlufs aller sonstigen Möglichkeiten, als ihre Ursache oder als der Realgrund ihres Daseins und ihrer Beschaffenheit zu denken sei. Dies kann wiederum nicht geschehen ohne Einteilung der nach dem Stande unserer Erkenntnis zunächst bestehenden Möglichkeiten, dafs hier oder dort die Ursache liege. Die Entscheidung zwischen den zunächst zur Wahl stehenden Möglichkeiten ist dann wiederum Sache eines einteilend-kategorischen, durch hypothetisch-kategorische Schlüsse vermittelten Schlusses. Freilich genügt es auch umgekehrt nicht, lediglich Ursachen auszuschliefsen und die allein übrig bleibende Möglichkeit des Verursachtseins frischweg als **Thatsache auszugeben.** Es mufs auch nachgewiesen werden, dafs die so gefundene angebliche Ursache nach **erkannter Gesetzmäfsigkeit** Ursache des zu erklärenden Thatbestandes sein **könne.** Gelingt dies nicht, so ist nur eben eine neue **Möglichkeit** an die Stelle der abgewiesenen gesetzt, die in

Thatsächlichkeit zu verwandeln eine Aufgabe weiterer Erkenntnisarbeit ist. Zunächst wird man aber in solchem Falle zusehen müssen, ob nicht jene Einteilung sich vervollständigen lasse. In diesem Falle beginnt der einteilend- und hypothetisch-kategorische Schluſs von Neuem sein Werk. — Erklären heiſst Thatsachen — weder auf irgend ein erkanntes Gesetz, noch auf „Gesetze", die eben diesen Thatsachen zuliebe erst aufgestellt werden, sondern auf das erkannte Gesetz, dem sie sich unterordnen, und dem allein sie sich unterordnen lassen, zurückführen. Solche Erklärung nun pflegt nicht nach einem Schluſsschema oder Schema der Aufeinanderfolge von Schluſsarten, sondern in beständigem Fortschreiten, Rückwärtsgehen, Korrigieren und Vervollständigen und damit zugleich in der Wechselwirkung verschiedener Arten des Schlieſsens sich zu vollenden.

411. Letzte „Disjunktionen". Das Geschäft der Erklärung oder der Aufzeigung der notwendig zu denkenden Gründe des Gegebenen führt zuletzt auf gewisse letzte „Disjunktionen", d. h Einteilungen von Möglichkeiten, von deren Entscheidung umfassendere wissenschaftliche Betrachtungsweisen der Dinge abhängen. Sie sind letzte einander ausschlieſsende Möglichkeiten, wie nach der Gesetzmäſsigkeit unseres Denkens und gemäſs übereinstimmender Erfahrung Dinge oder Gründe von Dingen gedacht werden können, oder aber letzte Vorstellungs-(Anschauungs-)möglichkeiten. An die letzteren sieht sich vor allem die Naturwissenschaft schlieſslich gebunden. Sie findet a priori gegebene Möglichkeiten des räumlichen Geschehens und sich Verhaltens, zwischen denen sie auf den oben bezeichneten Wegen zu entscheiden sucht. So sind diskrete und stetige Raumerfüllung zwei mit der Raumanschauung a priori gegebene Möglichkeiten, zwischen denen die Naturwissenschaft durch Beantwortung der Frage, ob die mancherlei physikalischen und chemischen Thatsachen und Gesetzmäſsigkeiten bestehen können, falls die eine oder die andere Voraussetzung gemacht wird, zu entscheiden hatte. Alle Erfahrungswissenschaft ist so, wie durch das Gesetz des Denkens (im engeren Sinne), so auch durch die Gesetzmäſsigkeiten des Vorstellens schlieſslich bedingt, also in doppelter Weise a priori begründet.

Abschnitt XII. Wissen, Wahrscheinlichkeit, Glaube.

Kapitel XLII. Thatsächlichkeit und Notwendigkeit.

412. Modalität der Urteile. Die Erkenntnis hebt mit Urteilen an und endet in Urteilen. Darum steht das Urteil am Ende wie am Anfang der Logik. Das Erkennen geht aus auf Gewifsheit. Von den Stufen der Gewifsheit, die unser Erkennen zu erreichen vermag, handelt die Logik unter dem Namen der Stufen der Modalität. Sie unterscheidet problematische, assertorische und apodiktische Urteile, d. h. Urteile von der Form: S kann P sein, ist vielleicht, möglicherweise, vermutlich, wahrscheinlich P; S ist P; endlich: S mufs P sein. Doch ist der Gesichtspunkt dieser Einteilung kein einheitlicher. Mit der Frage nach dem Grade der Gewifsheit verbindet sich in ihr die Frage nach der Art der Begründung derselben.

413. Assertorisches Urteil. Das Bewufstsein der Gewifsheit oder objektiven Notwendigkeit des Vorstellens erlaubt zunächst und streng genommen keine Grade. Es besteht oder es besteht nicht, und mit ihm besteht das Urteil oder es besteht nicht. Dies gradlose oder strikte Bewufstsein der objektiven Notwendigkeit kennzeichnet das assertorische Urteil. Das assertorische Urteil ist das einfach thatsächliche Urteil. Zugleich fehlt dem blofs assertorischen Urteil die Begründung durch andere Urteile. Assertorische Urteile sind die unmittelbar der Erfahrung (bezw. Mitteilung) entnommenen Urteile, solange sie für mich eben nur auf Grund der Erfahrung (Mitteilung) feststehen. Andererseits die Urteile, in denen uns die in der Natur unseres Geistes liegenden allgemeinen Gesetzmäfsigkeiten unseres Vorstellens und Denkens, also die apriorischen Bedingungen unseres Urteilens zum Bewufstsein kommen.

414. Apodiktische Urteile. Auch beim apodiktischen Urteile ist nicht der Grad des Bewufstseins der objektiven Notwendigkeit das Charakteristische. Was es auszeichnet, ist vielmehr die Herkunft desselben oder seine Begründung. Es tritt in ihm zum assertorischen oder einfach vorhandenen Urteil, S ist P, das Bewufstsein, es gebe ein anderes Urteil, aus dem dasselbe folge, oder das nicht vollzogen werden könnte, wenn das Urteil, S ist P, durch das zu ihm kontradiktorische, S ist irgend ein non-P, ersetzt würde. Der Arzt, der vom Kranken sagt, er mufste sterben, giebt zu erkennen, dafs er im Besitz einer allgemeinen Einsicht ist, aus der das Sterben des Kranken erschlossen werden konnte. Die Gewifsheit, dafs er starb, ist darum doch bei ihm nicht gröfser, als bei demjenigen, der ohne jene Einsicht zu besitzen, nur einfach weifs, dafs er starb.

415. Im engeren Sinne. Im angeführten Beispiele ist die „Begründung" gleichbedeutend mit Ableitung aus einem Gesetz. Speziell in solcher Weise begründete Urteile pflegen gemeint zu sein, wenn Urteile als apodiktische bezeichnet werden. Apodiktisch sind dann Urteile, die nicht nur bestehen, sondern einem erkannten Gesetz, oder einem allgemeinen objektiv notwendigen Zusammenhange von Gegenständen des Bewufstseins — nicht blofs, wie jedes Urteil, einer thatsächlich bestehenden Gesetzmäfsigkeit des Geistes — sich unterordnen oder daraus abgeleitet werden können. Insofern es das Ziel des Erkennens ist, alle Einzelerkenntnisse solchen Gesetzen zu unterwerfen, und so ein System der Erkenntnis zu gewinnen, bezeichnet das apodiktische Urteil im Vergleich zum assertorischen die höhere Stufe, ja es ist erst das vollendete Urteil.

416. Begriffliche und sachliche Notwendigkeit. Immerhin beruht auch das erkannte Gesetz auf der thatsächlichen Gesetzmäfsigkeit des Geistes. Sofern es Gesetz ist, ist es vom Geiste gegeben. Im apodiktischen Urteile besitzt der Geist nicht nur die Thatsache, sondern er beherrscht sie. Damit besitzt er sie erst vollkommen. In gleicher Weise ist alle „Notwendigkeit" Notwendigkeit des Geistes, alle gedachte Notwendigkeit in Wahrheit Notwendigkeit des Denkens, oder logische Notwendigkeit. Jedes Prädikat eines Urteils ist notwendig, d. h. es mufs unter Voraussetzung des Subjektes gedacht werden. Und der Zusammenhang eines Prädikates mit seinem Subjekt, oder die Thatsache, dafs ein S P ist, ist notwendig, dies heifst: das Urteil S P mufs unter Voraussetzung eines anderen, speziell eines solchen, das ein Gesetz in sich schliefst, vollzogen werden. Die „Notwendigkeit" von Thatsachen ist die Notwendigkeit das Urteil zu vollziehen, dessen Inhalt die Thatsache bildet, oder sie ist ein inhaltleeres Wort. Diese objektive Notwendigkeit ist aber wiederum begriffliche oder sachliche, die letztere formale oder materiale. Es ist begrifflich notwendig, daſs das Quadrat rechtwinklig sei und vier gleiche Seiten habe, weil der Name „Quadrat" diese Prädikate fordert. Eine sachliche und zugleich formale Notwendigkeit ist die Notwendigkeit, daſs mit diesen Bestimmungen die Gleichheit der Diagonalen verbunden sei. Sachliche und materiale Notwendigkeit kommt dem Ereignis zu, an das ich glauben muſs, weil glaubwürdige Augenzeugen davon berichten. Der Gegensatz der begrifflichen und sachlichen Notwendigkeit ist, wie man sieht, dem der begrifflichen und sachlichen Einheit, Mehrheit etc. (vgl. 211) völlig analog.

417. Reale Notwendigkeit. Ebenso ist der Begriff der realen Notwendigkeit analog dem der realen Einheit, Mehrheit etc. Die reale Notwendigkeit ist ein Spezialfall der sachlichen Notwendigkeit. Von jenem glaubwürdig bezeugten Ereignis sage ich, es **muſs sich vollzogen haben**. Von diesem Urteil ist wohl zu unterscheiden das Urteil, das ich in dem Satze ausspreche: das Ereignis **hat sich vollziehen müssen**. Dies letztere Urteil kann ich nur fällen, wenn ich die Ursache des Ereignisses kenne und aus ihr das Stattfinden des Ereignisses zu erschlieſsen vermag. In diesem Falle nun ist die Notwendigkeit des Ereignisses reale Notwendigkeit. Reale Notwendigkeit ist Notwendigkeit nicht aus Gründen überhaupt, sondern aus Realgründen. Sie ist darum doch auch nur eine Art der logischen Notwendigkeit.

418. Arten apodiktischer Urteile. Damit sind zugleich verschiedene Arten apodiktischer Urteile (im engeren Sinne vgl. 415) bezeichnet. Es giebt apodiktische Urteile der begrifflichen, sachlichen und realen Notwendigkeit (Gesetzmäſsigkeit). Zu allen (im engeren Sinne) apodiktischen Urteilen, S muſs P sein, gehört das Bewuſstsein der Ableitbarkeit aus einem generellen Urteil SP. Beim apodiktischen Urteil der begrifflichen Notwendigkeit aber ist dies generelle Urteil ein Namenurteil; bei dem der sachlichen Notwendigkeit irgend ein generelles (formales oder materiales) Sachurteil; bei dem der realen Notwendigkeit ein generelles Urteil SP, dessen Subjekt die Ursache des P in sich schlieſst, also ein „primäres" (80) generelles Urteil.

419. Notwendigkeit und Thatsächlichkeit. Wie die Notwendigkeit, die in apodiktischen, so ist die Thatsächlichkeit, die in assertorischen Urteilen zum Bewufstsein kommt, nicht gegeben, sondern beides entsteht im Urteilen. Alle Notwendigkeit hängt aber schliefslich an der Thatsächlichkeit; die Notwendigkeit dessen, was aus Gesetzen abgeleitet werden kann, die der Erfahrung entstammen, an der Thatsächlichkeit, die uns in Erfahrungsurteilen zum Bewufstsein kommt. Diese wiederum und mit ihr alle logische oder erkannte Thatsächlichkeit überhaupt, beruht auf jener absoluten Thatsächlichkeit, die allem Denken voraufgeht (vgl. 5) einerseits, und der thatsächlichen Gesetzmäfsigkeit des Geistes andererseits.

Kapitel XLIII. Möglichkeit und Wahrscheinlichkeit.

420. Das problematische Urteil. Giebt es keine Grade der objektiven Notwendigkeit, so kann um so mehr von Graden der objektiven Nötigung gesprochen werden. Träger der objektiven Notwendigkeit sind die „Gründe"; Träger der objektiven Nötigung, die nicht objektive Notwendigkeit ist, sind die Teilgründe, oder die der Ergänzung bedürftigen Gründe. Es müssen aber hier zunächst zwei Arten „problematischer" Urteile unterschieden werden. Die eine Art beruht auf der Unsicherheit der Wahrnehmung, der Erinnerung, des Schliefsens: Diese Nachricht ist, wenn ich mich recht erinnere, gestern, vielleicht auch schon vorgestern eingelaufen; 13 × 17 ist, wenn ich nicht falsch rechne, = 221 u. s. w. Diese „subjektiv" problematischen Urteile haben kein logisches Interesse und bleiben darum im Folgenden aufser Betracht. Um so wichtiger sind die „objektiv" problematischen Urteile, die darauf beruhen, dafs die (wenn auch mit voller Klarheit gegenwärtigen) Objekte der Erkenntnis zur Begründung eines Urteiles nicht zureichen. Dieselben sind jederzeit erschlossene, nur eben aus unzureichenden Prämissen erschlossene, also niemals unmittelbare Urteile, während jene subjektiv problematischen Urteile unmittelbare und erschlossene (oder „mittelbare") Urteile sein können. Nähmen wir das apodiktische Urteil im allgemeinsten Sinne, d. h. gleichbedeutend mit dem irgendwie durch andere Urteile begründeten Urteile, so könnte danach das objektiv problematische Urteil nur Vorstufe des apodiktischen, das subjektiv problematische Vorstufe eines beliebigen Urteils sein.

421. Unterste Stufen. Als unterste Modalitätsstufe des Urteils überhaupt, und demnach speziell als unterste Stufe des problematischen Urteils kann das „Urteil" bezeichnet werden, in dem die „Begründung" eine lediglich negative ist. Das „Urteil": S kann P sein, gehört dieser untersten Stufe an, wenn es lediglich im Bewufstsein besteht, eine Nötigung, S als non-P zu denken, bestehe nicht. Ein „Urteil" oder eine Vorstufe eines solchen kann dasselbe insofern heifsen, als bei ihm zur blofsen Vorstellungsverbindung S P doch auch schon der Gedanke an die objektive Notwendigkeit, wenn auch nur als Bewufstsein, dafs sie fehle, hinzutritt. In jedem Falle ist diese Vorstufe des Urteils nur als Vorstufe, oder erster Ausgangspunkt des Urteilens, nicht als eigentliches Urteil zu bezeichnen. Es wird aber freilich, wenn wir solche Urteile fällen, d. h. zunächst: solche Sätze aussprechen, in Wahrheit jedesmal doch auch schon irgend welcher objektive Anlafs, mit S das P zu verbinden, vorliegen, es wird zum mindesten irgend ein schon bestehender Gedankenzusammenhang für die gedankliche Verbindung des P mit S eine Analogie darbieten. Dann bezeichnet das problematische Urteil schon eine positive Anfangsstufe des Urteils. — Es wurde schon gelegentlich gesagt (vgl. 59), dafs auch in Fragen solche Anlässe vorzuliegen pflegen. Dann enthält auch die Frage schon eine positive Anfangsstufe des problematischen Urteils in sich oder setzt dieselbe voraus. Darum ist sie doch nie als solche ein Urteil.

422. Nähere Bestimmung. Sehen wir von jener Vorstufe des problematischen Urteils ab und fassen einzig das eigentliche problematische Urteil, S kann P sein, ins Auge, so ist zunächst zu bedenken, dafs die hier jedesmal vorliegenden Teilgründe für die Zuordnung des P zu S nicht „Teilgründe" sind in dem Sinne, dafs sie einen Teil des Bewufstseins der objektiven Notwendigkeit dieser Zuordnung bedingten. „Gründe" sind immer nur die ganzen Gründe, Teilgründe für sich allein begründen nicht teilweise, sondern gar nicht. Sie begründen nur unter der Voraussetzung, dafs mit ihnen die anderen Teilgründe oder Bedingungen verbunden sind. Danach kann die Möglichkeit oder Wahrscheinlichkeit des problematischen Urteils, S kann P sein, nur beruhen auf der Möglichkeit oder Wahrscheinlichkeit, dafs aufser den vorliegenden oder im Bewufstsein gegebenen Teilgründen für die Zuordnung des P zu S auch **die übrigen Teilgründe gegeben seien.** Die Unsicherheit, ob mit den gegebenen Teilgründen (a) eines Urteils auch die übrigen (b) zu Recht bestehen, kann aber immer in einem „disjunktiven" oder einteilenden Urteil, dafs b, oder an seiner Stelle ein b_1 oder b_2 u. s. w. gelte, zum Bewufstsein kommen. Die Möglichkeit oder Wahrscheinlichkeit einer bestimmten **Entscheidung** dieses „Entweder — oder" kann demgemäfs auch als das bezeichnet werden, was die Möglichkeit oder Wahrscheinlichkeit des problematischen Urteils macht.

423. Arten. Nur die unmittelbaren **Erfahrungsurteile** können im eigentlichen Sinne „**objektiv**" problematische sein. Diese Urteile sind aber entweder induktiv gewonnene oder aus der Erfahrung entstammenden Urteilen syllogistisch abgeleitete, oder endlich solche Urteile, die erst durch jenes zur Induktion hinzutretende und ihre Aufgabe vollendende Denkverfahren zu stande kommen, das in den einteilend-kategorischen Schlüssen sich verwirklicht. Dieser dreifachen Möglichkeit entsprechen drei wohl zu unterscheidende Arten des problematischen Urteils. Vor allem treten die problematischen Urteile der ersten Art, die „induktiv bedingten", denen der zweiten Art, den „deduktiv bedingten", deutlich entgegen. Jene entstehen, wenn zur vollen Begründung **des generellen Urteils,** in dem eine Induktion sich verwirklichte, also zur vollen Gewifsheit der gesetzmäfsigen Beziehung zwischen Objekten, die in diesem Urteil zum Bewufstsein käme, die Erfahrungen nicht zureichen. Diese dagegen kommen zu stande, wenn die Prämissen eines deduktiven Schlusses bekannt, also auch die logische oder Notwendigkeitsbeziehung zwischen ihren Inhalten, durch die das Schlufsurteil ermöglicht wird, gegeben, aber zugleich ungewifs ist, ob diese Beziehung in dem vorliegenden Falle ihre Anwendung finden könne. Beide Möglichkeiten können in inhaltlich übereinstimmenden problematischen Urteilen verwirklicht erscheinen. „Dieser Wind kann Regen bringen", ist ein induktiv bedingtes problematisches Urteil für denjenigen, der aus diesem Winde öfter Regen hat entstehen sehen, der aber zweifelhaft ist, ob die Umstände, die den Wind jetzt begleiten, mit ihm zusammen der genügende Grund sind für die Annahme, dafs es regnen werde. Dasselbe Urteil wäre ein deduktiv (syllogistisch) bedingtes problematisches Urteil für denjenigen, der die Bedingungen kännte, deren Zusammenwirken mit diesem Winde notwendig Regen brächte, dem aber die Sicherheit fehlt, ob diese Bedingungen im gegenwärtigen Falle erfüllt seien. Dort ist die Gesetzmäfsigkeit, nach der dieser Wind Regen bringt, unbekannt, hier ist diese Gesetzmäfsigkeit bekannt.

424. Wahrscheinlichkeit aus Induktionsschlüssen. Die induktiv bedingten problematischen Urteile sind wiederum verschiedener Art, je nachdem das, was sie bedingt, ein **Induktionsschlufs** im engeren Sinne, oder ein **Analogieschlufs** ist. Im ersteren Falle ist das problematische Urteil ein generelles Urteil, also ein Urteil, das in dem Bewufstsein besteht, einem Subjekt oder einer Kombination von Umständen U_1 müsse ein bestimmter Thatbestand T allgemein zugeordnet werden. Dabei ist zunächst vorausgesetzt, dafs sich in irgend welchem einzelnen Falle mit U_1 das T in der Erfahrung verbunden zeigte. Im übrigen gilt Folgendes. Sei U der ganze Inbegriff und Zusammenhang der (unmittelbar vorangehenden und gleichzeitigen) Umstände, unter denen T thatsächlich stattfand, und seien a, b, c u. s. w. solche einzelne Elemente dieses U, die in jenem U_1 nicht enthalten sind, so wächst die Wahrscheinlichkeit des generellen Urteils U_1 T, wenn Erfahrungen successive Gewifsheit geben, dafs diese Elemente a, b, c u. s. w. nicht mit gegeben zu sein brauchen, wenn mit U_1 das T sich verbinden soll. Hierbei ist die Disjunktion oder Einteilung der Möglichkeiten, dafs U_1 allein, oder U_1 mit diesem oder jenem der a, b, c u. s. w. zusammen die Ursache des T sei, vorausgesetzt. Offenbar ist nun, solange auch nur eine der Möglichkeiten, dafs ein a oder b u. s. w. zur Ursache des T mit hinzugehöre, übersehen oder unwiderlegt bleibt, die Geltung des generellen Urteils U_1 T nicht wahrscheinlicher als ihre Nichtgeltung; oder, was dasselbe sagt, sie ist solange nicht im absoluten Sinne des Wortes „wahrscheinlich". Das fragliche generelle Urteil ist dagegen völlig gewifs, wenn Gewifsheit besteht, dafs keine solche Möglichkeit mehr übrig bleibt. Es hängt danach der Grad der Wahrscheinlichkeit des fraglichen generellen Urteils schliefslich ab von der Wahrscheinlichkeit, dafs keine solche Mög-

lichkeit bestehe. Diese Wahrscheinlichkeit und somit auch jene
kann sich nun im Laufe unserer Erkenntnis beständig steigern, also
sich der Gewifsheit mehr und mehr nähern, aber da es überall
Bedingungen geben kann, die sich ihrer Natur nach unserer
Erfahrung entziehen, nie zur völligen Gewifsheit werden. Die
induktiv aus der Erfahrung gewonnenen generellen Urteile bleiben
danach logisch betrachtet immer problematische Urteile. Sie
können gewifs werden nur innerhalb der Grenzen unserer Erfahrung. Die Aufgabe der Erkenntnis besteht darin, diese Gewifsheit zu erreichen, nicht eine Gewifsheit anderer Art zu fingieren. —
Von einer Mefsbarkeit des Wahrscheinlichkeitsgrades ist bei der
bezeichneten Art des problematischen Urteils keine Rede.

425. Aus Analogie. Diesen problematischen Urteilen stehen
gegenüber die aus Analogieschlüssen stammenden. In der Erzeugung problematischer Urteile, also in seiner Funktion als
Wahrscheinlichkeitsschlufs, gelangt der Analogieschlufs erst zu
seiner eigentlichen und selbständigen Bedeutung. — Neben Fällen,
in denen ein S P war, seien solche gegeben, in denen S als nicht
P sich erwies, neben Fällen etwa, in denen eine Krankheit tötlich verlief, solche, in denen die gleiche Krankheit keinen tötlichen Ausgang hatte. In jenen Fällen müssen notwendig alle
Bedingungen des P-seins, auch die nicht schon in dem S enthaltenen,
erfüllt gewesen, in diesen irgend welche dieser Bedingungen
unerfüllt geblieben sein. S wird auch in einem neuen Falle
wiederum P sein, wenn wiederum alle jene Bedingungen erfüllt
sind; die Wahrscheinlichkeit des neuen S P ist also gleichbedeutend mit der Wahrscheinlichkeit, dafs mit einem beliebigen
oder unter beliebigen „Umständen" auftretenden S alle Bedingungen
des P zumal gegeben seien. Diese Wahrscheinlichkeit, und damit auch jene, ist nun aber notwendig um so gröfser, — nicht je
häufiger überhaupt, wohl aber je häufiger unter verschiedenen
oder immer anderen und anderen Umständen S als P sich
erwiesen hat, je mannigfaltigere Umstände also, trotz ihrer
Mannigfaltigkeit, doch immer wiederum die sämtlichen Bedingungen
des P in sich vereinigten. Die Wahrscheinlichkeit, dafs S in
einem neuen Falle wiederum P sei, wächst also, kurz gesagt,
mit der Zahl der positiven Instanzen unter Voraussetzung möglichster Variation derselben, d. h. mit der Zahl der Fälle, in

denen S unter immer anderen und anderen Umständen P war.
Sie nimmt andererseits ab mit der Zahl der Fälle, in denen,
unter der gleichen Voraussetzung, S nicht P war; sie ist also
gleich dem Verhältnis jener Zahl zur Gesamtzahl aller
Fälle, und demnach durch einen Bruch mit jener Zahl als
Zähler und dieser als Nenner darstellbar. Die Wahrscheinlichkeit ist „Wahrscheinlichkeit" im absoluten Sinne, wenn
dieser Bruch $> \frac{1}{2}$. Die Wahrscheinlichkeit aus Analogieschlüssen,
dies hat sich hier zugleich ergeben, ist mefsbar. Die Sicherheit der
Messung wächst mit der Zahl der beobachteten Fälle überhaupt,
so weit angenommen werden darf, dafs mit der Gröfse dieser
Zahl die Mannigfaltigkeit der Umstände Hand in Hand geht.
Je gröfser die Zahl, um so mehr nähert sich, unter dieser Voraussetzung, die Messung der objektiv gültigen Messung, ohne
doch je das Ziel der absoluten objektiven Gültigkeit zu erreichen.

426. Deduktive Wahrscheinlichkeit. Wesentlich anderer
Art als diese induktiv bedingten ist das deduktiv bedingte problematische Urteil. Wie oben gesagt, entstehen solche, wenn die
Prämissen eines deduktiven Schlusses bekannt, also die logische
Beziehung zwischen ihren Inhalten, wodurch das Schlufsurteil
ermöglicht wird, gegeben, aber zweifelhaft ist, ob diese Beziehung
in einem gegebenen Falle ihre Anwendung finde. Hier ist die
Wahrscheinlichkeit mefsbar, wenn eine vollständige Einteilung
der Möglichkeiten, dafs jene Beziehung ihre Anwendung finde
oder nicht finde, möglich ist, und zugleich diese Möglichkeiten
für unser Bewufstsein gleiches Gewicht, d. h. gleiche objektiv
nötigende Kraft besitzen. In diesem Falle besitzt zugleich der
erkannte Wahrscheinlichkeitsgrad von vornherein volle objektive
Gültigkeit; die objektive Gültigkeit desselben ist nicht wie bei
den durch Analogie bedingten problematischen Urteilen nur ein
Ziel, dem sich die Erkenntnis stetig nähern kann, ohne es doch
je wirklich zu erreichen. Weifs ich etwa, in einem Kästchen
befinden sich 3 weifse und 2 schwarze Kugeln, so kenne ich
auch die Voraussetzungen für das Urteil, dafs die Kugel, die ich
aus dem Kästchen ziehen werde, eine weifse sein wird. Die oben
geforderte „Einteilung" besteht hier in dem Bewufstsein, es werde
mir die erste oder die zweite oder die dritte weifse, oder die
erste oder die zweite schwarze Kugel in die Hände fallen. Das

Bewußtsein vom Dasein jeder einzelnen dieser Kugeln nötigt mich, für sich betrachtet, zu dem Urteil, daß eben diese Kugel, also jenachdem eine weiße oder schwarze zu Tage kommen werde. Die natürliche Resultante dieser Nötigungen ist die stärkere Nötigung, eine weiße Kugel als herauskommend zu denken, also die überwiegende Wahrscheinlichkeit dieses Gedankens. Dieselbe ist, da sich die Summe jener Nötigungen zur Gesamtsumme der (gleichwertigen) Urteilsnötigungen, die angesichts der 5 Kugeln überhaupt für mich bestehen, wie $3:5$ verhält, $= {}^3/_5$.

427. Wahrscheinlichkeit aus Rückschlüssen. Den induktiv und deduktiv bedingten problematischen Urteilen fügen wir endlich die dritte Art (vgl. 423) hinzu, die wir kurz als problematische Urteile aus Rückschlüssen bezeichnen wollen. Nicht problematisch, sondern durchaus gewiß ist das Urteil, ein Thatbestand T erfordere als Bedingung seines Zustandekommens neben gewissen Thatbeständen a, b einen weiteren Thatbestand c, wenn Erfahrungen das T mit abc, aber nicht mit ab allein verbunden zeigen. Wir verstehen aber hier unter induktiven Rückschlüssen nicht solche (determinierenden) Rückschlüsse, sondern die Schlüsse von Thatbeständen auf ihre einzig möglichen Ursachen. Auch solche Rückschlüsse sind gewiß, wenn die „Disjunktion" oder Einteilung der möglichen oder (zunächst) denkbaren Ursachen Gewißheit besitzt und es der Erfahrung gelingt, successive alle möglichen Ursachen außer einer auszuschließen. Jene Gewißheit der vollständigen Einteilung besteht aber nur, soweit es sich um Einteilung von a priori, insbesondere von in der Natur unserer Vorstellung gegebenen Möglichkeiten handelt. Im übrigen, d. h. soweit die Möglichkeiten ursächlicher Zusammenhänge nur durch die Erfahrung feststellbar sind, bleibt die Einteilung derselben, bleibt also auch der Rückschluß auf die einzig mögliche Ursache wiederum problematischer Natur. Er gilt immer nur innerhalb der Grenzen unserer Erfahrung. Von Meßbarkeit der Wahrscheinlichkeit ist hier wiederum keine Rede. Die Aufgabe der Erkenntnis besteht auch hier nur darin, jene innerhalb der Grenzen unserer Erfahrung mögliche Gewißheit zu gewinnen.

428. Objektive Möglichkeit (Wahrscheinlichkeit). Dem Begriff der objektiven Notwendigkeit entsprechend ist objektive Möglichkeit gleichbedeutend mit logischer Möglichkeit, d. h. sie ist der Ausdruck für die Thatsache, dafs der Versuch etwas vorzustellen nicht mifslingt, bezw. nicht mit Forderungen, die Objekte an mein Denken stellen, in Widerspruch gerät. Jede gedachte Möglichkeit ist in Wahrheit solche objektive Möglichkeit oder solche Möglichkeit (Freiheit) des Denkens. Die „Möglichkeit" ist begriffliche oder sachliche, je nachdem Begriffe (Namen) oder sachliche Bestimmungen mir Freiheit gewähren, einen Gedanken zu vollziehen. „Reale" Möglichkeit, dafs etwas sei oder geschehe, ist das Dasein irgend welcher objektiv notwendiger Bedingungen oder Teilursachen jenes Seins oder Geschehens. Die reale Möglichkeit im Sinne einer Möglichkeit, die in den gedachten Dingen, als Merkmal derselben sich fände, ist eine ebenso leere, in keinem ernsten Denken vollziehbare Fiktion, wie die in gleicher Weise gedachte „reale" Notwendigkeit, Kraft, Thätigkeit, Einheit, Identität u. s. w. Das ganze Heer „dieser realen Kategorien" bezeichnet in Wahrheit ebenso viele Denkweisen. Unser Denken hat, wie schon gesagt (148), keine anderen Inhalte oder Objekte, als die Inhalte unserer Sinnesempfindungen und Gefühle samt ihren räumlichen und zeitlichen Formen oder Beziehungen.

Kapitel XLIV. Welterkenntnis und Weltbetrachtung.

429. Der Beweis. Beweisen heifst Urteile begründen, wobei unter der „Begründung" jede Art derselben (vgl. 282) verstanden ist. Es heifst Thatsachen feststellen, Objekte der Erfahrung (im weitesten Sinne) denkend vereinigen, Gesetzmäfsigkeiten des Geistes zum Bewufstsein bringen, Schlüsse ziehen. Die obersten Beweisgründe sind die Thatsachen der Erfahrung und die allgemeinsten Gesetzmäfsigkeiten des Geistes. Die letzteren, in einem Urteile zum Bewufstsein gebracht, können Axiome heifsen. Es giebt keine Axiome aufser ihnen. Aus Definitionen kann nichts abgeleitet werden als wiederum Definitionen. Auch die Geometrie leitet nicht aus Definitionen ab, sondern aus der Voraussetzung, dafs das Definierte in der Welt unseres räumlichen Vorstellens vorkomme. — Vom direkten Beweise der Geltung eines Urteils unterscheidet man den indirekten oder apagogischen, d. h. den Beweis der Geltung eines Urteils, S ist P, aus der Unmöglichkeit S als ein non-P zu denken. Der indirekte Beweis geschieht immer auf dem Wege des durch hypothetisch-kategorische Schlüsse vermittelten einteilend-kategorischen Schlusses (vgl. 406 f.).

430. Beweisfehler. Abgesehen von den Schlufsfehlern (386), die zugleich Beweisfehler sind, besteht der erste und häufigste Beweisfehler darin, dafs dem zu Beweisenden, schon ehe es als in der Erfahrung und der Gesetzmäfsigkeit des Geistes begründet erkannt ist, eine Geltung beigemessen wird. In solchen Fällen ist das nachträgliche Beweisen in Gefahr, statt dem Interesse der Erkenntnis der Wahrheit dem Selbstbetrug oder Betrug anderer zu dienen. — Im übrigen mögen unter den Beweisfehlern besonders erwähnt werden das $\pi\rho\tilde{\omega}\tau o\nu\ \psi\varepsilon\tilde{v}\delta o\varsigma$ oder die falsche Grundvoraussetzung eines Schlusses oder eines Zusammenhanges von Schlüssen, die petitio principii oder die Art ein Element des Beweises, das selbst erst noch des Beweises bedarf, als bewiesen vorauszusetzen; der Zirkelbeweis, der zum Beweis eben das verwendet, was bewiesen werden soll; die $\mu\varepsilon\tau\dot{\alpha}\beta\alpha\sigma\iota\varsigma\ \varepsilon\dot{\iota}\varsigma\ \ddot{\alpha}\lambda\lambda o\ \gamma\dot{\varepsilon}\nu o\varsigma$, d. h. die Verschiebung der Frage, um die es sich handelt. Erschleichung oder Subreption ist jeder Scheinbeweis überhaupt.

431. Methoden. Es giebt keine Mehrheit von Methoden des Erkennens in dem Sinne, dafs zwischen verschiedenen Wegen der Erkenntnis überhaupt, etwa einer empirischen und rationalen, einer Erkenntnis aus Erfahrung und einer Erkenntnis a priori die Wahl freistände. Wohl aber fordert die Erkenntnis auf den einzelnen Gebieten des Erkennens hier diese, dort jene Methode. Vor allem kann vom Gegensatz einer induktiven und einer deduktiven Methode gesprochen werden. Aber auch dies nicht in dem Sinne der wechselseitigen Ausschliefslichkeit. In die Induktion geht, wie wir sahen (vgl. 328), die Deduktion — in Gestalt des einfachen Syllogismus oder des hypothetisch- und einteilend-kategorischen Schlusses — überall ein, oder tritt ergänzend hinzu; andererseits ist die Induktion im weiteren Sinne (vgl. 334) bei jeder allgemeinen Erkenntnis vorausgesetzt. Es bildet endlich aber auch die Möglichkeit der Deduktion, d. h. der Ableitung des Gegebenen aus Gesetzen überall das eigentliche Ziel der Induktion. Wie bald und wie weit es einer Wissenschaft gelingt, solche Deduktion zu üben, hängt von der Einfachheit der Bedingungen ab, unter denen ihre Objekte stehen: Man vergleiche etwa die Astronomie, die überall deduziert, mit der Physiologie. Im übrigen fordert jede Wissenschaft, ja schliefslich jede einzelne wissenschaftliche Frage ihre besondere, der jedesmaligen Natur der Objekte angepafste Methode. Solche Methoden wachsen aus den einzelnen Wissenschaften heraus; ihre Behandlung gehört nicht mehr in die allgemeine Logik.

432. Vollendung der Erkenntnis. Die Erkenntnis wäre vollendet, wenn alle irgend möglichen Objekte unseres Bewufstseins in objektiv notwendige Zusammenhänge eingeordnet, wenn diese Zusammenhänge Gesetzen und die Gesetze wiederum höheren und schliefslich höchsten und umfassendsten Gesetzen untergeordnet wären; wenn solche Gesetze überall, soweit möglich, nicht nur qualitativ, sondern auch quantitativ bestimmt wären, und uns Gewifsheit gäben, nicht nur, an welche Gründe welche Folgen gebunden, sondern auch welche Gründe von welchen Folgen allgemein und notwendig vorausgesetzt seien; wenn endlich das ganze System dieser Erkenntnis in einem allgemein-gültigen System von Begriffen niedergelegt wäre. Aus allgemeinsten Weltformeln würde sich bei solcher Erkenntnis das Einzelne jedesmal durch Einsetzung des Gegebenen gewinnen lassen. Solche Erkenntnis ist nun aber möglich nur, soweit die Erfahrung ihr Zustandekommen erlaubt. Alle Erkenntnis der Wirklichkeit ist Anwendung der Gesetzmäfsigkeit des Geistes auf die Dinge. Wie weit aber die objektive Wirklichkeit der Gesetzmäfsigkeit des Geistes sich fügt, ist nicht a priori bestimmbar. Sogar, dafs überhaupt dergleichen vorkommt, dafs nicht, was wir erleben, des Versuches, es in Gesetze zu fassen, ins Endlose spottet, ist nur eine glückliche Thatsache, keine Denknotwendigkeit. Andererseits bliebe, wenn diese Thatsache nicht bestände, also keinerlei Gesetzmäfsigkeit des Wirklichen sich erkennen liefse, doch das Dasein einer, nur eben unerkennbaren Gesetzmäfsigkeit der Welt zweifellos. Man kann wohl in Worten, nicht aber denkend zweifeln an dem, was man denken mufs. Auch die Welt der Dinge an sich, so unbekannt sie uns ihrem Inhalte nach ist (vgl. 28), kann nur als eine gesetzmäfsige gedacht werden; soweit wir auf Grund der Erfahrung Gesetzmäfsigkeit erkennen, müssen wir in ihr eine Offenbarung der Gesetzmäfsigkeit jener Welt erblicken.

433. Weltbetrachtung. Zur Erkenntnis auf jedem Gebiete

gehört auch das Bewufstsein der Grenzen dieser Erkenntnis; zur wissenschaftlichen Wahrhaftigkeit der Mut, sie einzugestehen. Es hört aber jenseits dieser Grenzen nicht zugleich alles Denken auf. Vielmehr mufs es dem menschlichen Geiste unverwehrt bleiben, darüber hinaus ein Reich des Möglichen oder Denkbaren sich aufzurichten, das seinem Bedürfnis nach Einheit und Vollständigkeit des Weltbildes genügen kann. Solche „Metaphysik" oder metaphysische Weltbetrachtung mufs nur von Wissenschaft wohl geschieden werden. Es ist aber auch diese Weltbetrachtung von der Erfahrung und der auf ihr beruhenden Erkenntnis nicht unabhängig. Das metaphysische „System" müfste ein System von leeren Worten sein, wenn es nicht schliefslich aus dem, was die Erfahrung im allgemeinsten Sinne des Wortes darbietet, also dem, was die Sinne und die Betrachtung unserer selbst uns an die Hand giebt, seinen Denkinhalt schöpfte, da es nun einmal keinen anderen möglichen Denkinhalt für uns giebt. Und die Verbindung solcher Denkinhalte zu einem durch die Erfahrung nicht geforderten gedanklichen Zusammenhang darf nicht nur der gesicherten Erkenntnis nicht widersprechen, sondern kann auch immer nur geschehen nach Analogien des Erkannten. Sichtung der Denkmöglichkeiten, Scheidung derselben von den blofsen Möglichkeiten, Worte zu verbinden, ist die oberste Pflicht aller Metaphysik. Dazu ist vor allem vorausgesetzt die eindringende Analyse der Begriffe, speziell der obersten und allgemeinsten, wie sie oben (161) von der Logik gefordert wurde.

434. Werturteile. Neben dieser metaphysischen giebt es eine Weltbetrachtung, die in der Beziehung des Weltinhaltes auf unser Gefühl und Wollen besteht. Der einzelne Akt derselben wurde von uns schon (39) mit Erweiterung des Begriffs des Urteils als Werturteil bezeichnet. Gefühl und Wille sind aber nicht zwei gesonderte, sondern verschiedene Seiten desselben psychischen Thatbestandes. Demgemäfs giebt es auch nicht voneinander unabhängige Werturteile und Willensentscheide; sondern was in irgend welchem Augenblicke als wertvoll, d. h. als Gegenstand der Lust erscheint, wird ebendamit zugleich erstrebt und das Erstrebte ist als solches Gegenstand der Wertschätzung.

435. Ästhetische und ethische Betrachtung. So besteht auch der Gegensatz der ästhetischen und ethischen Betrachtung der Dinge nicht darin, dafs jene ausschliefslich Sache des Gefühls, diese ausschliefslich Sache des Willens wäre. Das Schöne wird erstrebt und das Gute halten wir wert. Ebenso wenig machen die **Gegenstände** den Unterschied beider; das höchste Gute bildet zugleich den höchsten Inhalt des Schönen. Sondern was beide scheidet, ist eben die **Weise der Betrachtung**. Die ästhetische Betrachtung ist eine rein **kontemplative**, d. h. sie geht auf Gegenstände des Bewufstseins als solche; sie hat zum höchsten Gegenstand das Gute als blofsen Gegenstand des Bewufstseins, gleichgültig, wie es mit seiner objektiven Wirklichkeit bestellt sein mag, abgesehen also auch vom Zusammenhang mit aufserhalb des schönen Objekts liegenden Wirklichkeitsinteressen und in der Welt zu verwirklichenden Zwecken. Dagegen ist die ethische Betrachtung **praktischer** Natur, d. h. sie bezieht sich eben auf die Wirklichkeit und die Realisierung der Zwecke im Zusammenhang der Wirklichkeit. Beide verhalten sich einigermafsen wie formale und materiale Erkenntnis.

436. Beziehung zur Erfahrung. Wie die Verstandeserkenntnis, so beruht das ästhetische und das — für uns hier allein in Betracht kommende innerliche — sittliche Verhalten, oder das ästhetische und sittliche Urteil, auf der Erfahrung und der Gesetzmäfsigkeit des Geistes. Erfahrung ist auch hier zunächst das Dasein von irgend etwas im Bewufstsein, aber nicht sofern es da ist, sondern sofern es zugleich auf Gemüt und Wille zu wirken vermag. Solche Erfahrungen können wir allgemein als „Motive" bezeichnen. Jedes Motiv besitzt rücksichtlich des ästhetischen bezw. ethischen Urteils nötigende Kraft. Die Einheit und der Zusammenhang der Motive, oder die Motive als Ganzes sind der „**Grund**" des ästhetischen oder ethischen Urteils. Beiderlei Urteile sind vollständig, können also erst eigentlich als Urteile bezeichnet werden, wenn wir uns ihres vollständigen Subjektes, d. h. eben des Grundes, aus dem sie für uns gelten, vollständig bewufst sind. Sie sind, wie die Verstandesurteile, objektiv gültig, wenn sie gegenüber aller möglichen Erfahrung, d. h. gegenüber allem dem, was auf Gemüt und Willen zu wirken vermag, standhalten, also nichts besteht, das uns nötigen kann, das vollzogene Urteil wieder zu verurteilen. Vorausgesetzt ist dabei zugleich, dafs die Erfahrungen die ganze Wirkung üben, die sie zu üben vermögen. Wie das objektiv gültige Verstandesurteil „wahr", so heifst das objektiv gültige praktische oder ethische Urteil „sittlich". Das objektiv gültige ästhetische Urteil konstituiert den „Geschmack".

437. Ethische (ästhetische) Gesetzmäfsigkeit. Die Gesetzmäfsigkeit, der das ethische (wie auch das ästhetische) Urteil unterliegt, ist keine Gesetzmäfsigkeit besonderer Art, sondern dieselbe allgemeine Gesetzmäfsigkeit des Geistes, die die Verstandesurteile beherrscht; sie besteht in der Thatsache, dafs wir, wenn die gleichen Gründe des Wertschätzens oder Wollens gegeben sind, und vorausgesetzt, dafs wir uns dieser gleichen Gründe vollkommen bewufst sind, ohne Widerspruch mit uns selbst oder ohne „Selbstverurteilung", uns nicht wertschätzend und wollend und zugleich nicht wertschätzend und nicht wollend verhalten können; dafs wir also insbesondere dasjenige, das wir aus irgend welchen Gründen gewollt (gefordert, innerlich für sein sollend erklärt) haben, jederzeit, und wo immer in der Welt die gleichen Gründe gegeben sind, wieder müssen wollen können, wenn wir uns nicht genötigt sehen sollen, jenes Wollen in Gedanken wieder aufzuheben oder zu verurteilen. Im Bewufstsein der Nötigung, was wir wollen, allgemein zu wollen, und das Wollen, das wir nicht verallgemeinern, oder (nach Kant) dessen „Maxime" wir nicht zum „allgemeinen Gesetz" erheben können, zu verurteilen, besteht das Bewufstsein des Sollens bezw. Nichtsollens. Das „Sollen" oder das „Gewissen" ist der natürliche Anspruch jedes ethischen Urteils, als allgemeines Urteil Geltung zu haben (vgl. 323). Es ist das durch die apriorische Gesetzmäfsigkeit unseres Wollens bedingte Genötigtsein zum Wollen. Das Sollen ist ein objektiv gültiges, unbedingtes, sittliches, und das Gewissen identisch mit der Stimme der sittlichen Wahrheit, wiederum in dem Mafse, als es aller möglichen Erfahrung oder allen möglichen, zugleich in uns zur möglichst vollständigen Wirkung gelangenden Motiven standhält.

438. Ethische Gesetze. Das bezeichnete oberste Sittengesetz, neben dem kein anderes für uns besteht, ergiebt in seiner Anwendung auf alle möglichen Erfahrungen (Motive) und den erkannten Zusammenhang derselben die einzelnen Gesetze des sittlichen Verhaltens oder die ethischen „Grundsätze". Der fragliche

„Zusammenhang" ist der Zusammenhang von Mittel und Zweck, der vom Zusammenhang der Ursachen und Wirkungen nicht verschieden ist. Ich habe Grundsätze, wenn für mich allgemeine Gründe des Wollens bestehen, objektiv gültige oder sittliche Grundsätze, wenn diese Gründe objektiv gültige sind, oder als allgemeine allen möglichen Erfahrungen gegenüber standhalten. Die Gewinnung derselben beruht auf einem **induktiven Verfahren**, das dem Verfahren der wissenschaftlichen Induktion gleichartig ist; ihre Anwendung auf das Gegebene ist **Deduktion**. Die sittliche „Erkenntnis" vollendet sich in dem einheitlichen System der objektiv gültigen Grundsätze, das sittliche Verhalten in der Unterordnung alles inneren und demnach auch des äufseren Verhaltens, soweit es in unserer Macht liegt, unter dieselben.

439. Der Glaube. Das Bewufstsein dessen, was unbedingt sein soll, schliefst die — nicht logische aber moralische Notwendigkeit in sich, zu glauben, dafs das unbedingt Seinsollende auch sein könne und sein werde. Die Einheit dessen, was unbedingt sein soll, ist das Gute. Den Namen eines Guten in diesem Sinne verdient aber schliefslich einzig und allein die sittliche Persönlichkeit und zuhöchst das Reich der sittlichen Persönlichkeiten. Dafs dies sein könne und sein werde, ist das Thema des „Glaubens", der über die Verstandeserkenntnis hinausgeht, die Lücke, die sie läfst, ausfüllt und auch der metaphysischen Weltbetrachtung erst ihren Halt giebt. Die Zuversicht aber, dafs das Gute sein könne und sein werde, ist bedingt durch die Überzeugung, dafs der Weltverlauf auf seine Verwirklichung angelegt, dafs der Weltgrund sittlich, also geistig, und der letzte Grund aller Weltgesetzmäfsigkeit eben die sittliche Gesetzmäfsigkeit sei. Dafs Geistigkeit ohne Persönlichkeit ein leeres Wort sei, da wir nun einmal nur aus dem Bewufstsein unserer selbst eine Vorstellung von Geist überhaupt gewinnen können, wurde schon gelegentlich gesagt. Noch weniger wüfsten wir mit einem unpersönlichen sittlichen Wesen oder gar mit dem Abstraktum einer sittlichen Weltordnung eine Vorstellung zu verbinden. Von jenem sittlichen und persönlichen Geiste nun müssen wir die einzelnen Geister getragen denken. Wir mögen sie, wenn wir eine Analogie suchen, von ihm getragen denken, und müssen sie schliefslich, da eine andere Analogie fehlt, getragen denken wie einzelne relativ selbständige Gedanken, die auftauchen und wiederum zurücktauchen, nicht, um für alle Zeit vergessen zu bleiben, sondern um an ihrer Stelle und zu ihrer Zeit wiederzukehren und weitergedacht zu werden, und schließlich Glieder zu werden in dem einheitlich vollendeten System göttlicher Gedanken, nämlich jenem Reich sittlicher Persönlichkeiten oder dem Reich Gottes in der Welt. Die verstandesmäßige Erkenntnis unterwirft die Welt der Gesetzmäßigkeit des Denkens; die umfassende Weltbetrachtung unterwirft sie der Gesetzmäßigkeit des Geistes überhaupt, zu der die moralische nicht minder gehört, als die logische. — Da Zwecke nicht sein können ohne ein geistiges Wesen, das sie hat, d. h. das etwas „bezweckt" oder will, so giebt es für die verstandesmäßige Erkenntnis keine Erklärung aus Zwecken, außer bei der nach Zwecken handelnden Persönlichkeit. Die Zwecke haben für die Naturerkenntnis nur heuristische Bedeutung: Der Umstand, daß Einrichtungen insbesondere organischer Wesen „zweckmäßig", d. h. der Erhaltung des Individuums oder der Gattung dienlich zu sein pflegen, dient uns als Richtschnur bei der Auffindung von Organen und ihren Funktionen. Dagegen ist für die moralische Weltbetrachtung die Welt erst unter dem Gesichtspunkt des Zweckes und schließlich des höchsten Zweckes, der Verwirklichung des Guten, verständlich.

www.ingramcontent.com/pod-product-compliance
Lightning Source LLC
Chambersburg PA
CBHW031750230426
43669CB00007B/568